LIBER XXX ÆRVM
VEL SÆCVLI
CDXVIII

Dies ist der Ruf der 30 Aethyre

Die Vision & die Stimme

von

ALEISTER CROWLEY

Übersetzt und kommeniert von
MARCUS M. JUNGKURTH

Satz: KC-Verlag mit KOMA-Script und LaTeX.
Herstellung: Books on Demand GmbH, Norderstedt

ISBN 978-3-89423-004-3

THE METHOD OF SCIENCE
THE EQUINOX
THE AIM OF RELIGION

Eine Veröffentlichung des A.·.A.·. in Klasse AB

Imprimatur:

D.D.S.	7° = 4□	Praemonstrator
O.S.V.	6° = 5□	Imperator
N.S.F.	5° = 6□	Cancellarius

Inhaltsverzeichnis

Vorwort

Das vorliegende Werk »Die Vision & die Stimme« ist eine der Arbeiten jener Klasse, die Crowley als krönenden Abschluß einer umfangreichen magischen Operation verfaßte und die zu einem großen Teil von nicht menschlichen Intelligenzen inspiriert sind. Das Werk wurde erstmals in »The Equinox, Vol. I, Nr. 5« im Jahre 1911 veröffentlicht, die umfangreichen Kommentare dazu stammen aller Wahrscheinlichkeit nach aus der Zeit von Crowleys Aufenthalt auf Cefalu. Es handelt sich hierbei um seine persönlichen handschriftlichen Anmerkungen, die I. Regardie Ende der zwanziger Jahre über mehrere Ausgaben des »Equinox« verteilt vorfand. Crowley hat in diesem Buch auf einzigartige Weise seine kaum beschreibbaren spirituellen Erfahrungen auf höchster Ebene mit wissenschaftlicher Akribie beschrieben, analysiert und dem Leser zugänglich gemacht.

Diesem Großen Werk liegen die henochischen Rufe oder Schlüssel des Dr. John Dee und Sir Edward Kelly zugrunde, die Crowley bereits im Golden Dawn und etwas später im Britschen Museum in London und dem Ashmolean Museum in Oxford, wo die Originaldokumente zu finden sind, studierte. Dee und Kelly erhielten diese Rufe Mitte des 16. Jahrhunderts als Diktat von einem Engel in der sogenannten henochischen oder Engelssprache, wobei der Text rückwärts gegeben wurde. Denn durch die direkte Mitteilung wären die übermächtigen Kräfte gleichzeitig auch beschworen worden, was zu dem Zeitpunkt kaum wünschenswert war. Der Kristall, den Dee von dem Engel Uriel erhalten und als Schaustein benutzt hat, ist heute im Britischen Museum ausgestellt. Im Verlauf dieser Operation im Jahr 1559 wurden Kelly vermittels einer Buchstabentafel die Namen aller dreißig Aethyre und der sie regierenden Engel mitgeteilt, wobei die Arbeit mit dem dreißigsten beginnt und mit dem ersten Aethyr endet.

Bereits im Jahr 1900 hatte Crowley mit dem 19. Schlüssel, mit dem diese Aethyre zu beschwören sind, in Mexico die Erkundung des 30. und des 29. Aethyrs unternommen. Er konnte die Arbeit damals, so äußerte er selbst sich dazu, zunächst nicht fortsetzen, da er noch nicht die hierfür notwendige Entwicklungsstufe innerhalb der Großen Weißen Bruderschaft erreicht hatte, denn nur ein Meister des Tempels vermag die Schleier gänzlich zu durchdringen, wobei die ersten und höchsten Aethyre nur einem Magus respektive Ipsissimus zugänglich sind. Dieses Buch schildert somit Crowleys Überquerung des Abyss, seine Konfrontation mit 'jenem mächtigen Teufel' Choronzon und seine gesamte Initiation in den Grad eines Meisters des Tempels.

Neun Jahre sind nun seit dem Beginn des Werkes in Mexico vergangen: »Ich hatte kein besonderes magisches Ziel im Auge, als ich nach Algier ging, wo ich dann am 17. November ankam. Als meinen Schüler hatte ich Frater Omnia Vincam dabei, einen Neophyten des A∴ A∴ in der Verkleidung eines gewissen Victor Neuburg. Wir wollten uns lediglich ein wenig in einem neuen und interessanten Winkel der Erde umsehen... Am 21. erreichten wir Aumale nach zwei Nächten im Freien und einer in einem Schuppen, der aufgrund der Sisyphusarbeit, den Anschein eines Hotels zu erwecken, völlig abgewrackt war. Ich habe keine Vorstellung, wie und weshalb mir die Idee überhaupt kam. Vielleicht trug es sich so zu, daß ich in meinem Rucksack eines meiner ersten magischen Notizbücher bei mir trug, worin ich mit unendlicher Geduld die neunzehn Rufe oder Schlüssel kopiert hatte...« (Aus: *The Confessions of Aleister Crowley*)

Der Schauplatz ist jetzt Algerien, die Wüste in der Nähe von Bou-Sâada. Zwei etwas seltsam aussehende Männer haben von Algier aus über Aumale den ganzen Weg durch die Wüste zu Fuß zurückgelegt. Der größere der beiden, augenscheinlich der Anführer, ist dreiundvierzig, ziemlich stämmig und athletisch gebaut. Durch seinen völlig kahlgeschorenen Kopf wird die hypnotische Wirkung seiner Augen noch verstärkt - Augen, die gleichwohl irgendwie kalt, in einer unirdischen Leidenschaft brennen. Seine linke Hand zeigt den berühmten Ring mit dem Sternsaphir, der mit zwei goldenen Schlangen eingefaßt ist. In seiner rechten Hand trägt er ein hölzernes

Kalvarienkreuz mit sechs Quadraten, das zinnoberrot bemalt wurde und in dessen Mitte ein großer Goldtopaz als Schaustein gesetzt ist.

Der andere namens Omnia Vincam ('ich werde alles überwinden') ist gut neun Jahre jünger; seine Lippen sind auffallend wulstig, die Schultern schief wegen seines verkrümmten Rückgrats. Auch er hat eine Glatze, nur zwei rot gefärbte, phallische Vorlocken, die wie Hörner in die Luft ragen, zeugen vom einstigen Haarwuchs.

Eine Stimme hat Frater P.[1] in Aumale mitgeteilt, er solle in die Wüste gehen: »Rufe mich!« Es ist nicht das erste Mal, daß P. diese Stimme hört, denn schon im Jahre 1904 hatte sie in Kairo zu ihm gesprochen und ihn angewiesen, eine umfangreiche mystische Botschaft an die Menschheit niederzuschreiben, das *Liber Al vel Legis* oder *Buch des Gesetzes*. P. benutzt nicht wie Dee ein Medium als Seher, sondern verwendet seinen Schaustein und führt die gesamte Operation selbst durch.

P. schreibt in seinen *Confessions*: »Ich hatte gelernt, ohne Schwierigkeiten im Astralleib zu jedem gewünschten Ort zu reisen. Ich erkannte, daß der Raum kein Ding-an-sich ist, sondern nur eine bequeme Konvention (eine von den vielen) mit dem Zweck, daß Objekte auseinandergehalten werden können. Wenn ich sage, ich war in einem Aethyr, meine ich damit einfach den charakteristischen oder eigentümlichen Zustand seines Wesens. Meine Sinne, die ich darin geübt hatte, Dinge auch aufzuzeichnen, empfingen diese subtilen Einflüsse. Auf diese Weise erhielt ich Kenntnis von den Phänomenen jenseitiger Welten, wie gewöhnliche Menschen von dieser Welt. Ich hatte vor, zu beschreiben, was ich sah und zu wiederholen, was ich hörte, und Frater O.V. sollte meine Worte mitschreiben und auf Phänomene achten, die ihm außergewöhnlich schienen.«

Die Fratres P. und O.V. wandern also durch die Wüste Nordafrikas, und P. beschwört die Aethyre an verschiedenen Orten und täglich einen zu den Zeiten, wie sie im Text jeweils angegeben sind. Der 28. Aethyr, der BAG heißt, ist der erste der neuen Serie. Als P. bei dem 20. Aethyr angelangt ist, beginnt er zu verstehen, daß die Visionen in gewissem Sinne *kosmopolitisch* sind, da sie alle magischen und mystischen Systeme harmonisch miteinander vereinen.

---

[1] [Perdurabo, 'ich werde aushalten', eines von Crowleys magischen Mottos.]

Wir finden darin den Symbolismus der asiatischen Kulte, die Mysterien der Gnosis, das heidnische Pantheon, die Mysterien des alten Khem, die Veden und Lehren des Buddhismus, die Riten von Eleusis, die skandinavischen Sagas, keltische und druidische Ritualformen, die Überlieferungen Mexicos und Polynesiens, den Mystizismus von Molinos, den Islam - all diese vereint und ohne inhärenten Widerspruch. Das alte Äon manifestiert sich noch einmal, um in den endgültigen Untergang zu gehen, das Patriarchat stirbt, jedes Element des Alten gibt seine Souveränität für das Neue auf, bis im allerersten Aethyr das Gekrönte und Erobernde Kind erscheint, Horus, der Herr des Neuen Äons im Zeitalter des Kindes.

Dieses Buch sollte am besten, so Crowley, zuerst im Detail studiert und dann zeremoniell gelesen werden, um den nicht immer leicht verständlichen Inhalt assimilieren zu können. Hierzu sind zumindest Grundkenntnisse der Kabbala und der allgemeinen Mythologie der Völker unabdingbar. Die in den Kommentaren häufig angesprochenen Korrespondenzen und das *Sepher Sephiroth* sind in Crowleys *Liber 777* zu finden, welches Buch auch die Zuordnungen zu den Atus oder Trümpfen des Tarot beinhaltet. Eine ausführliche Bibliographie am Ende des Textes führt alle sonstigen Quellen und hilfreiche Sekundärliteratur auf.

Dem Leser wird auffallen, daß in dem Text häufig scheinbar unerklärliche Zeitwechsel vorkommen und die grammatikalische Form nicht immer den Regeln entspricht. Ich habe diese Eigenheiten so belassen, wie sie im englischen Original formuliert sind, da hinter dem scheinbar Regellosen ein ganz bestimmtes System steckt, um die Vieldeutigkeit des Ausgedrückten nicht durch Sprache zu beschränken. Meine eigenen Anmerkungen zum Text sind mit eckigen Klammern gekennzeichnet.

So kann ich nur noch allen Suchenden wünschen, daß sie dieses Buch mit offenen Sinnen aufnehmen und darin selbst eine Reise durch die dreißig Aethyre erleben mögen. Denn es spricht weniger den Verstand, als die Ebene des Verständnisses und unmittelbar das Herz als Sitz des Selbsts an.

Die henochischen und hebräischen Korrespondenzen

Henochisch	Zodiak o. Elemente	Hebräisch	Zahlwert
(A)	Stier	Vau (ו)	6
(B)	Widder[2]	He (ה)	5
(C o. K)	Feuer	Vau (ו)	6
(D)	Geist	Daleth (ד)	4
(E)	Jungfrau	Iod (י)	10
(F)	Cauda Draconis	?	
(G)	Krebs	Cheth (ח)	8
(H)	Luft	Aleph (א)	1
(I)	Schütze	Samech (ס)	60
(L)	Krebs	Cheth (ח)	8
(M)	Wassermann	Tzaddi (צ)	90
(N)	Skorpion	Nun (נ)	50
(O)	Waage	Lamed (ל)	30
(P o. T)	Löwe	Teth (ט)	9
(R)	Fische	Qoph (ק)	100
(S)	Zwillinge	Zajin (ז)	7
(T)	Caput Draconis	Gimel (ג)	3
(U o. V)	Steinbock	Ayin (ע)	70
(X)	Erde	Tau (ת)	400

Diese Liste ist nach den Zuordnungen zusammengestellt, die Crowley selbst in seinen Kommentaren jeweils verwendet hat. Einiges ist hier nicht eindeutig, zumal Crowley auch nirgendwo angibt, welches System der Übertragung des Henochischen in das Hebräische er verwendet hat. Die Klammern nach den hebräischen Buchstaben geben die Lautwerte an, wie sie im Text jeweils abgekürzt sind. Das in der Liste fehlende Schin (300) wird mit 'Sh' wiedergegeben, Beth (2) mit 'B', Kaph (20) mit 'K', Mem (40) mit 'M', Pe (80) mit 'P' und Resch (200) mit 'R'.

[2] Der Widder ist nach der neuen Zuordnung nicht He, sondern Tzaddi und Atu IV - dem Kaiser - zugeordnet. Desgleichen entspricht der Wassermann heute dem Buchstaben He.

Der Ruf des 30. Aethyrs

TEX[1] - [2]

ICH befinde mich in Gestalt des großen Gottes Harpokrates in einem riesigen, kristallenen Würfel. Dieser Würfel ist von einer Kugel[3] umgeben. Um mich sind die vier Erzengel in schwarzen Roben, ihre Flügel und Rüstungen sind weiß.

Im Norden[4] befindet sich ein Buch, auf dessen Vorder- und Rückseite A.M.B.Z.[5] in henochischen Buchstaben geschrieben steht.

Darin steht geschrieben:

ICH BIN, das Umgeben der Vier.

Erhebt eure Häupter, o Häuser der Ewigkeit: Denn mein Vater kommt hervor, um die Welt zu richten. Ein Licht, mögen es eintausend werden, und aus einem Schwert zehntausend, damit sich kein Mensch vor dem Auge meines Vaters am Tage des göttlichen Gerichtes verberge: Mögen die Götter sich verbergen: Mögen die

---

1 TEX = Cauda Draconis, Jungfrau und Erde. [C.D. ist der Schwanz des Drachen oder absteigende Mondknoten. Crowley selbst gibt nicht an, nach welchem Schema er die Korrespondenzen der henochischen Buchstaben zum Zodiak entwickelt hat. Die häufigen Bezüge zu hebräischen Buchstaben etc. entsprechen jenen des 'Sepher Yetzirah'. Vgl. Liber 777.]

2 Der Name des Aethyrs in henochischen Zeichen. Wird auch bei allen folgenden Aethyren mit angegeben.

3 Siehe Liber Al vel Legis, II, 7: »Ich bin der Magier und der Exorzist. Ich bin die Achse des Rades und der Würfel im Kreis.«

4 Norden: Zerstörung - die alte Formel ist aufgehoben. [Der Norden in der G.D.-Zeremonie des Neophyten ist die Station des Stolistes, der symbolische Ort der Kälte und Feuchtigkeit. Nach S. L. MacGregor Mathers ist der Norden und das Kether des materiellen Planeten auf Binah und damit auf den Saturn ausgerichtet, welcher auch ein Symbol der Zeit, der Trauer und des Leidens ist. Mythologisch war er derjenige, der seine eigenen Kinder verspeiste.]

5 Stier, Wassermann, Widder, Löwe. Die Weissagung des Neuen Äons.

Engel Qual erleiden und fliehen: Denn das Auge meines Vaters ist geöffnet, und das Buch der Äonen ist herabgefallen.

Erhebt euch! Erhebt euch! Erhebt euch! Das Licht des Angesichtes der Zeit soll erloschen sein: Möge die Dunkelheit alle Dinge bedecken: Denn mein Vater kommt hervor, sich eine Gefährtin zu suchen, um sie zu ersetzen, die gefallen und befleckt ist.

Versiegle das Buch mit den Siegeln der verborgenen Sterne: Denn die Flüsse sind zusammengeströmt, und der Name IHVH ist in eintausend Stücke zerborsten (gegen den kubischen Stein).

Erzittert, o ihr Säulen des Universums[6], denn die Ewigkeit liegt in den Geburtswehen eines Schrecklichen Kindes; ihr sollt ein Universum der Dunkelheit zeugen, von dem alsdann ein Funke entspringt, der seinen Vater in die Flucht schlagen wird.

Die Obelisken sind zerfallen; die Sterne sind zusammengestürmt; das Licht ist in den Abyss gestürzt; die Himmel haben sich mit der Hölle vermischt.

Mein Vater soll ihr Geräusch nicht vernehmen: Seine Ohren sind verschlossen: Seine Augen sind mit den Wolken der Nacht bedeckt.

Das Ende! Das Ende! Das Ende! Denn Er hat das Auge Shivas geöffnet: Das Universum liegt entblößt vor ihm: Denn das Äon von Saturn lehnt sich an den Busen des Todes[7].

---

[6] Siehe Liber Al vel Legis III, V. 71: »Heil! Ihr Zwillingskrieger um die Säulen der Welt! Denn eure Zeit ist nahe.« [Die beiden Säulen beziehen sich ferner auf die Säulen der Gnade und Strenge am Baum des Lebens und sind Teil der Tempelausstattung. Vgl. die »Flying Rolls des Golden Dawn«.]

[7] Saturn ist im 'Sepher Yetzirah' dem Buchstaben Tau zugeordnet, der den Zahlwert 400 hat. Saturn gehört ferner am Baum des Lebens zu Binah, wobei Tod nur eine seiner vielfältigen Bedeutungen ist. Tod ist auch der Name eines Tarottrumpfes, der dem hebräischen Buchstaben Nun mit dem Zahlwert 50 zugeordnet wird. Die Zwei zusammen ergeben 450, welche Zahl im griech. Alphabet NU ist. Dies repräsentiert Nuit, die Königin der Sterne.

8

Der Engel des Ostens trägt ein Buch in Rot, das in blauen henochischen Buchstaben die Inschrift A.B.M.F.A.[9] aufweist.

Innen: »Es steht geschrieben, Du sollst Den Herrn, Deinen Gott nicht in Versuchung führen.«

Ich sehe oberhalb des Buches eine Vielzahl von mit weißen Roben Bekleideten, von denen aus ein starker Regen aus Blut herabtropft[10]. Aber über ihnen befindet sich eine Goldene Sonne, die ein Auge hat, von dem ein starkes Licht ausstrahlt[11].

Ich wandte mich nach Süden[12] und las darin:

Versiegele das Buch! Sprich nicht über das, was du siehst, und offenbare es niemandem: Denn das Ohr ist nicht geformt, das es hören soll: Noch die Zunge, die es auszusprechen vermag!

O Herr Gott, gesegnet, gesegnet, gesegnet seist Du auf ewig!

Dein Schatten ist wie starkes Licht.

Dein Name ist wie der Atem der Liebe über allen Welten.

---

[8] Repräsentiert die Formel, alles auf einen Punkt zu bringen; von diesem ausgehend blüht aufrechtstehend eine dreifältige Triade.

[9] Osten: Die Station des Hierophanten in der Zeremonie des Neophyten, der das Banner des Morgenlichtes trägt, welches das Banner des Ostens ist. Er wird auch als Macht und Gnade und Fülle bezeichnet, und er enthüllt die Mysterien - und ist somit ein Adept. Adepten: Gereinigt von ihrem Blut und zum Licht gebracht = es gibt einen Weg zum Licht, indem man sein Blut (oder das Ego) aufgibt. Vgl. den 12. Aethyr. A.B.M.F.A. = Stier, Widder, Cauda Draconis, Wassermann und Stier - der Beginn eines Neuen Äons. Der Osten repräsentiert das Aufsteigen des Lichtes, den Vorgang der Erleuchtung, und so das Neue Äon der Sonne. [Horus als der neue Hierophant nimmt seinen Thron im Osten ein.]

[10] Der Symbolismus des Kelches von BABALON.

[11] Dies bezieht sich auf Kether = Horus.

[12] Süden: Schweigen. Dies führt zu der Verzückung der unaussprechlichen Vereinigung. Abschluß des alten Äons. [Der Süden ist die Sonne an ihrem höchsten Punkt zur Mittagsstunde oder auf das Horoskop bezogen der MC.]

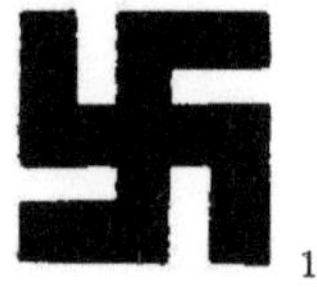 [13]

(Eine riesige Swastika wird mir hinter dem Engel mit dem Buch gezeigt.)

Zerreißt eure Gewänder, o ihr Wolken! Entblößt euch! Für die Liebe meines Sohnes!

Wer sind sie, die dich quälen?

Wer sind die, die dich getötet haben?

O Licht! Komm du, der du mit mir vereint bist, um den Kopf des Drachen zu zertreten[14]. Wir, die wir die Ehe geschlossen haben, und die Erde begreift es nicht!

O, auf daß Unser Bett von den Menschen gesehen werde, auf daß sie an Meiner Fruchtbarkeit teilhaben mögen: Auf daß meine Schwester teilhaben möge an dem Großen Licht!

O Licht Gottes, wann wirst du das Herz der Menschen finden - schreibe nicht! Ich will nicht, daß die Menschen um den Kummer meines Herzens wissen, Amen!

---

[13] Die Swastika beinhaltet 17 von den 25 Quadraten des Magischen Quadrates von Mars. Es ist auch Aleph (welchem Buchstaben die Swastika zugeordnet ist), Harpokrates, Bacchus Diphues, Parsifal etc., der reine Narr, der Wanderer, der des Königs Tochter ehelicht. Das Quadrat aus 25 Quadraten ist eine Figur von 5 x 5. Vgl. den 29. Aethyr, Anm. 7. [Für den zu Aleph gehörenden Symbolismus vgl. das Buch Thoth, Atu 0.]

Swastika

Die 17 Quadrate aus einem aus 25 kleineren Quadraten bestehenden Quadrat beziehen sich auf die Sonne in den 12 Zeichen des Zodiak und den vier Elementen.

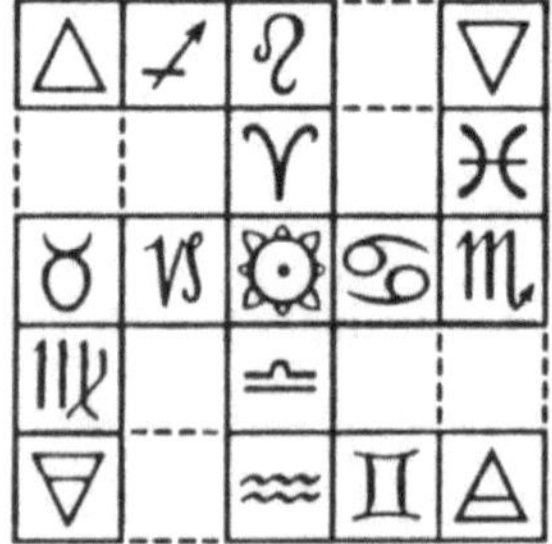

[14] Meint den fallenden Drachen. Der Ausdruck entspricht ferner dem »Nimm dem Drachen die Jungfräulichkeit.« (Nuit).

Ich wandte mich nach Westen[15], und der Erzengel trug ein flammendes Buch, auf dem auf henochisch AN[16] geschrieben stand. Darin befand sich die Zeichnung eines feurigen Skorpions, dennoch alles in allem kalt[17].

Bis das Buch des Ostens aufgeschlagen wird!

Bis die Stunde klingt!

Bis die Stimme schwingt!

Bis es in meine Tiefe dringt;

Schaue nicht nach oben!

Schaue nicht nach unten!

Denn du wirst ein Leben finden, das wie der Tod ist: Oder einen Tod, der unendlich sein soll.

Denn du bist den Vieren unterworfen: Fünf sollst du finden, aber Sieben sind weit, weit entfernt[18].

O Herr Gott, sende Deinen Geist hierher zu mir!

Denn ich bin verloren in der Nacht des unendlichen Schmerzes: Keine Hoffnung: Kein Gott: Keine Wiederauferstehung: Kein Ende: Ich falle: Ich empfinde Furcht.

O Erlöser der Welt, zertrete Du meinen Kopf mit Deinem Fuß, um die Welt zu erretten, auf daß ich noch einmal ihn berühre, den ich getötet, auf daß ich in meinem Tode das Strahlen und die Hitze der Bewegung Deiner Roben spüre.

---

15 Westen: Schicksal (die Initiation zurückweisend). Die Alternative ist die Verzweiflung der Einsamkeit. [Im Symbolismus des G.D. ist der Westen die Station des Hiereus, der ein Symbol für die »Zunahme von Dunkelheit und das Abnehmen des Lichtes« ist, und verkündet: »Ich bin der Meister des Lichtes«.]

16 AN = Stier und Skorpion. Die hebräischen Buchstaben Aleph und Nun bedeuten Schmerz, auch, indem man die Buchstaben umkehrt, Nun und Aleph = Fehlschlag. Die beiden Buchstaben addiert ergeben 51, was 3 x 17 ist. Merke, die drei Schwingungen verderben die zu der 17 gehörenden Ideen (IAO = Yod, Aleph, Vau). Das Verhängnis des alten Äons. [51 ist auch überfluten, überwältigen, zerstören.]

17 Skorpion = Nun = Fisch = Jesus. Das traditionelle Symbol für Jesus ist der Fisch, Icchtus.

18 Tetragrammaton, die blinden Kräfte der vier Elemente, binden den Uninitiierten. Er mag das Pentagramm erlangen = Jeheshua, den Menschen-Meister jener Elemente (bezogen auf den Grad des Adeptus Minor). Aber er vermag nicht die Sieben zu erreichen = BABALON (vgl. das Siegel des A∴A∴), denn sie ist »weit, weit entfernt«, das heißt jenseits des Abyss.

Laß uns in Frieden! Was haben wir mit Dir zu schaffen, Du Jesus von Nazareth?

Geh! Geh!

Ob ich nun Schweigen bewahre - oder ob ich spreche, jedes Wort ist Zorn ohne Hoffnung.

Und ich hörte den Aethyr laut ausrufen: »Kehre zurück! Kehre zurück! Kehre zurück! Denn das Werk ist beendet; und das Buch ist geschlossen; und Ehre sei Gott dem Gepriesenen auf ewig in den Äonen, Amen.«

Soweit die Stimme von TEX, und da ist nichts mehr.

Der Ruf des 29. Aethyrs

RII[1] -

Der Himmel erscheint bedeckt mit Sternen aus Gold; der Hintergrund ist in Grün. Aber die Empfindung ist auch eine von Dunkelheit.

Vor mir befindet sich ein riesiger Adler-Engel. Seine Flügel scheinen den ganzen Himmel zu bedecken[2].

Er schrie laut und sagte: Die Stimme des Herrn auf den Wassern: Der Schrecken Gottes über der Menschheit. Die Stimme des Herrn macht die Himmel erzittern: Die Sterne sind in Aufruhr: Die Schleier fallen. Die Erste Stimme spricht und sagt: Verflucht, verflucht sei die Erde, denn ihre Unredlichkeit ist groß. O Herr! Möge Deine Gnade in der großen Tiefe verloren sein! Öffne Deine Augen aus Feuer und Licht, O Gott, richte sie auf die Verruchten! Erleuchte Deine Augen! Das Donnern Deiner Stimme, laß es die Berge erbeben!

Laß es uns nicht sehen! Laß uns unsere Augen bedecken, damit wir das Ende des Menschen nicht sehen.

Verschließen wir unsere Ohren, damit wir den Aufschrei der Frau nicht hören.

Laß keinen darüber sprechen: Laß keinen darüber schreiben: Ich, ich leide Not, meine Augen sind feucht von den Tautropfen des Schreckens: Sicher ist die Bitterkeit des Todes vorüber.

---

1 RII = Fische, Schütze, Schütze. Auf das hebräische Alphabet bezogen erhalten wir nach dem 'Sepher Yetzirah' Qoph, Samech, Samech, deren Zahlwerte zusammen 220 ergeben. Diese Zahl entspricht auch der Anzahl von Versen im Buch des Gesetzes, und dieses Buch ist es, das die in diesem Aethyr beschriebene Auflösung mit sich bringt.

2 Im Osten. Der die Himmel bedeckende Adler-Engel repräsentiert somit die unmittelbare Zukunft; und diese ist dunkel, verwirrend und erschreckend.

Und ich wandte mich nach Süden, und siehe! Ein großer Löwe[3], als sei er verwundet und verwirrt.

Er rief: Ich habe erobert! Laß die Söhne der Erde Schweigen bewahren; denn mein Name ist geworden wie der des Todes!

Wann werden die Menschen die Mysterien der Schöpfung begreifen?

Um wieviel mehr jene der Auflösung (und der Pein des Feuers)?

Ich wandte mich nach Westen, und dort befand sich ein großer Stier[4]; Weiß mit Hörnern in Weiß und Schwarz und Gold. Sein Mund war Scharlachrot und seine Augen wie Saphire. Mit einem großen Schwert schlug er die Himmel entzwei, und inmitten des silbrigen Blitzens aus Stahl erwuchsen tosende Gewitter und tiefe Wolken in Indigo.

Er sprach: Es ist vollbracht! Meine Mutter hat sich selbst entschleiert!

Meine Schwester hat sich selbst geschändet! Das Leben der Dinge hat sein Mysterium enthüllt.

Das Werk des Mondes ist getan! Die Bewegung ist für immer zu Ende!

Gestutzt sind des Adlers Flügel: Aber meine Schultern haben ihre Kraft nicht verloren.

Ich vernahm eine mächtige Stimme, die von oben herab rief: Du lügst! Denn das Flüchtige hat sich zwar in der Tat selbst verfestigt; aber es hat sich über deinen Gesichtskreis hinaus erhoben. Die Welt

---

[3] Leo. Dieser ist das Tier 666, jetzt noch nicht genügend auf das Werk vorbereitet. Er wurde aber bereits (1900 Era Vulgarum) von seinen Mitmagiern bedroht. Süden: Der rechte Platz der Sonne in ihrer Stärke.

[4] Der Stier ist Jesus oder Osiris. Er beklagt die schrecklichen Dinge, die gerade geschehen, besonders die Befreiung der Frau (die er für schamlos hält) - eine Ankündigung der heutigen feministischen Freiheitsbewegung. Er versteht das Neue Äon nicht, und auch nicht, daß er gerade im Begriff ist, vernichtet zu werden. Er befindet sich im Westen, der der Vergessenheit anheimfällt - der Ort der untergehenden Sonne. Vergleiche die vorherige Bezugnahme auf den Westen im 30. Aethyr. [Die Identifikation mit Osiris oder Jesus erscheint mir zweifelhaft, da das Äon des Stiers dem der Fische vorausging und einen völlig anders gearteten Kraftstrom repräsentiert. Da der Stier selbst ein Symbol für rote Erde, Fruchtbarkeit, ekstatische Sexualität etc. ist, wäre er wohl kaum erschrocken über den Lustschrei einer Frau. Mythologisch ist der Stier dem Osiris heilig, da er ihn vor Seth gerettet hat, und er ist der, der den Menschen das Leben schenkt.]

ist verlassen: Die Wohnungen vom Hause meines Vaters aber sind bevölkert; und auf Seinem Thron haben sich weiß leuchtende Sterne niedergelassen, ein Lüster aus funkelnden Edelsteinen.

Im Norden ist ein Mann auf einem großen Pferd, der eine Geißel und Waagschalen[5] in seiner Hand hält (oder es glitzert ein langer Speer an seinem Rücken oder in seiner Hand). Er ist in schwarzen Samt gehüllt, sein Gesicht ist streng und schrecklich.

Er sprach und sagte: Ich habe gerichtet! Dies ist das Ende: Das Tor des Anfangs. Schau nach unten, und du wirst eine neue Welt sehen!

Ich schaute und sah einen großen Abgrund und einen dunklen Trichter aus wirbelnden Wassern oder verfestigten Lüften, worin sich Städte und Ungeheuer und Bäume und Atome und Berge und kleine Flammen (die Seelen waren) und all die Bausteine des Universums befanden.

Und all diese werden einer nach dem anderen herabgesogen, wie es die Notwendigkeit gefordert hat. Denn darunter befindet sich eine glitzernde juwelenbesetzte Kugel aus Gold und Azur, die in eine Welt voller Sterne gesetzt ist[6].

Und da erklang eine Stimme aus dem Abgrund und verkündete: »Du siehst den Kraftstrom des Schicksals! Vermagst du ein Atom auf seinem Pfade zu verändern? Ich bin das Schicksal. Gedenkst du mich zu beherrschen? Denn wer kann auf meine Bahn Einfluß nehmen?«

Und da herein fällt ein Donnerschlag: Ein Schrecknis einer Explosion: Und alles ist zerstört. Und über mir sah ich einen riesigen Arm herabreichen, dunkel und furchterregend, und eine Stimme schrie: ICH BIN DIE EWIGKEIT.

Und es erhob sich ein vielstimmiger Schrei: »Nein! Nein! Nein! Alles hat sich verändert; alles ist durcheinander; nichts ist geordnet: Das Weiß ist mit Blut befleckt: Das Schwarz hat der Christ geküßt! Kehre zurück! Kehre zurück! Ein neues Chaos ist es, das du dort findest: Chaos für dich: Für uns ist es das Skelett einer Neuen Wahrheit!«

---

[5] Der strengste Aspekt der Gerechtigkeit, Waage. Saturn, schwarz und düster, ist in der Waage erhöht.

[6] Nuit - die Welt der Sterne. Vgl. 'The Equinox of the Gods' für eine tiefergehende Erläuterung ihrer Stellung in dieser neuen Theogonie.

Ich entgegnete: Erzähle mir von dieser Wahrheit: Denn ich habe dich bei den Mächtigen Namen Gottes angerufen, denen du nichts als gehorchen kannst.

Die Stimme sprach:

Das Licht ist verzehrt im Bauche seiner Mutter, um sich selbst neu zu entwickeln. Aber es sind unendlicher Schmerz und Kummer und Dunkelheit beschworen. Denn dieses Kind erhebt sich in seiner Mutter und kreuzigt sich selbst innerhalb ihrer Brust. Er streckt seine Arme in den Armen seiner Mutter aus, und das Licht wird fünffältig[7].

Lux in Luce,
Christus in Cruce;
Deo Duce
Sempiterno[8].

Und sei die Herrlichkeit auf ewig und ewig dem Allerhöchsten Gott, Amen!

Dann kehrte ich in meinen Körper zurück, wobei ich den Herrn des Lichtes und der Dunkelheit pries. In Saecula Saeculorum, Amen!

(Als ich mich zum Schlafen zurechtlegte, zeigte man mir ein außerordentlich strahlendes ד[9] in der Schrift des Überquerens des Flusses, und zwar in einem Ei aus weißem Licht. Und ich fasse dies als das

[7] Das in der Swastika verborgene LVX-Kreuz ist vermutlich das hier angedeutete Arkanum. Die Swastika besteht aus 17 Quadraten. IAO addiert sich zu 17 und enthüllt durch die Golden Dawn-Formel LVX, das Licht des Kreuzes. Dieses Kreuz auf dem Quadrat oder Kamea von Mars addiert sich zu 65, welche Zahl nach dem 'Sepher Sephiroth' Adonai entspricht, den hebräischen Worten 'leuchtend' oder 'verherrlicht' = ha-Yekal = 65, He und Samech, ein 'Schweigen bewahren' bedeutendes Verb. Die Swastika selbst addiert sich zu 231 = 0 + 1 + 2 + 3 + ... + 21; die 22 Tarotschlüssel. Die kubische Swastika in ihrer Zusammensetzung, gebildet aus diesem LVX Kreuz und den Armen, weist insgesamt 78 Flächen auf - die Zahl von Mezla (der von Kether durch die Pfade nach Malkuth und zu den Tarotkarten herabsteigende Einfluß).

[8] Dies ist nur der Anfang einer Art Hymne. Sie wurde niemals aufgeschrieben - da der Seher sie nicht richtig zu verstehen vermochte. Diese vier Zeilen sind vermutlich nicht ganz korrekt - und mit Sicherheit unvollständig. Da sind noch vier weitere Zeilen, die dem Seher entgangen sind, da er fürchtete, sie falsch zu verstehen. [Das Lateinische bedeutet: Licht im Lichte, Christus am Kreuze, mit Gott als Führer in Ewigkeit.]

[9] Daleth bedeutet im Hebräischen Tür oder Torweg. Daleth ist der Venus zugeordnet [die Sephira Netzach] und somit auch dem höchsten reziproken Pfad am

günstigste aller Omen auf. Der Buchstabe war von einer außerordentlichen Lebhaftigkeit und in der Tat augenscheinlich körperlich. Fast ein Dhyana.)

17. November 1900.

Eine Anmerkung.[10]

Betrifft die 30 Aethyre:

Die Visionen des 29. und 30. Aethyrs erhielt ich im August des Jahres 1900 in Mexico, und versuche nun (23.11.1909) Zugang zu den übrigen zu bekommen. Es ist zu beachten, daß die letzten drei Aethyre zehn ihnen zugeordnete Engel aufweisen, und sie repräsentieren somit die zehn Sephiroth. Dennoch bilden diese zehn nur eine Sephira, das Malkuth-Pendant zu den nächsten drei, und so fort, wobei eine jede Folge gewissermaßen in die höhere hinein absorbiert wird. Die letzte Folge besteht somit aus den ersten drei Aethyren mit den verbleibenden siebenundzwanzig als ihr Malkuth. Und die Buchstaben der ersten drei Aethyre sind die Schlüsselsigille für die erhabendste Interpretation der Sephiroth, die vorstellbar ist.

I ist somit Kether
L Chokmah und Binah
A Chesed
N Geburah
R Tiphareth
Z Netzach
N Hod
O Yesod

Lebensbaum [Atu III, die Kaiserin]. Dieser trennt die niederen Sephiroth von den Himmlischen und ist deshalb das Tor zu den Höheren [für die Schrift des Überquerens des Flußes vgl. S. L. MacGregor Mathers, »Der Schlüssel Solomon«, Schikowski-Verlag 1985].

10 Diese Anmerkung, die vor der Anrufung des 29. Aethyrs geschrieben wurde, stellt eine grobe und unvollkommene Sichtweise dar. Sie wird so belassen, um zu zeigen, wie wenig angemessen das Verständnis des Sehers zu dieser Zeit war; daher die außerordentliche Überlegenheit der kommunizierenden Intelligenzen und ihres individuelles Einzelbewußtseins.

Die geomantischen Korrespondenzen zu dem henochischen Alphabet stellen einen erhabenen Kommentar dar.

Merke, daß die Engel der Aethyre zusammen 91 an der Zahl sind, was dem Zahlwert von Amen entspricht.

Der Ruf des 28. Aethyrs

BAG[1] -

Da kommt ein Engel in den Stein mit opalisierend[2] leuchtenden Gewändern gleich einem Rad[3] aus Feuer, auf jeder Seite von ihm und in seiner Hand befindet sich ein langer Dreschflegel aus scharlachroten Blitzen[4]. Sein Gesicht ist schwarz[5] und seine Augen weiß ohne jegliche Pupille oder Iris[6]. Das Gesicht ist wahrhaft schrecklich anzuschauen. Nun befindet sich vor ihm ein Rad[7] mit vielen Speichen und vielen Wandungen; wie ein Zaun[8] steht es vor ihm.

Und er verkündet: O Mensch, wer bist du, daß du es wagst, in dieses Mysterium[9] einzudringen? Denn es ist verborgen bis zum Ende der Zeit[9].

---

[1] BAG = Widder, Stier, Krebs. Dies läßt sich in das Hebräische übertragen als He, Vau und Cheth = 19. Ausgesprochen ergibt dies Chavah = Eva, Adams Frau; manifestieren, darstellen, offenbaren [für die Korrespondenzen vgl. jeweils das 'Sepher Sephiroth'].

[2] Opal = Regenbogen = Schütze.

[3] Atu XIX - das Rad der Sonne, ein Symbol der allumfassend strahlenden Energie, und 19 ist eine Glyphe des Kreises. XIX bezieht sich auf den 19. Tarotschlüssel, der die Sonne ist.

[4] 19 – Engel L.T.D. des Schützen. [L.T.D. bedeutet 'Lord of the Triplicity by Day' oder Herr der Dreifaltigkeit am Tage. Dieser heißt AVZ – Ahoz = 19.]

[5] 19 = Dayah (DIH); bedeutet 'war schwarz'.

[6] Bezieht sich auf Binah.

[7] Siehe Anm. 3.

[8] Cheth = Zaun. Buchstabiere diesen Buchstaben als Cheth, Iod, Tau, und er bedeutet wörtlich 'ein Zaun'. [Der Zahlwert beträgt 418 - eine sehr bedeutsame Zahl, da sie das Große Werk selbst repräsentiert, und ABRAHADABRA = 418.]

[9] Binah = Eva. 19 ist die große Glyphe des Weiblichen, da sich diese Zahl auf die Gematria von Eva bezieht, der ersten Frau in der Genesis (wie in Anm. 1 dargestellt), und somit Babalon gleichzusetzen ist. [Pfad 19 entspricht Atu XI, Lust.]

Und ich entgegne ihm: Es gibt keine Zeit[10] außer in der Dunkelheit Ihres Bauches, aus dem das Böse kam.

Und nun bricht das Rad hinweg, und ich sehe ihn, wie er ist. Sein Gewand ist schwarz unter den opalfarbenen Schleiern und in Weiß eingefaßt, und er hat den leuchtenden Bauch eines Fisches und riesige Flügel mit schwarzen und weißen Federn, unzählige kleine Beine und Klauen wie ein Tausendfüßler und einen Schwanz wie ein Skorpion. Die Brüste sind menschlich, aber über und über mit Blut bedeckt; und er ruft: O du, der du den Schleier zerrissen hast, weißt du denn nicht, daß er, der dorthin kommt, wo ich bin, viele Leiden auf sich nehmen muß[11]?

Und ich antworte ihm: Es gibt kein Leid[12] außer in der Dunkelheit Ihres Bauches, aus dem das Böse kam.

Ich durchdringe das Mysterium[12] seiner Brust[12], und darin befindet sich ein Juwel. Es ist ein Saphir so groß wie ein Straußenei[12], und darauf ist dieses Siegel eingraviert:

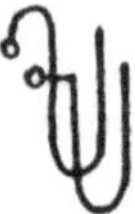

Aber da befindet sich auch viel Geschriebenes auf dem Stein, sehr winzige eingravierte Schriftzeichen. Ich kann sie nicht erkennen. Er deutet mit seinem Dreschflegel auf den Stein, der nun außerhalb von ihm und größer als er selbst ist[13], und er ruft mir zu: Heil! Wächter der Tore der Ewigkeit, der du nicht[14] deine rechte Hand von deiner linken[15] Hand unterscheiden kannst, denn im Äon meines Vaters

---

[10] Tau = Zeit = Saturn = Binah.

[11] Das heißt, er muß den Grad von $8^\circ = 3^\square$ erlangen, der sich auf Binah bezieht, der Sphäre von Saturn und natürlich die des Kummers und der Bitterkeit.

[12] All dies bezieht sich auf Binah.

[13] Binah absorbiert alles, wie Schwarz (Saturn) alle Farben absorbiert.

[14] Binah zerstört Wissen, da es oberhalb von Daath - Wissen - liegt.

[15] Hände: Merkur, denn Hand ist Iod, Jungfrau. Die beiden Hände sind ferner die Zwillingsschlangen. Augen: Sonne und Mond. Nasenlöcher: Mars und Venus. Der Mund, normalerweise dem Merkur zugeordnet, kann hier als Begriff nicht verwendet werden; denn der Mund ist einer, nicht zwei, wodurch er dem Logos entspricht. Ohren: Jupiter und Saturn. Der Logos ist grundlegend eine Einheit, auch wenn er

gibt es einen Gott mit gefalteten Händen, in denen er das Universum hält, es malmend in den Staub werfend[16], den du Sterne nennst.

Heil dir, der du nicht dein rechtes Auge von deinem linken zu unterscheiden vermagst; denn im Äon meines Vaters existiert nur ein einziges Licht.

Heil dir, der du nicht dein rechtes Nasenloch von deinem linken zu unterscheiden vermagst; denn im Äon meines Vaters gibt es weder Leben noch Tod.

Heil dir, der du nicht dein rechtes Ohr von deinem linken zu unterscheiden vermagst; denn im Äon meines Vaters gibt es weder Klang noch Stille.

Wer immer die Macht hat, diesen Saphir aufzubrechen, wird darin vier Elefanten finden, deren Stoßzähne aus Perlmutt sind und auf deren Rücken sich Schlösser befinden, und zwar jene Schlösser, die du die Wachtürme des Universums nennst[17].

Laß mich in Frieden in der Brust des Engels wohnen, der der Wächter des Aethyrs ist. Möge die Scham meiner Mutter nicht offenbar werden. Laß nicht sie, die unter den Lilien jenseits der Sterne liegt, der Schande anheimfallen.

O Mensch, der du immerfort einer bist, der öffnen muß, wann wirst du jemals lernen, die Mysterien der Schöpfung zu versiegeln? Dich über dich selbst einzufalten wie eine Rose in der Umarmung der Nacht? Aber du mußt den Liebhaber für die Sonne spielen, und der Wind muß dir deine Blütenblätter entreißen, und die Biene muß dich deines Honigs berauben, und du mußt in das Dämmerlicht der Dinge fallen. Amen und Amen.

Wahrlich, das Licht ist verborgen, und so ist er, der sich selbst verbirgt, dem Licht gleich; du aber öffnest dich selbst; du bist wie die Dunkelheit, die den Bauch der großen Göttin umfaßt[18].

---

durch Schwingung manifestiert ist. Der Mund wird daher nicht mit den anderen Objekten des Wissens zerstört, obwohl seine dualistischen Ausdrucksformen, die Hände, nicht mehr länger als getrennt angesehen werden.

16 Siehe Liber Al vel Legis, III, V. 72.

17 Die Elemente sind in Binah verborgen [für die Wachtürme vgl. die 'henochischen Schlüssel der Magie'.]

18 Im Lichte des Rufes von LOE scheint dieser Abschnitt das genaue Gegenteil seiner augenscheinlichen Bedeutung zu meinen. Der ganze Ausruf von »laß mich woh-

OLAHU VIRUDEN MAHORELA ZODIREDAI ON PIREDA EXTENASER; ARBA PIRE GAH GAH GAHAL GAHALANA VO ABRA NA GAHA VELUCORSAPAX[19].

Und die Stimme des Äons schrie auf: Kehre zurück, kehre zurück, kehre zurück! Die Zeit krankt, und der Raum klafft, und die Stimme von ihm ist, war und wird sein wie gekröntes Rasseln in der Kehle des mächtigen Drachen aus alter Zeit[20]. Du kannst nicht an mir vorbei, es sei denn, du besitzest das Mysterium vom Wort des Abyss.

Nun legt der Engel den Saphir in seine Brust zurück; und ich sprach zu ihm und sagte: Ich werde mit dir kämpfen und dich besiegen, es sei denn, du offenbarst mir das Wort des Abyss.

Nun macht er Anstalten, als wolle er mit mir kämpfen. (Es ist sehr schrecklich, all diese sich bewegenden Tentakel und der blitzende Dreschflegel und das grimmige, augenlose Gesicht, verzerrt und angeschwollen.) Und mit dem magischen Schwert durchbohre ich seine Rüstung bis auf die Brust. Er fiel zurück und sagte: Jede von diesen meinen Narben ist so entstanden, denn ich bin der Wächter des Aethyrs. Und er hätte noch mehr gesagt, aber ich unterbrach ihn mit der Aufforderung: Offenbare mir das Wort des Abyss. Und er erwiderte[21]: Disziplin ist kummervoll, und Pflügen ist mühselig, und Alter bedeutet Müdigkeit.

Du sollst die Qual der Zerstreuung erleiden[22].

Aber jetzt, wenn die Sonne aufgeht, überkreuze du deine Arme[23]; dann wird Gott dich in eine Salzsäule verwandeln[24].

---

nen« an ist eine Invokation von Binah. Es handelt sich um eine Ankündigung der Mysterien für die Überquerung des Abyss.

19 [I. Regardie gibt hierfür folgende Grobübersetzung an: »Zum zweiten Male habe ich jene dunklen Himmel verschönert, die ich bewohne, die dort für die Heilige Mutter von allen errichtet sind. Der Schrein der Geister existierte, existiert und wird existieren, der dafür vorgesehen ist, daß die Kinder des Abyss in ihm thronen.« Das Verb 'existiert' sei, so Regardie, reflexiv und bedeute wörtlich in etwa 'erschuf sich selbst'.]

20 Binah oder Nuit = Draco, der Drache.

21 Siehe den 14. und 13. Aethyr.

22 Siehe den 10. Aethyr. Diese Worte sind eine Prophezeiung.

23 Tiphareth und das Zeichen des wiederauferstandenen Osiris, die Hauptthematik des Adeptus Minor Grades.

24 Prophezeiung für den Grad von 8° = 3□. Die Säule ist phallisch, und das Salz ist das alchemistische Salz von Binah, die Große See. Siehe auch 'Liber LVX' in den 'Heiligen Büchern von Thelema', Kap. V, 5, 23, 25.

Vertiefe dich nicht so sehr in Worte und Buchstaben, denn dieses Mysterium ist von den Alchemisten verborgen worden. Bilde aus der siebenfachen eine vierfache Ordnung[25]; und wenn du verstanden hast, magst du Symbole[26] erschaffen; aber wenn du mit Symbolen Kinderspiele betreibst, wirst du nie verstehen[27]. Du hast die Zeichen; du hast die Worte; aber es gibt viele Dinge, die nicht in meiner Macht stehen, der ich lediglich der Wächter des 28. Aethyrs bin.

Nun sollst du meinen Namen auf folgende Weise erlangen. Du sollst die drei Namen der Engel des Aethyrs jeweils von rechts nach links und von links nach rechts und von rechts nach links schreiben, wobei dies die heiligen Buchstaben sind:

Der erste 1, der fünfte 2, der sechste 3, der elfte 4, der siebte 5, der zwölfte 6, der siebzehnte 7.

So erhältst du meinen Namen[28], der ich über diesen drei stehe, aber die Engel des Aethyrs sind in Wirklichkeit vier, und sie haben niemanden mehr über ihnen; deshalb herrscht Zerstreuung und Unordnung[29].

Nun erklingt von allen Seiten gleichzeitig eine Stimme, furchtbar laut, schreiend: Schließe den Schleier; die große Lästerung ist ausgesprochen; das Gesicht meiner Mutter[30] ist zerkratzt von den

---

[25] Das vollständige System der Erlangung eines 7° = 4□, Adeptus Exemptus.

[26] Der 8° = 3□ mag ein neues System der Kabbala ersinnen.

[27] Man kann nicht durch rein intellektuelle Manipulationen ein 8° = 3□ werden.

[28] Jeder Aethyr hat drei Engel, die ihm vorstehen. Dieser würde dann sein:

PXINBAL
POCISINI = *LIXIPSP*
RAPOLOXO

LIXIPSP = Krebs, Schütze, Erde, Schütze, Löwe, Zwillinge, Löwe. Die astrologischen Zeichen in das Hebräische übertragen ergeben Cheth, Samech, Tau, Samech, Teth, Zajin, Teth, wovon die Gematria oder Gesamtsumme 533 ist. Im 'Sepher Sephiroth' finden wir 533 als die Zahl von Thani Ha Gadol (ThNI H GDVL) = Draco Magnus, der Mächtige Drachen. Dies ist das Symbol für Nuit oder Binah. Der gesamte Symbolismus dieses Engels wird daher bestätigt durch eine kabbalistische Gleichung, die dem Seher zu dieser Zeit gar nicht bekannt war.

[29] Die vier Elemente unharmonisiert lösen sich in Choronzon auf, dem Dämon des Abyss.

[30] Bezieht sich ebenfalls auf Binah.

Nägeln des Teufels. Schließe das Buch, vernichte den, der das Siegel gebrochen hat!

Und ich erwiderte: Wäre er nicht bereits vernichtet worden, wäre er auch nicht hierher gekommen, denn ich existiere nicht, außer im Bauche von Ihr[31], durch Die das Böse in die Welt kam.

Und die Dunkelheit verschluckt alles[32], und der Engel ist aus dem Stein verschwunden[33]; und es ist abgesehen von dem der Rose und des Kreuzes[34] kein Licht mehr darin.

Aumale, Algerien.
23. November 1909, zwischen 20 und 21 Uhr.

---

[31] Binah.

[32] Typische Geste von Binah.

[33] Die allgemeine Zuordnung dieses Aethyrs ist die zu dem Tarottrumpf oder Atu XVII, der Stern.

[34] Nachdem Binah nicht mehr da ist, steigt der Seher zu seinem Platz in Tiphareth ab.

Der Ruf des 27. Aethyrs

ZAA[1]-

Da ist ein Engel mit Regenbogenflügeln, und sein Kleid ist grün[2] mit Silber, ein grüner Schleier[3] über einer silbernen[4] Rüstung. Flammen vielfarbigen Feuers strahlen von ihr aus in alle Richtungen. Es ist eine Frau um die Dreißig, und sie hat den Mond als Helmzier, und sie hat den Mond schmückend auf ihr Herz gemalt, und ihre Sandalen sind gebogenes Silber wie der Mond.

Und sie verkündet: Einsam bin ich und kalt in der Wildnis der Sterne[5]. Denn ich bin die Königin von all jenen, die im Himmel wohnen, und die Königin von all jenen, die auf Erden rein sind, und die Königin von all den Zauberern der Hölle[6].

Ich bin die Tochter von Nuit, der Herrin der Sterne. Und ich bin die Braut von ihnen, die sich der Einsamkeit verschworen haben[7].

---

[1] ZAA = Löwe, Stier, Stier. Übertragen sind dies Teth, Vau, Vau = 21. Ein Mysterium des Tarottrumpfes XVIII - der Mond, den Fischen zugeordnet, in denen die Venus erhöht ist.

[2] Vielleicht das traditionelle Grün der Jägerin.

[3] Farbe der Venus.

[4] Das Grün der Venus ist möglicherweise der natürliche Schleier des Mondes, sein äußerer Anschein.

[5] Denn Luna ist die Unberührte, und der Pfad von Gimel, der Mond, kreuzt die Wildnis des Abyss.

[6] Diana Trivia wird so beschrieben. Sie ist die Hohepriesterin und Herrin des Himmels. Sie ist die unberührte Göttin der reinen Liebe; und sie ist auch Hekate, der abnehmende Mond, der der Hexenkraft vorsteht.

[7] Jungfrau - der Tarottrumpf IX - der Einsiedler [wobei die Jungfrau im Zodiak den Fischen genau gegenübersteht].

Und ich bin die Mutter des Hundes Zerberus[8]. Eine Person bin ich, und drei Göttinnen[9].

Und du, der du mich gelästert hast, sollst dafür leiden, daß du mich kennst. Denn ich bin kalt, so wie auch du kalt bist, und brenne mit deinem Feuer[10]. O, wann wird der Krieg der Schleier und der Elemente beendet sein?[11]

Strahlend sind diese Krummsäbel meiner Brüder unsichtbar um mich, aber die Macht der Aethyre zu meinen Füßen überwältigt mich. Und sie helfen nicht dabei, das Kamailos[12] zu lösen. Da ist einer in grüner Rüstung, dessen Schwert aus pflanzlichem Feuer besteht[13]. Dieser wird mir helfen. Mein Sohn ist er[14] - und wie soll ich ihn gebären, den die Menschen nicht kennen?

Die ganze Zeit über schießen unerträgliche Strahlen hervor, um mich zurückzuschlagen oder zu vernichten; ich aber bin eingehüllt in ein blauviolettes Ei, und meine Gestalt ist die Gestalt eines Menschen mit dem Kopf eines goldenen Falken[15]. Während ich dies beobachtet habe, war die Göttin in ein unaufhörliches Wehklagen wie das Bellen von eintausend Hunden ausgebrochen[16]; und nun ist ihre Stimme tief und guttural und heiser, und sie haucht sehr schnell

---

[8] Die Schakale von Atu XVIII - der Mond [wobei wir Zerberus eigentlich dem Einsiedler zugeordnet finden - vgl. das Buch Thoth - denn dieser ist auch Psychopompos, der die Toten in das Totenreich geleitet].

[9] Mond = Gimel = 3. Zerberus hat drei Köpfe.

[10] Denn der Mond entspricht dem Sensorium. Er reflektiert den spirituellen Zustand des Menschen in Begriffen sinnlicher Erfahrung.

[11] Das heißt, wann werden die Koeffizienten des Kreises und des Quadrats miteinander vergleichbar. 'Wann' heißt, durch welche Art von Lösung? Oder, auf welcher Ebene?

[12] Camelos (griech.) = Kamel, bezogen auf Gimel im Hebräischen. Kamailos (griech.) = ein Band. Gimel wird somit einem Band gleichgesetzt, ein dreifaches (da Gimel drei ist) Band, das Kether und Tiphareth am Lebensbaum miteinander verbindet.

[13] Der Engel von Daleth - Venus, die grün ist, und Daleth hilft Venus. Daleth kreuzt den Mond am Baum, Chokmah und Binah miteinander verbindend. Das heißt, die Liebe dieser Himmlischen bringt die Isolation des unberührten Mondes in ein Gleichgewicht.

[14] Mond in 20° Fische zur Geburt von 666.

[15] Was bedeutet, daß ich die Gottform von Horus annehme, die Sonne im Bauch des Nachthimmelblaus von Binah, die die Mutter aller Sterne ist und somit Macht über Hekate hat.

[16] Die Hunde, die Hekate folgen. Die Schakale von Atu XVIII - der Mond.

Worte, die ich nicht verstehen kann. Jetzt kann ich einige von ihnen hören:

UNTU LA LA ULULA UMUNA TOFA LAMA LE LI NA AHR IMA TAHARA ELULA EFTOMA UNUNA ARPETI ULU ULU ULU MARABAN ULULU MAHATA ULU ULU LAMASTANA[17].

Und dann schwillt ihre Stimme zu einem Aufschrei an, und da siedet ein Kessel[18] vor ihr; und das Feuer unter dem Kessel erinnert an Zinkflammen[19], und in dem Kelch befindet sich die Rose, die Rose mit den 49 Blütenblättern[20], die darin kocht. Ihre Regenbogenflügel hat sie über den Kessel gebreitet; und ihr Gesicht ist über den Kessel gebeugt, und sie bläst opaleszierende, silbrige Ringe auf die Rose; und ein jeder Ring, wie er das Wasser berührt, entzündet sich, und die Rose nimmt neue Farben an[21].

Und nun richtet sie ihren Kopf auf und erhebt ihre Hände zum Himmel und ruft aus: O Mutter[22], wirst du denn niemals Mitleid mit den Kindern der Erde haben? War es denn nicht genug, daß sich die Rose rot gefärbt hat mit dem Blut deines Herzens[23], und daß ihre Blütenblätter 7 mal 7 sind?

Sie weint und weint[24]. Und die Tränen werden größer und füllen den ganzen Stein mit Monden aus[25]. Ich kann wegen der Tränen nichts sehen und nichts hören, obwohl sie das Beten fortsetzt.

---

[17] Die Mondsprache: »Ihr Hunde! Ho! Ho! Tally-ho! Wittert das Gift des Pfades. Hier! Da! Bellt! Lauft umher! Dort hinunter läuft die Beute zur Lichtung des bemosten Felsens. Der erste hat ihn gefangen! Tally-ho! Tally-ho! Die Jagd ist beendet.« ULU = 'Heil' plus 'kommen' = ähnlich wie 'Ahoi'. [Tally-ho ist der Ruf der Jagd.]

[18] Der Hexenkessel.

[19] Das Ultraviolett der Fische.

[20] Venus in den Fischen.

[21] Dieser ganze Abschnitt bezieht sich auf Atu XIV - Kunst = Schütze, denn nun ist sie in ihrer Form als Jägerin tätig. Von da der alchemistische und der Regenbogensymbolismus.

[22] Sie ruft Binah an, die höchste Form des Mondes.

[23] Dies ist der Zweck, für den BABALON das Blut der Meister des Tempels nimmt (siehe den 12. Aethyr), um die Rose der universalen Schöpfung zu beleben; d.h. die Erlangung eines Meisters des Tempels erfüllt die Welt mit Leben und Schönheit. Hekate versteht dies nicht, oder sie empfindet dies als ihrer eigenen Formel gegenüber feindlich.

[24] Wasser der Fische.

[25] Sie kann nichts als Bilder ihrer selbst erzeugen.

»Nimm von diesen Perlen[26], bewahre sie in deinem Herzen. Ist nicht das Königreich des Abyss verflucht?« Sie deutet hinab in den Kelch; und nun befindet sich darin das Haupt eines äußerst grausamen Drachen[27], schwarz und verderbt. Ich schaue und schaue; und nichts geschieht.

Und jetzt erhebt sich der Drache aus dem Kessel, sehr lang und dünn (wie die japanischen Drachen, aber unendlich schrekklicher), und er löscht die gesamte Sphäre des Steins aus[28].

Dann ist plötzlich alles verschwunden, und es ist nichts mehr in dem Stein, nur noch strahlend weißes Licht und Flecken wie Funken goldenen Feuers; und da ist ein Geläute, als verwendete man Glocken als Amboß. Und ein Duft ist da, den ich zwar nicht zu beschreiben vermag, aber instinktiv würde ich sagen Lignum Aloe[29]. Und nun sind da all diese Dinge zugleich am selben Orte und zur selben Zeit[30].

Nun wird ein Schleier von Oliv und Silber[31] über den Stein gelegt, ich höre nur noch, wie die Stimme des Engels vergeht, sehr süß und sehr bekümmert, sagend:

---

[26] Perlen repräsentieren die Meister des Tempels, die von Binah um die Staubhäufchen herum, zu denen erstere durch das Überqueren des Abyss geworden sind, verborgen gehalten werden.

[27] Ein Schleier oder eine Maske von Kephra (in Atu XVIII - der Mond).

[28] Alles, was Hekate von dem Großen Werk von 8° = 3□ zu erkennen vermag, ist die schwarze Bruderschaft, d.h. das Mißlingen des Werkes.

[29] Wiederum Schütze (Atu XIV - Kunst). Die Phänomene sind die Erfahrungen des verwirklichten Meisters des Tempels.

[30] Die Erlangung hat die Bedingungen der physikalischen Manifestation aufgehoben.

[31] Farbe Oliv = Wasser in Malkuth (Königinskala), auch Wasser in der Königsskala. Silber ist Mond in der Königinskala.

Weit entfernt und einsam im geheimen Stein liegt das Unbekannte, und durchdrungen wird das Wissen vom Willen und dem Verständnis. Ich bin allein. Ich bin verloren, weil ich alles und in allem bin; und mein Schleier ist gewoben aus der grünen Erde und dem Netz der Sterne. Ich liebe; und ich werde verleugnet, weil ich mich selbst verleugnet habe. Reiche mir diese Hände, lege sie auf mein Herz. Ist es nicht kalt? Versinke, versinke, der Abgrund der Zeit bleibt. Nicht möglich ist es, daß einer zu ZAA kommen könnte. Gib mir dein Gesicht. Laß es mich mit meinen kalten Küssen küssen. Ah! Ah! Ah! Weiche von mir. Das Wort, das Wort des Äons lautet MAKASHANAH[32]. Und diese Worte sollst du rückwärts sprechen: ARARNAY OBOLO MAHARNA TUTULU NOM LAHARA EN NEDIEZO LO SAD FONUSA SOBANA ARANA BINUF LA LA LA ARPAZNA UOHULU[33], falls du meine Bürde zur Erscheinung bringen willst,

---

32 MAKASHANAH = Mem, Aleph, Kaph, Aleph, Schin, Aleph, Nun, He; es benötigt derjenige ein achtbuchstabiges Wort für die Durchführung des Großen Werkes, dessen Formel 3 ist: $8^\circ = 3^\square$. Der Seher war sich dessen bewußt, daß dies nicht das richtige Wort war, welches nämlich ABRAHADABRA lautet = 418. Aber als er es wie oben auf Hebräisch schrieb, sah er, daß es schließlich doch das richtige Wort war. Beachte, daß dies beweist, daß der Engel keine Intelligenz aus dem bewußten Gemüt des Sehers gewesen ist. Hätte der Engel das Wort genannt, das der Seher kannte, hätte es aus seinem unbewußten Selbst stammen können. Ferner beinhaltet dieses Wort mehr als die bloßen 418, weil es aus 8 Buchstaben besteht, was zu der besonderen Formel paßt, die für diesen speziellen Engel erforderlich ist, wohingegen das andere Wort eine eher allgemeine Formel ist und aus 11 Buchstaben besteht, wobei alle Magick ja auf die 11 bezogen ist. Insoweit als ABRAHADABRA spezialisiert ist, bezieht es sich auf das Werk von $5^\circ = 6^\square$, da sich darin fünf Alephs und sechs andere Buchstaben befinden. In der lateinischen Schreibweise weist auch MAKASHANAH elf Buchstaben auf. Außerdem wird die Tätigkeit des Kessels (oben) durch die fünf Konsonanten dieses Wortes wie folgt beschrieben (die Vokale sind hier nicht berücksichtigt):

Mem Wasser
Kaph Glücksrad (Rose) des Tarot
Schin Feuer
Nun Skorpion
He Binah (das erste He des Tetragrammaton; das End-He bezieht sich natürlich auf Malkuth)

33 Übersetzung: »Hierher, o Heiliger ... dessen Last an deinem eigenen Rückgrat zerrt. Heda! Heda! Heda! Der doppelköpfige Gott (Janus) pflügt deinen Rücken [oder jeweils Hintern bzw. Kehrseite], säht Wohnorte auf deinem Rücken aus, du viel-phallische Königin .. der fürstlichen Liebhabereien ... die alle Sodomien sind

denn ich, die ich die unberührte Göttin bin, bin die schwangere Göttin, und ich habe meine Last hinabgeworfen bis hin zu den Grenzen des Universums[34]. Die mich lästern, sind gesteinigt, und mein Schleier[35] um mich herum ist gefallen bis zum Ende der Zeit[36].

Nun erhebt sich da ein enormes Tosen von tausenden und abertausenden von Kriegern, die so dicht beieinander durch den Aethyr blitzen, daß außer ihren Schwertern nichts zu sehen ist, und die sind wie blaugraue Federbüsche. Und der Lärm ist verworren, tausende von Schlachtrufen harmonisieren sich zu einem Donnern, wie das Donnern eines riesigen Flusses während einer Überschwemmung. Und alles im Stein ist stumpf, stumpf und grau. Das Leben ist nicht mehr in ihm[37].

Es ist nichts mehr zu sehen.

Sidi Aissa, Algerien.
24. November 1909, 20 bis 21 Uhr.

... so daß die Heiligen lachen und sich vor Lachen schütteln ... TUTULU (dieses Wort kann nicht übersetzt werden, vgl. 'Liber VII'). Herunter springt von deinem Rücken ... der Foetus-Gesichtige ... ein Erguß ... Sammelt euch, ihr Sonnen-Rosen, Sonnen-Rosen, sammelt euch von dem gespaltenen Rücken der Unschuld (Erde).«

[34] Das Wort des Meisters ist bis in alle Teile der Welt vorgedrungen. Aus diesem Grund ist es immer möglich, ihn durch die rechte Anwendung der obigen Formel zu Hilfe zu rufen.

[35] Symbol Binahs.

[36] Symbol Binahs.

[37] Viele dieser Visionen enden irgendwie ohne Zusammenhang mit dem eigentlichen Inhalt des Aethyrs. Man darf an solchen Stellen nicht nach einer Kohärenz suchen. Es handelt sich lediglich um Episoden auf der Rückreise, die nützlich sind, um dem Schock entgegenzuwirken. Analogie: Man beobachtet vielleicht einen Unfall, während man mit dem Taxi vom Theater aus wieder nach Hause fährt. Dieses Spektakel braucht weder eine Verbindung zu dem Theaterstück noch zum eigenen häuslichen Leben aufzuweisen.

Der Ruf des 26. Aethyrs

DES[1]- דיז

Da ist ein strahlendes Pentagramm: Und nun ist der Stein verschwunden, der ganze Himmel ist schwarz, und die Schwärze ist die Schwärze eines mächtigen Engels[2]. Und obwohl er schwarz ist (sein Gesicht und seine Flügel und seine Robe und seine Rüstung, alles ist schwarz), ist er doch so strahlend hell, daß ich ihn gar nicht anschauen kann. Und er verkündet: O ihr Speere und Giftampullen und scharfen Schwerter und wirbelnden Donnerblitze, die ihr euch an den Grenzen der Erde befindet[3], gegürtet mit Zorn und Gerechtigkeit, wißt ihr denn, daß Sein Name Rechtschaffenheit in Schönheit[4] ist? Ausgebrannt sind eure Augen, denn ihr habt mich in

[1] DES = Geistrad, Jungfrau, Zwillinge = Daleth, Iod, Zajin = 31 + 10 + 7 = 48 = Kokab (KVKB) = die Sphäre Merkurs. Dieser Aethyr beschreibt den Abgang des Äons von Jehovah und Jesus. Die Stéle der Offenbarung, die zu dem 'Buch des Gesetzes' führte, dessen Schlüsselzahl die 31 ist. Daleth = D = Rad des Geistes = 31 [3 + 1 = 4 = der Zahlwert des Buchstabens Daleth]. Iod = Jungfrau = Nuit und der Punkt, Hadit. Zajin = Z = Zwillinge = Die Zwillinge Ra Hoor Khuit und Hoor Paar Kraat kombiniert in Heru-Ra-Ha, dem Herrn des Äons. Jungfrau und Zwillinge sind ferner die Häuser von Merkur, der Logos. So bedeutet der Name des Aethyrs: Der heilige Schlüsselbuchstabe vom 'Buche des Gesetzes', der sowohl durch die Tätigkeit von Merkur augenscheinlich wird, als auch eine vollständige symbolische Beschreibung der Stéle der Offenbarung selbst gibt. Das Arkanum gehört dem Atu XX an - Neues Äon = Schin = Geist = Feuer, 'das letzte Gericht' oder 'der Engel'. Die alte Form von Atu XX zeigt die Formel der Wiederauferstehung des alten Äons. Die neue Form zeigt die Stéle der Offenbarung = 718.

[2] Das Pentagramm zeigt an, daß das Thema dieser Vision die Bestimmung des Menschen sein wird. Die Schwärze, die hell ist, ist solar. Der Kontext zeigt, daß Binah hier nicht impliziert ist.

[3] Alles Symbole der Teilung und Zerstörung, die sich auch nur bis zu den blinden vier Elementen hin ausdehnen.

[4] Rechtschaffenheit = Jupiter = Jehovah = Schönheit = Osiris = Jesus. Dies sind die von ihnen beanspruchten Eigenschaften. Ihr Versagen besteht darin, daß sie sich

meiner Herrlichkeit gesehen. Und zerrissen sind eure Trommelfelle[5], da mein Name wie zwei Berge der Unzucht ist, die Brüste einer seltsamen Frau[6]; und mein Vater ist nicht in ihnen.

Siehe! Die Becken des Feuers und der Pein vermengt mit Schwefel! Viele sind ihre Farben, und ihre Farbe ist gleich geschmolzenem Gold, wenn alles gesagt ist. Ist Er nicht eins, eins und allein, in dem das Strahlen deines Antlitzes wie 1728 Blütenblätter aus Feuer ist?[7]

Auch sprach er den Fluch, er überkreuzte seine Flügel und rief aus: Ist nicht der Sohn der Feind seines Vaters? Und hat nicht die Tochter die Wärme aus dem Bett ihrer Mutter gestohlen?[8] Aus diesem Grund kann der große Fluch nicht widerrufen werden. Deshalb gibt es weder Weisheit noch Verständnis noch Wissen in diesem Hause, das am Abgrund der Hölle hängt[9]. Du bist nicht 4, sondern 2, o du Lästerung ausgesprochen gegen die 1[10]!

Deshalb ist verflucht, wer immer dich verehrt. Er soll in einem Mörser zerstoßen und das Pulver davon in die Winde zerstreut werden, so daß die Vögel der Luft sich davon nähren mögen und sterben; und er soll in einer starken Säure aufgelöst und das Elixier davon in das Meer gegossen werden, so daß die Fische des Meeres davon einatmen mögen und sterben; und er soll gänzlich im Feuer verbrannt und die Asche davon soll sich auf den Kindern des Feuers als Kalk ablagern, so daß sogar in der Hölle ein überwältigendes Wehklagen zu vernehmen sein möge.

Und nun befindet sich auf der Brust des Engels ein Goldenes Ei inmitten der Schwärze der Flügel, und dieses Ei[11] wächst und wächst

---

niemals eine Vorstellung von den Himmlischen jenseits des Abyss zu machen vermochten.

[5] Hören gehört dem Geistelement an, wie Sehen dem Element Feuer. Diese Götter haben die Menschen ihrer höchsten Gaben beraubt.

[6] Siehe den 10. Schlüssel.

[7] Der Zodiak auf die materielle Ebene herabgebracht.

[8] Der Oedipus-Komplex. Das Christentum.

[9] Der Kult von Jehovah vermag sich nicht einmal bis nach Daath auszudehnen.

[10] Dies meint, daß Jehovah nicht einmal das wahrhaftige Chesed ist, sondern die böse Dyade (als der wahren Dyade von Chokmah entgegengesetzt, die Kether in Begriffen der Schwingung interpretiert; der Logos).

[11] Das Versprechen, die Tyrannei des Jehovah zu brechen, welcher die böse 4 im Äon der wahren 4 war, Isis, durch den solaren (goldenen) Jesus. Er tritt als ein Adler auf

über den Aethyr hinaus. Und es bricht auf, und darin befindet sich ein goldener Adler.

Und er kreischt: Wehe! Wehe! Wehe! Ja, wehe der ganzen Welt! Denn es gibt keine Sünde, und es gibt auch keine Erlösung[12]. Meine Federn sind wie Wellen aus Gold auf dem Meer. Meine Augen sind strahlender als die Sonne selbst. Meine Zunge ist schneller als der Blitz.

Und doch haben mich die Armeen der Nacht umzingelt, sie singen und singen Loblieder für Ihn, den der Donnerschlag des Abyss getroffen hat. Ist nicht der Himmel klar hinter der Sonne? Diese Wolken, die dich verzehren, diese Strahlen, die die Gehirne der Menschen versengend mit Blindheit schlagen; diese sind die Botschafter vor meinem Angesicht der Auflösung und der Nacht.

Ihr alle seid von meiner Herrlichkeit geblendet; und obwohl ihr in eurem Herzen das geheiligte Wort bewahrt, das der letzte Riegel zu dem Schlüssel zu der kleinen Tür jenseits des Abyss ist, laßt ihr euch nichtsdestoweniger auf beschönigende Weise darüber aus; denn das Licht selbst ist nichts als eine Illusion. Die Wahrheit selbst ist nichts als eine Illusion. Wahrlich, diese sind die großen Illusionen jenseits von Leben und Zeit und Raum.

Deine Lippen sollen Blasen bekommen mit meinen Worten! Sind sie nicht Meteore in deinem Gehirn? Weiche, weiche von dem Angesicht des Verfluchten, der ich bin; zurück in die Nacht meines Vaters, in das Schweigen; denn alles, wovon ihr glaubt, es sei rechts, ist links, vorwärts ist rückwärts, nach oben ist nach unten[13].

Ich bin der große Gott, der von den Heiligen verehrt wird. Und doch bin ich auch der Verfluchte, das Kind der Elemente und nicht ihr Vater[14].

(der Vogel des Jupiter), so daß es sich trotz der schillernden Hoffnung nur einmal mehr um das alte Äon handelte.

[12] Er weiß um diese Wahrheit, die die gesamte Grundvorstellung seiner Formel vernichtet. Niemand wird ihn bedauern, wenn er ein Sünder ist und keines Erlösers bedarf.

[13] Beachte die lauten Worte, das Durcheinander der Gedanken in diesem ganzen Abschnitt voller Erregtheit.

[14] Er weiß, daß er kein Bild des einfachen, erhabenen Selbsts ist, sondern ein unübersichtliches Wirrwarr blinder Kräfte.

O meine Mutter! Willst du denn nicht Mitleid mit mir haben? Willst du dich nicht schützend vor mich stellen? Denn ich bin entblößt, ich bin manifestiert, ich bin profan. O mein Vater! Willst du mich denn nicht zurückziehen lassen? Ich bin ausgedehnt, ich bin zweifach, ich bin profan.

Wehe, wehe mir! Dies sind sie, die das Gebet nicht hören. Ich bin es, der stets jedes Gebet erhört hat, und da ist niemand, um mir zu antworten. Wehe mir! Wehe mir! Verflucht bin ich bis in alle Ewigkeit!

Die ganze Zeit über ist dieser strahlende, adlerköpfige Gott angegriffen worden, anscheinend von unsichtbaren Leuten[15], denn er wird wieder und wieder, hier und da, verwundet; kleine Ströme frischen Blutes ergießen sich über die Federn seiner Brust. Und der Dunst des Blutes erfüllt den Aethyr langsam mit einem karmesinroten Schleier. Da ist eine Schriftrolle darüber, die besagt: *Ecclesia abhorret a sanguine,*[16]und darunter befindet sich eine weitere Schriftrolle in einer Sprache, deren Klänge ich nicht verstehe. Die Bedeutung ist, Nicht wie sie es verstanden haben[17].

Das Blut ist mittlerweile dicker und dunkler, und es gerinnt und wird schwarz, so daß alles ausgelöscht ist; weil es koaguliert, koaguliert. Und dann schleicht sich von der Spitze aus eine Dämmerung reinen Nachtblaus ein[18]- o die Sterne, die tief hineingesetzten Sterne! - und treibt das Blut herab; so daß um die ganze Spitze des Ovals herum langsam die Gestalt unserer Herrin Nuit heraufdämmert, und unterhalb von ihr befindet sich die flammende Flügelkugel,

---

[15] Jesus ist von einer Unzahl winziger historischer und anderer Tatsachen vernichtet worden; von den Beobachtungen in der Natur, die die Theorien widerlegt haben, von denen seine Existenz abhing. Sein Blut ist vergossen und verschleiert die Wahrheit; wohingegen das Blut der Meister des Tempels im Kelch von BABALON gesammelt wird und die Welt mit Schönheit und Leben überflutet. (Siehe den 27. Aethyr, Anm. 26.)

[16] Der Christ, unfähig zu der Formel des Meisters des Tempels, schreckt vor dem Blutvergießen zurück. Er fürchtet sich davor, sein nichtiges Leben zu verlieren (trotz des Versprechens, daß wer sein Leben verliert, es finden wird).

[17] Die Bedeutung des Lateinischen ist die in Anm. 16 gegebene, nicht die traditionelle Interpretation der Kirche. Siehe auch Liber Al vel Legis, I, 45 - 48.

[18] Nicht nur symbolisch, sondern tatsächlich sogar für das physische Auge erkennbar, wenn Nuit sich manifestiert hat. Auch wenn Ra-Hoor-Khuit oder Aiwass angerufen sind.

und darunter der Altar von Ra-Hoor-Khuit, so wie er sich auf der Stéle der Offenbarung darstellt[19]. Noch weiter unten befindet sich die zurückgelehnte Gestalt von Seb, in dem sich all das geronnene Blut konzentriert hat[20].

Und da erklingt eine Stimme: Dies ist die Morgendämmerung des Äons. Die Äonen des Verfluchtseins sind vorüber. Kraft und Feuer, Stärke und Licht, diese sind für den Diener des Sterns und der Schlange.

Und jetzt scheine ich in der Wüste zu liegen, erschöpft[21].

Die Wüste in der Nähe von Sidi Aissa.
25. November 1909, 13.10 bis 14 Uhr.

---

[19] Siehe die verschiedenen Berichte über die Stéle - in 'The Equinox of the Gods' und in 'Equinox VII'. Die neue Tarotkarte XX - das Äon = 718 ist eine Darstellung der Stéle [siehe auch 'Liber Al und Kommentare'].

[20] Die Erde hat all den von Jesus hervorgebrachten Verfall absorbiert, um das Leben durch Fäulnis neu zu errichten, und zwar vermittels ihrer regulären Formel - als Gegensatz zu der höheren Magick.

[21] Nach dieser Vision, die der physischen Ebene so nahe war, bedurfte es keiner Zwischenstationen auf dem Rückweg. Die Erschöpfung war auf dieselbe Tatsache zurückzuführen. Vereinigung mit höheren spirituellen Kräfte erneuert die Vitalität des Sehers.

Der Ruf des 25. Aethyrs

VTI[1]- ᚨᚹᛚ

Nichts ist in dem Stein außer dem fahlen Gold des Rosenkreuzes.

Nun kommt da ein Engel mit leuchtenden Flügeln herbei, der der Engel des 25. Aethyrs ist. Und der ganze Schleier ist ein dunkles Oliv gleich einem Alexandrit[2] um ihn. Er trägt einen Krug[3] oder eine Amphore[4]. Und nun kommt da ein weiterer Engel auf einem weißen Pferd[5], und noch ein Engel auf einem schwarzen Stier[6]. Und nun erscheint da ein Löwe[7] und verschlingt die letzteren beiden. Der erste Engel geht hin zu dem Löwen und verschließt dessen Maul[8]. Und dahinter hat sich eine große Truppe von Engeln mit silbernen Speeren einem Wald gleich aufgestellt. Und der Engel sagt: Erklingt,

---

1 VTI = Steinbock, Caput Draconis, Schütze - Caput Draconis, der Kopf der Löwenschlange, das Tier, 666. [Der henochische Buchstabe T scheint von der Zuordnung her nicht eindeutig zu sein, denn er steht manchmal auch für den Löwen.] Sein Vater ist der Steinbock, Seth oder Pan; seine Mutter, die mit der Sonne bekleidete Frau, wie in Atu XIV - Kunst. Siehe den 27. Aethyr. Er ist die Bürde des Mondes, geheiligt durch die 418. Atu XI - Lust (eine Teilform) mit Atu XX (XI + XX = XXXI) ergibt den Schlüssel des Neuen Äons.

2 Der Stein des Zeichens Zwillinge, die Zwillinge, die zusammen Heru-Ra-Ha ergeben, seinen Herrn. Auch das Haus des Merkur; das heißt, seine Gestalt ist orakelhaft.

3 Dieser Engel ist ein Avatar von BABALON.

4 Amphora (griech.) = 719. Dieser Engel ist ein Schleier für BABALON = 156, die Frau, die das Maul des Löwen in dem alten Tarottrumpf XI - Lust verschließt, und sie ist die auf ihm reitende Scharlachfrau in der neuen Form.

5 Der Kummer des Todes.

6 Dieser repräsentiert Jehovah und Jesus. Der Schmerz der Plackerei (Sünde ist Begrenzung).

7 Symbol des Tieres 666 [und eine Form des Horus].

8 Siehe Atu XI - Lust. BABALON und das Tier vereint.

all ihr Trompeten, denn ich werde meine Hände im Maul des Löwen verlieren, und sein Brüllen wird die Welten entzünden[9].

Daraufhin erklingen die Trompeten, und ein Wind kommt auf und pfeift entsetzlich. Ein blauer Wind ist es, mit silbernen Flecken; und er weht durch den ganzen Aethyr. Aber durch ihn hindurch nimmt man den Löwen wahr, der wie ein brausendes Feuer geworden ist[10].

Und er brüllt in einer unbekannten Sprache. Und so lautet die Interpretation davon: Mögen die Sterne im Feuer meiner Nüstern verzehrt werden[11]! Mögen all die Götter und die Erzengel und die Engel und die Geister, die sich auf der Erde befinden, und unter der Erde, und über der Erde, die sich in all den Himmeln befinden und in all den Höllen, mögen sie sein wie Staubkörnchen, die im Lichtstrahl meines Auges tanzen[12]!

Ich bin er, der Tod[13] und Sieg[14]verschlingt. Ich habe die gekrönte Ziege[15] erschlagen und das große Meer ausgetrunken[16]. Wie die Asche getrockneter Blätter werden die Welten vor mir hergeweht. Du bist an mir vorübergegangen, doch erkannt hast du mich nicht. Wehe dir, daß ich dich nicht ganz und gar verschlungen habe!

Auf meinem Haupt befindet sich die Krone mit 419 Strahlen[17], die weit sich erstrecken. Und mein Leib ist der Leib einer Schlange[18], und meine Seele ist die Seele des Gekrönten Kindes[19]. Auch wenn ein Engel in weißen Roben mich führt[20], wer wird auf mir

---

[9] BABALON bereitete 666 (auf eine gewisse, sehr geheime Weise) darauf vor, das Wort Thelema zu verkünden.

[10] 666 ist nun inspiriert.

[11] Nüstern - Mars und Venus. Energie und Leidenschaft, auch Atem der Welt.

[12] Auge - das schöpferische Licht; d.h. in Bezug auf das Wort.

[13] Skorpion.

[14] Netzach.

[15] Steinbock.

[16] Hod (das merkurische Wasser): In allen unausgewogenen Sephiroth unterhalb Tiphareths und den von ihnen ausgehenden Pfaden.

[17] Löwe = Teth. Teth ist ausgeschrieben TITh = 419. Teth bedeutet Schlange. Der Löwe ist auch mit Horus gleichzusetzen.

[18] Das magische Bild des ersten Dekanats Löwe, das sich zur Geburt von 666 erhob, ist eine löwenköpfige Schlange.

[19] Horus, der Herr von 666.

[20] Der Avatar Binahs aus der Eröffnung dieses Aethyrs.

reiten außer der Frau der Greuel[21]? Wer ist das Tier[22]? Bin ich nicht eins mehr als er[23]? In seiner Hand befindet sich ein Schwert, das ein Buch ist[24]. In seiner Hand liegt ein Speer, der ein Kelch der Unzucht ist[25]. Auf seinen Mund gesetzt ist das große und schreckliche Siegel[26]. Und er besitzt das Geheimnis des V[27]. Seine zehn Hörner entspringen von fünf Punkten[28], und seine acht Köpfe[29]sind wie der Wagenlenker des Westens[30]. So erhitzt das Feuer der Sonne den Speer von Mars[31], und so soll er verehrt werden wie der Kriegsherr der Sonne[32]. Und doch befindet sich in ihm die Frau, die mit ihrem Wasser das gesamte Feuer Gottes verschlingt[33].

Wehe! Mein Herr, du bist verbunden mit ihm, der um diese Dinge nicht weiß[34].

Wann wird der Tag kommen, an dem die Menschen sich vor meinem Tore zusammenscharen und in meine hitzige Kehle, einen Strudel aus Feuer, stürzen werden? Dies ist eine Hölle, die nicht gelöscht werden kann, und sie alle sollen darin ganz und gar verzehrt werden. Deshalb ist jener unzerstörbare Asbest rein gemacht[35].

---

21 BABALON. Siehe Atu XI - Lust.

22 419 - 418 = 1. Oder 667 - 666 = 1. 667 ist die Gematria der griechischen Schreibweise der Scharlachfrau.

23 Vgl. Anm. 22.

24 Liber Al vel Legis, seine Waffe.

25 Diese Anspielung muß geheim bleiben.

26 Bei diesem Siegel handelt es sich um das von BABALON, das Siegel des A.·.A.·. Vgl. 'Das Buch der Lügen', Kap. 49. Siehe auch den 10. Aethyr, Anm. 18.

27 Sein Motto als ein Meister des Tempels lautet V.V.V.V.V. [Vi Veri Vniversum Vivus Vici - Während meines Lebens habe ich das Universum durch die Kraft der Wahrheit besiegt].

28 V.V.V.V.V. hat zehn Hörner, die von fünf Punkten ausgehen.

29 Siehe 'Das Buch der Lügen', Kap. 49. Es gibt aber einen achten Kopf, zu heilig und geheim, um erwähnt zu werden.

30 Das Mysterium von 5° = 6□ und 6° = 5□; Heru-Ra-Ha ist der marsische Aspekt der Sonne.

31 Bezieht sich auf Atu VII - der Wagen = 8 = Cheth = der Träger des Heiligen Grals.

32 Siehe Liber Al vel Legis, III, 74.

33 Wieder eine geheime Anspielung.

34 Der Seher war noch nicht vollständig initiiert und wurde von Aleister Crowley behindert.

35 Dieser Abschnitt prophezeit die Läuterung des weltlichen Feuers im Äon von Horus. Die Hölle ist das innerste Selbst des Menschen, das die Auslöschung nicht

Ein jeder meiner Zähne[36] ist ein Buchstabe des widerhallenden Namens. Meine Zunge ist eine Säule aus Feuer[37], und aus den Drüsen in meinem Mund erheben sich vier Säulen aus Wasser[38].

TAOTZEM[39] ist der Name, der mich lästert. Meinen Namen sollst du nicht kennen, damit du ihn nicht aussprichst und an mir vorbeigehst.

Und nun kommt der Engel noch einmal nach vorne und verschließt seinen Mund.

---

erleidet, sondern all die Erfahrungen des Lebens in sich aufnimmt und dadurch dahin kommt, seine eigene Vollkommenheit zu erkennen.

[36] 32 Zähne. Von da ist der Name aus Eheieh und Tetragrammaton zusammengesetzt, und zwar so: AHIHVH = 32. Makroprosopus verwoben mit dem Mikroprosopus.

[37] Die Zunge ist das Instrument des Logos und so ein phallisches oder schöpferisches Organ. Chokmah, der Logos, ist die Wurzel des Feuers und die männliche Energie.

[38] Diese sind die vier Flüsse Edens. Sie sind das vierfältige Verständnis des Logos. Diese reflektieren ihn so vollkommen, daß sie seine Gestalt reproduzieren. Das folgende ist ein Zitat aus dem 'Golden Dawn':

PISON:	Feuer, fließt nach Geburah, wo es Gold gibt.
GIHON:	Wasser, die Wasser der Gnade, die nach Chesed fließen.
HIDDEKEL:	Luft, fließt nach Tiphareth.
PHRATH (Euphrat):	Erde, fließt hinab nach Malkuth.

Es steht geschrieben: »In DAATH werden die Tiefen aufgebrochen, und aus den Wolken tropft Tau herab.« Das Wort 'Naher' bedeutet 'immerwährender Strom' - 'niemals versiegende Wasser' im Gegensatz zu anderen Worten mit der Bedeutung eines Sturzbaches oder Flusses. Der von Eden ausgehende Fluß ist der Fluß der Apokalypse, die Wasser des Lebens, die dem Thron kristallklar entspringen und auf beiden Seiten des Lebensbaums alle Sorten Früchte tragen. So bilden die Flüsse ein Kreuz, auf welchem sich der GROSSE ADAM, der SOHN, der sich die Völker untertan machen wird, von Tiphareth ausgehend erstreckt, seine Arme auf Geburah und Chesed ausgestreckt, und in Malkuth befindet sich Eva, die mit ihren Händen die beiden Säulen stützt ['Rituale der Goldenen Dämmerung'].

[39] Taotzem = TAaTzM = 600. Eine 'große' Zahl der Sonne, normalerweise 6. 600 = Kosmos. Die Lästerung besteht darin, die materielle Sonne als die spirituelle aufzufassen.

Die ganze Zeit über regneten schwere Schläge von unsichtbaren Engeln auf mich herab, so daß ich niedergebeugt bin, als trüge ich eine Last schwerer als die Welt[40]. Ich bin zur Gänze zermalmt. Riesige Mühlsteine werden vom Himmel aus auf mich herabgeschleudert[41]. Ich versuche, auf den Löwen zuzukriechen[42], aber der Boden ist mit scharfen Messern bedeckt. Ich bin über und über zerschnitten[43].

Und die Stimme erklingt: Warum bist du hier, der du hier bist[44]? Hast du nicht das Zeichen der Zahl[45]und das Siegel des Namens[46] und den Ring des Auges[47]? Du willst nicht[48].

Und ich antwortete und sprach: Ich bin ein Lebewesen der Erde, und ihr wollt, daß ich ins Wasser gehe.

Und die Stimme entgegnete: Deine Furcht ist bekannt; dein Unwissen ist bekannt; deine Schwäche ist bekannt; aber du bist nichts in dieser Art. Soll das Samenkorn, das von der Hand des Bauern in die Erde gegeben wird, mit sich selbst darüber diskutieren und sich

---

[40] »Die Sünde der Welt«.
DAS MITTELMEER-MANIFEST: AN DEN MENSCHEN
Tu was du willst, soll sein das Ganze des Gesetzes.
Nachdem meine Amtszeit auf Erden im Gründungsjahr der Theosophischen Gesellschaft begonnen hatte, nahm ich meinerseits die Sünden der ganzen Welt auf mich, damit die Prophezeiungen erfüllt werden könnten, so daß die Menschheit den nächsten Schritt von der magischen Formel des Osiris zu der von Horus tun kann.
Und da meine Stunde nun gekommen ist, verkünde ich das Gesetz.
Das Wort des Gesetzes ist Thelema.
Gegeben inmitten des Mittelmeers
AN XX, Sol in 3° Libra, Tag des Jupiter
durch mich, TO MEGA THERION
Logos Aionosa Thelema
(Aus: 'Das Herz des Meisters' von Khaled Khan.)

[41] Prophezeit die Schmerzen der Initiation von 9° = 2□, die 666 auf sich nahm, damit er Er Selbst werde.

[42] Siehe Anm. 41.

[43] Siehe Anm. 42.

[44] Was soviel bedeutet wie »weshalb bist du nicht bewußt identisch mit 666?«

[45] Die kabbalistischen Beweise (für die Wahrhaftigkeit von Aiwass) kraft der 93.

[46] 666.

[47] Der Ring von V.V.V.V.V., der in 'Liber LXV', V, Vers 16, erwähnt wird.

[48] Mein Widerstand gegenüber dem Großen Werk.

fragen, bin ich nun Hafer oder Gerste? Leibsklave des Fluches, wir geben nichts, wir nehmen alles. Sei zufrieden[49].

Und nun geht der Löwe durch den ganzen Aethyr mit dem gekrönten Tier auf seinem Rücken an mir vorbei, und der Schwanz des Löwen geht statt anzuhalten weiter, und auf jedem Haar des Schwanzes befindet sich etwas - manchmal ein kleines Haus, ein anderes Mal ein Planet und dann wieder eine Stadt. Dann ist da eine weite Ebene mit darauf kämpfenden Soldaten und ein überaus großer Berg, in den eintausend Tempel geschnitzt sind, und weitere große Städte mit wundervollen Gebäuden darin, Statuen und Säulen und öffentliche Gebäude ganz allgemein. Dies geht so fort und fort und fort und fort und fort und fort und fort - alles auf den Haaren des Löwenschwanzes[50].

Und dann ist da der Schopf seines Schwanzes, der wie ein Komet ist, aber der Kopf ist ein neues Universum, und jedes von ihm strömende Haar ist eine Milchstraße.

Und dann befindet sich da eine fahle, gestrenge Gestalt, riesig, riesig, größer noch als das gesamte Universum, in silberner Rüstung, mit einem Schwert und einem Paar Waagschalen[51]. Dies ist nur undeutlich zu erkennen. Alles ist in ein Steingrau übergegangen, leer.

Da ist nichts.

Ain El Hajel.
25. November 1909. 20.40 - 21.40.

(Zwei Stimmen befanden sich da in diesem ganzen Ruf, eine hinter der anderen - oder eine war die Rede und die andere die Bedeutung. Und die Stimme, die die Rede war, bestand einfach aus einem Brüllen, ein furchtbarer Lärm wie eine Mischung aus Donner und Wasserfällen und wilden Tieren und Truppen und Artillerie. Und dennoch war sie artikuliert, obwohl ich mich an kein einziges

[49] Der Engel verspricht, daß der Seher in aller Wahrhaftigkeit 666 sein wird, und er rät ihm, seine Stunde in vollkommenem Vertrauen abzuwarten.

[50] Prophezeit die Ergebnisse, die das große Werk von 666 zeitigte.

[51] Dies bezieht sich auf das Äon, das dem des Horus nachfolgt. Siehe Liber Al vel Legis, III, 32. Seine Herrin ist die mit dem Doppelstab, Thmaist - die Gerechtigkeit.

Wort erinnern kann. Aber die Bedeutung der Stimme - der zweiten Stimme - vermittelte sich schweigend und legte die Gedanken wie durch Berührung direkt in das Gehirn des Sehers. Es ist nicht auszuschließen, daß die Mühlsteine und die Schwertstreiche, die auf ihn herabregneten, nicht eben diese Klänge und Gedanken waren.)

Der Ruf des 24. Aethyrs

NIA[1] -

Ein Engel kommt nach vorne in den Stein, wie ein Krieger in ein Kettenhemd gekleidet. Auf seinem Kopf befinden sich graue Federn[2], die wie der Fächer eines Pfaus ausgebreitet sind[3]. Um seine Füße ist eine große Armee aus Skorpionen und Hunden, Löwen, Elephanten und vielerlei andere wilde Tiere. Er streckt seine Arme zum Himmel aus und schreit: Im Knistern des Blitzes, im Rollen des Donners, im Klirren der Schwerter und dem Sirren der Pfeile[4]: Sei Dein Name verherrlicht!

Ströme aus Feuer ergießen sich vom Himmel, ein blaß leuchtendes Blau[5] wie von einem Federbusch. Und sie sammeln sich und lassen sich auf seinen Lippen nieder. Seine Lippen sind von einem kräftigeren Rot als Rosen, und die blauen Federn ziehen sich zusammen in eine blaue Rose[6], und von unterhalb der Blütenblätter der

---

1 NIA = Skorpion, Schütze, Stier = Nun, Samech, Vau = 116. Sie ist Atu XIV - Kunst, die Frau mit der Sonne bekleidet (siehe den 27. Aethyr) zwischen dem Skorpion, Liebe als das Instrument des Wandels durch Fäulnis, und der Venus, der himmlischen Isis. Aber siehe auch Liber Al vel Legis, III, 72 - Coph Nia. Dies vervollständigt das Mysterium von Atu XI - Lust durch die Vision von BABALON = 156, ebenfalls in einer Teilform. Das Tier und die Scharlachfrau sind dem Löwen und Wasser, dem Skorpion, zugeordnet. Sie sind die zwei-in-eins Hauptoffiziere in dem Tempel des Neuen Äons von Heru-Ra-Ha. (Merke: Der Alder-Kerub im 32. Aethyr ist der Wassermann. Dies ist wichtig. Denn der alten Zuordnung des Golden Dawn zufolge gehört der Adler zum Skorpion.)

2 Das Ajna-Chakra - Chokmah.

3 Der Juno heilig.

4 Die Pfeile des Schützen, der Regenbogen, der dem Sturm nachfolgt.

5 Blau des Schützen (Atu XIV - Kunst).

6 Die Frau im Schützen.

Rose kommen Kolibris[7] in strahlenden Farben hervor, und Tau fällt von der Rose - honigfarbener Tau[8]. Ich stehe im Regen davon.

Und eine Stimme erhebt sich aus der Rose: Geh hinfort! Unser Wagen wird von Tauben gezogen[9]. Aus Perlmutt und aus Elfenbein besteht unser Wagen[10], und seine Zügel sind die Herzmuskeln der Menschen. Jeder Augenblick, den wir fliegen, soll ein Äon umfassen. Und ein jeder Ort, an dem wir rasten, soll ein junges Universum sein, das in seiner Stärke frohlockt; seine Wiesen sollen mit Blumen bedeckt sein. Dort werden wir uns nur eine Nacht lang ausruhen, und am Morgen werden wir hinwegfliehen, getröstet.

Nun habe ich mir den Wagen imaginiert, von dem die Stimme sprach, und ich schaute, um zu sehen, wer sich mit mir in dem Wagen befand. Es war ein Engel mit goldenem Haar und goldener Haut, dessen Augen kräftiger blau waren als das Meer, dessen Mund stärker rot war als das Feuer, dessen Atem ambrosische Luft war. Feiner als ein Spinnennetz waren ihre Roben. Und sie bestanden aus den sieben Farben[11].

All dies sah ich; und dann fuhr die verborgene Stimme leise und süß fort: Geh hinfort! Der Preis für die Reise ist unbedeutend, auch wenn ihr Name Tod ist. Du sollst dich nach all dem sehnen, wovor du dich fürchtest und worauf du hoffst und was du hassest und liebst und denkst und bist. Ja! Sterben sollst du, so wie du sterben mußt. Denn alles, was du hast, hast du nicht; alles, was du bist, bist du nicht[12]!

---

[7] Der Venus heilig.

[8] Destilliert aus dem Kessel in Atu XIV - Kunst. Das Elixier. In diesem Aethyr verbirgt sich ein Mysterium des IX° O.T.O.

[9] Der Venus heilig. Diese Frau kombiniert Jupiter (Juno) und Venus; aber sie ist auch mehr als dies, die Quintessenz des Skorpions, die Herrin des Kelches.

[10] Wagen - Atu VII = Krebs, Kardinalzeichen des Wassers. Perlmutt ist dem Wasser heilig. Kelche symbolisieren Genuß, ganz besonders sexuellen Genuß. Elfenbein entstammt den Stoßzähnen eines Elefanten; Zähne gehören dem Buchstaben Schin an, dem Feuer des Geistes. Elfenbein ist somit ein Symbol der harten, glühenden, kämpferischen Freude an der sexuellen Energie, die die Liebe in ihrem Wagen durch den Himmel trägt.

[11] Alles typisch für die Venus.

[12] Prophezeit die 8° = 3□ Initiation. Liebe ist die treibende Kraft, die den Adeptus Exemptus den Sturz in den Abyss wagen läßt.

NENNI OFEKUFA ANANAEL LAIADA I MAELPEREJI NONUKA AFAFA ADAREPEHETA PEREGI ALADI NIISA NIISA LAPE OL ZODIR IDOIAN[13].

Und ich entgegnete: ODO KIKALE QAA. Weshalb hast du dich vor mir versteckt, den ich höre?

Und die Stimme antwortete mir und sprach: Hören ist allein des Geistes[14]. Du bist teilhaftig an dem fünffältigen Mysterium[15]. Du mußt die zehn Göttlichen wie eine Schriftrolle aufrollen und daraus einen Stern formen[16]. Und doch muß du diesen Stern im Herzen von Hadit verlöschen lassen[17].

Denn das Blut meines Herzens ist wie ein warmes Bad aus Myrrhe und Ambra; bade dich darin. Das Blut meines Herzens sammelt sich auf meinen Lippen, wenn ich dich küsse, brennt in meinen Fingerspitzen, wenn ich dich streichle, brennt in meinem Bauch, wenn du dich in meinem Bett verfangen hast. Mächtig sind die Sterne; mächtig ist die Sonne; mächtig ist der Mond; mächtig ist die Stimme des ewig Lebenden, und der Widerhall seines Geflüsters ist das Donnern der Auflösung der Welten. Mein Schweigen aber ist mächtiger als sie. Verschließe die Welten wie ein Schlafhaus; schließe das Buch des Schreibers, und laß den Schleier den Schrein

---

[13] Dieser henochische Abschnitt lautet grob übersetzt wie folgt: »Du bist zu der geheimen Weisheit erhoben worden. Dennoch ist für dich das wahrhaftige Geheimnis wie eine durchschlagende Flamme, die die Leere durch das Feuer ihrer Zusammenkunft niederwirft. Komm hinfort! Komm hinfort! Denn ich bin der Heilige Name.« Die Antwort des Sehers in der nächsten Zeile, auch auf Henochisch, lautet: »Öffne die Mysterien deiner Schöpfung.«

[14] Die traditionelle Zuordnung [vgl. 'Rituale der Goldenen Dämmerung', das Dokument 'Über den Menschen, den Mikrokosmos'].

[15] Dies meint das Pentagramm [als Symbol des Mikrokosmos, s.o.].

[16] Die zehn Sephiroth bilden das flammende Schwert. Die Idee ist, einen vollkommenen Menschen (das Pentagramm) zu formen, indem die zehn aufeinanderfolgenden Eigenschaften in ein einziges geometrisches Symbol eingebunden werden.

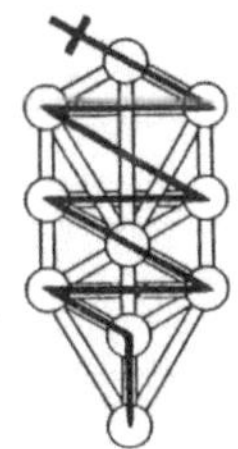

[17] Dieser Stern an sich muß im Gesichtspunkt, der Quintessenz der Individualität, ausgelöscht werden.

verschlucken, denn ich habe mich erhoben, o mein Schöner, und da gibt es keinerlei Notwendigkeit mehr für diese Dinge.

Sollte ich dich einmal von mir stoßen, so geschah es dann in der Freude des Spiels. Sind nicht Ebbe und Flut der Gezeiten eine Musik des Meeres? Komm, laß uns zu Nuit unserer Mutter aufsteigen und uns darin verlieren! Möge das Sein in den unendlichen Abyss ausgegossen sein! Denn nur durch mich sollst du aufsteigen; du hast keine anderen Flügel als die meinen[18].

Die ganze Zeit über hat die Rose blaue Flammen ausgestoßen, die wie Schlangen durch den gesamten Aethyr züngeln. Und die Schlangen haben jetzt die Gestalt von Sätzen angenommen. Einer von ihnen lautet: *Sub umbra allarum tuarum Adonai quies et felicitas.*[19]Ein weiterer: *Summum bonum, vera sapientia, magnanima vita, sub noctis nocte sunt.*[20]Und noch einer: *Vera medicina est vinum mortis.*[21]Und noch einer: *Libertas evangelii per jugum legis ob gloriam dei intactam ad vacumm nequaquam tendit.*[22] Und noch einer: *Sub aqua lex terrarum.*[23]Und noch einer: *Mens edax rerum, cor umbra rerum; intelligentia via summa.*[24] Und noch einer: *Summa via lucis: per Hephaestum undas regas.*[25]Und schließlich: *Vir introit tumulum regis, invenit oleum lucis.*[26]

Und um das Ganze dieser Dinge herum befinden sich die Buchstaben TARO; aber das Licht ist derart schmerzlich, daß ich die Worte

---

18 Die Gesamtheit der Erfahrungen ist zur Vollkommenheit aufgestiegen. Somit gibt es auch keinen Bedarf mehr an einem manifestierten Universum. Siehe Liber Al vel Legis I, 29 für das Ziel der Teilung.

19 Bezieht sich auf die 5° = 6□ Initiation.

20 Bezieht sich auf die Nacht von Pan (siehe die nächsten Aethyre) und damit auf 8° = 3□; zusammen mit 5° = 6□ sind dies die beiden Initiationsschritte.

21 Dies bezieht sich auf die allgemeine Lehre hinsichtlich des Todes. Liber Al vel Legis, II, V. 72 - 74 und anderswo.

22 Vereint die vier Sätze (in dieser Reihenfolge: Wassermann, Stier, Löwe, Skorpion) auf dem kreisförmigen Altar in dem Gewölbe des Christian Rosenkreutz. Die Bedeutung ist: Freiheit, Gesetz, Licht erfüllen das Universum.

23 S.A.L.T. [Die Initialen der Buchstaben aus dem obigen Text].

24 M.E.R.C.U.R.I.U.S. Bedeutung: Das Gemüt vernichtet das Äußere (indem es seine Wirklichkeit abstrahiert; vgl. irgendeine gute Yoga-Abhandlung). Das Herz ist der Schatten der Dinge; d.h. Wirklichkeit erscheint nur in Form von Sinneseindrücken. Binah (8° = 3□) ist der höchste Weg.

25 S.U.L.P.H.U.R. Eine alchemistische Anweisung; bezieht sich auf Liber Al vel Legis II, 57.

26 V.I.T.R.I.O.L. Bezieht sich auf IX° O.T.O. [Siehe auch das 'Buch Thoth', Atu XIV - Kunst für diese Formel.]

nicht lesen kann. Ich werde es noch einmal versuchen. All diese Schlangen befinden sich sehr nahe beieinander an den Rändern des Rades, weil da eine unzählbare Anzahl von Sätzen ist. Einer lautet: *Tres annos regimen oraculi.*[27]Und ein weiterer lautet: *Terribilis ardis rex.*[28]Und noch einer: *Ter amb (amp?)* (kann es nicht erkennen) *rosam oleo (?).*[29] Und noch einer: *Tribus annulis regna olisbon.*[30]Und das Wunder besteht darin, daß man mit diesen vier Buchstaben eine vollständige Serie von Regeln für eine jedwede Tätigkeit erstellen kann, sowohl in Bezug auf weiße Magie als auch auf schwarze.

Und jetzt sehe ich wieder das Herz der Rose. Ich sehe das Gesicht von ihm, der das Herz der Rose ist, und in der Herrlichkeit dieses Gesichtes bin ich zum Ende gekommen. Meine Augen sind fest auf die seinen gerichtet; mein Wesen wird durch meine eigenen Augen in jene Augen hineingesogen. Und ich schaue durch jene Augen, und siehe! das Universum, wie sprühende Funken aus Gold, dahinwehend wie ein Gewittersturm. Wiederum scheine ich mich in ihn hinein auszudehnen. Mein Bewußtsein erfüllt den ganzen Aethyr. Ich höre den Ruf NIA, der fortwährend aus meinem Inneren widerhallt. Er klingt wie unendliche Musik, und hinter dem Klang liegt die Bedeutung des Aethyrs. Wieder sind da keine Worte.

Die ganze Zeit über fahren die Goldfunken mit dem Wirbeln fort, und sie sind wie blauer Himmel mit vielen ziemlich fasrigen, weißen Wolken darin, draußen. Und nun sehe ich um mich Berge, entfernte, blaue Berge, purpurne Berge. Und in der Mitte befindet sich eine kleine grüne Talmulde aus Moos, die durch den von der Rose tropfenden Tau ein einziges Funkeln ist. Und ich liege auf jenem Moos mit dem Gesicht nach oben, ich trinke, trinke, trinke trinke von dem Tau.

---

[27] Bezieht sich auf den Zeitraum, der erforderlich ist, um die Initiation von 8° = 3□ zu assimilieren. Denn drei Jahre sind 156 Wochen; und 156 = BABALON.

[28] Elyon, der Erhabene. AaLIVN = 156, ein Name für BABALON mit dem phallischen Iod in der Mitte.

[29] Bedeutet, die Rose muß dreimal mit Öl gesalbt werden. (Das heißt, mit dem Öl). [Öl des Abramelin, vgl. Liber Al vel Legis.]

[30] Bezieht sich auf den Lebensbaum, der von den drei reziproken Pfaden beherrscht werden muß - Daleth, Teth, Pe; das heißt, von der Himmlischen Liebe, von der Formel der Vereinigung von BABALON und dem Tier, und von der Formel, die im Liber Al vel Legis angedeutet wird.

Ich kann euch die Freude und die Erschöpfung von allem, was war, und die Energie von allem, was ist, nicht beschreiben, denn es ist nichts als ein Leichnam, der da auf dem Moos liegt. Ich bin die Seele des Aethyrs[31].

Nun ist da ein Widerhall, als schmetterten die Schwerter der Erzengel auf die Rüstung des Verdammten; und die Grobschmiede des Himmels scheinen da den Stahl der Welten auf den Ambossen des Himmels zu hämmern, um ein Dach für den Aethyr anzufertigen[32].

Denn wäre das Große Werk vollbracht und all die Aethyre eingehüllt in einen, dann würde die Vision mißlingen; dann müßte die Stimme schweigen.

Nun ist alles aus dem Stein verschwunden.

Ain El Hajel.
26. November 1909. 14 bis 15.25 Uhr.

---

[31] Dieser Abschnitt beschreibt eine Initiation, die erste dieser Serie. Es ist die Erschöpfung des niederen Selbsts des Sehers in seiner ersten Vereinigung mit BABALON.

[32] Dieses Dach scheint der Pfad von Pe zu sein (Mars, Grobschmiede, Stahl etc., der erste Ring, der den Olisbon bindet, auf den sich Anm. 30 bezieht). Die Vereinigung mit seiner Gefährtin findet zunächst in Yesod statt, wobei man Pe als das Dach von Yesod bezeichnen könnte. Später werden wir die andere Hochzeit von Teth und Daleth finden.

Der Ruf des 23. Aethyrs

TOR[1]-

In dem Leuchten des Steins befinden sich drei Lichter, heller als alles andere, die sich unaufhörlich umeinander drehen[2]. Und nun umhüllt ein Spinnennetz aus Silber[3] das Ganze des Steins.

Hinter dem Spinnennetz befindet sich ein Stern mit zwölf Strahlen[4]; und wiederum dahinter ein schwarzer Stier, der wild auf dem Boden scharrt. Die Flammen aus seinem Maul wachsen an und wirbeln, und er verkündet: Siehe das Mysterium des Mühsals, o du, der du in die Mühsal des Mysteriums eingebunden bist[5]. Denn ich, der ich auf den Boden stampfe, erzeuge damit Strudel in der Luft; sei also getröstet, denn auch wenn ich schwarz bin, so trage ich doch in meinem Gaumen das Zeichen des Käfers[6]. Gebeugt sind die Rücken meiner Brüder, und dennoch werden sie den Löwen mit ihren Hörnern aufspießen. Habe ich nicht die Flügel des Adlers und das Gesicht eines Menschen?

---

[1] TOR = Löwe, Waage, Fische = Teth, Lamed, Qoph = 139.

[2] Die drei Gunas - Sattvas, Rajas, Tamas. Dies ist eine Einleitung für den Aethyr. Im weiteren Verlauf finden wir beim Eindringen mehr und mehr Hindernisse.

[3] Noch immer die Einleitung; verschleiert die eigentliche Vision.

[4] Tamas, der Kerub der Erde. Er und der Adler der Luft ergänzen die vier Offiziere des neuen Tempels [vermutlich meint dies, daß die drei Gunas mit dem Adler der Luft zusammen vier ergeben].

[5] Eine Warnung an den Seher, es sich nicht zu gestatten, die grundlegenden Tatsachen des Lebens zu ignorieren oder abzutun. Mysterien - die Mysterien als solche - neigen dazu, den Strebenden zu verführen. Er wird zu einem exalté (wie ihn die kühl rationalen Franzosen, die sich dieses Fehlers bewußt sind, nennen), und nicht zu einem Erhabenen [hierin verbirgt sich ein Wortspiel, das Franz. 'exalté' bezeichnet einen Schwärmer oder Phantasten, während das Engl. 'exalted' einen Erhabenen oder Edlen meint.]

[6] Die Überlieferung des Stiers Apis. Der Käfer ist die Sonne zur Mitternacht, die verborgene Hoffnung der Erde.

Und nun hat er sich in einen jener geflügelten assyrischen Stiermenschen verwandelt.

Und er sagt: Der Spaten des Landwirts ist das Szepter des Königs[7]. All die Himmel unter mir, sie dienen mir. Sie sind meine Felder und meine Gärten und meine Obstgärten und meine Weideländer.

Gepriesen seist du, der du deine Füße in den Norden gesetzt hast[8]; dessen Stirne von den scharfen Kanten der Diamanten in deiner Krone durchbohrt wird[9]; in dessen Herz der Speer deiner eigenen Fruchtbarkeit eingedrungen ist[10].

Du bist ein Ei voller Schwärze und ein Wurm voller Gift. Aber du hast deinem Vater Form gegeben und deine Mutter fruchtbar gemacht.

Du bist der Basilisk, dessen Blick Menschen in Steine verwandelt, und der Basilisk an der Brust einer Hure, die in ihrer Milch den Tod gibt. Du bist die Natter, die sich in die Wiege des Kindes geschlichen hat. Wehe dir, der du um die Welt gewunden bist wie die Weinrebe, die sich an den entblößten Leib eines Bacchanals heftet[11].

Also, sei ich noch so der Erde verhaftet, so ist doch mein Blut Wein und mein Atem das Feuer des Wahnsinns. Mit diesen Flügeln, seien sie auch klein, erhebe ich mich selbst über die Krone des Iod[12]hinweg, und wenn ich auch keine Flossen habe, so schwimme ich dennoch in der unberührten Quelle[13].

Ich tummle mich in den Ruinen von Eden, so wie Leviathan in der falschen See[14], und ich bin unversehrt wie die Rose an der Krone des

---

[7] Der König herrscht vermöge der Arbeit seines Volkes. Auch der Stier (Erde) ist notwendig als Stütze des Himmels. Nuit wird von Shu getragen, der wiederum auf Seb steht [vgl. die Vignietten des ägyptischen Totenbuches]. Das Unvermögen, dies zu verstehen, läßt viele Mystiker jämmerlich versagen. Sie verlieren den Boden unter den Füßen, sagt man wohl im signifikanten Slang des gemeinen Volkes dazu.

[8] Die Station des Stiers liegt im Norden.

[9] Der Stier ist dem Osiris heilig. Dies bezieht sich auf die Krone von Thorns.

[10] Wieder eine Bezugnahme auf die Formel von Osiris. Der Speer (die heilige Lanze, der Phallus) durchdringt das Herz des sterbenden Gottes.

[11] Diese zwei Abschnitte verkünden die Einheit des Stiers mit seinem zodiakalen Gegenüber, dem Skorpion.

[12] Die Krone des Iod (als Pfad am Lebensbaum) ist Chesed. Der Pfad des Stiers führt von Chokmah herab nach Chesed.

[13] Bezieht sich auf das Symbol der Frau und des Stiers. Siehe den 16. Aethyr.

[14] Siehe Knorr von Rosenroth über die Qliphoth (Hüllen). Er schrieb die 'Kabbala Denudata' auf lateinisch, die als 'The Kabbalah Unveiled' in das Englische übersetzt

Kreuzes[15]. Kommt zu mir, meine Kinder, und seid glücklich. Am Ende der Arbeit liegt die Kraft der Arbeit[16]. Und in meiner Stabilität ist der ewige Wechsel konzentriert[17].

Denn die Wirbel des Universums sind lediglich die Blutbahnen in meinem Herzen. Und die unaussprechliche Vielfalt kommt nur durch meine vielen Haare und Federn und die Edelsteine in meiner Krone zustande. Der Wechsel, den ihr beklagt, ist das Leben meines Frohlockens, und die Trauer, die eure Herzen verdüstert, sind die Millionen Tode, die mich erneuern. Und die Unstabilität, die euch Angst macht, ist das geringfügige Schwanken der Waage, die mir Festigkeit gibt[18].

Und nun schließt sich über ihm der Schleier aus silbernem Gewebe, und darüber ein purpurner Schleier, und darüber ein goldener Schleier, so daß der ganze Stein jetzt wie eine dicke Decke aus gewobenen Goldfäden ist; und da kommen von beiden Seiten des Steins zwei Frauen herbei und umfassen sich jeweils mit beiden Händen und küssen sich und verschmelzen ineinander; und schmelzen hinweg[19]. Und nun öffnen sich die Schleier wieder, und das Gold teilt sich, und das Purpur teilt sich, und das Silber teilt sich, und ein gekrönter Adler ist da, der den assyrischen Adlern ähnelt.

Und er schreit: All meine Stärke und meine Stabilität gereichen mir zum Nutzen des Fliegens[20]. Denn auch, wenn meine Flügel aus feinem Gold bestehen, ist mein Herz doch das Herz eines Skorpions[21].

Gepriesen seist du, der du, in einem Stall geboren, dich an seinem Schmutz zu erfreuen vermochtest, der du die Unredlichkeit von der

---

wurde, und zwar von MacGregor Mathers, einem der Obersten des hermetischen Ordens des Golden Dawn.

[15] Die Rose der Erde überragt im Symbol der Venus das Kreuz des Feuers.

[16] Sich abmühen schafft kinetische Energie.

[17] Siehe den 11. Aethyr [und die Tarotkarte 9 Stäbe, Stärke, die diesen Aphorismus illustriert].

[18] Der ganze Abschnitt erklärt die kabbalistische Lehre Stabilität = Wechsel. (Yesod, die Stütze des Baums, ist sowohl der Mond als auch Luft.)

[19] Diese sollen symbolisch zeigen, daß der Stier dem Adler entspricht.

[20] Diese Transformation in das Prinzip der Luft zeigt die Identität (in der höchsten Philosophie) der beiden Kräfte des Wandels, aus denen die kleineren Mysterien des Schwertes und der Scheibe gebildet sind.

[21] Bezieht sich auf den Skorpion im Symbol des Mithras-Stiers.

Brust deiner Mutter der Hure eingesogen hast; der du die Leiber deiner Konkubinen mit Schändlichkeit überflutet hast.

Du hast mit den Hunden im Dreck der Straßen gelegen; du warst gefallen und schamlos und wollüstig an dem Ort, an dem sich vier Straßen treffen. Dort hast du dich befleckt, und dort wurdest du getötet, und dort ließ man dich zur Verwesung liegen. Der verkohlte Pfahl wurde durch deine Eingeweide gestoßen, und deine Glieder wurden abgetrennt und zum Gespött in deinen Mund gestopft[22].

Meine Einheit ist zur Gänze aufgelöst. Ich lebe in den Spitzen meiner Federn[23].

Das, was ich für mich selbst halte, ist nur eine unendliche Zahl[24]. Gepriesen sei die Rose und das Kreuz, denn das Kreuz ist bis zum äußersten Ende jenseits von Zeit und Raum und Sein und Wissen und Freude ausgedehnt! Gepriesen sei die Rose, die der winzigkleine Punkt seines Zentrums ist! Ja, dies ist unsere Sprache; gepriesen sei die Rose, die Nuit ist, das Umgebende von allem, und gepriesen sei das Kreuz, welches das Herz der Rose ist[25]!

Deshalb schreie ich lauthals, und mein Schrei ist der Sopran, wie das Röhren des Stiers der Bass ist[26]. Friede im Höchsten, Friede im Tiefsten, und Friede in der Mitte! Friede in den acht Vierteln, Friede in den zehn Punkten des Pentagramms! Friede in den zwölf Strahlen des Siegels von Solomon, und Friede in den Vier und Dreißig Wirbeln des Hammers von Thor[27]! Siehe! Ich strahle dich an! (Der Adler ist verschwunden; es ist nur ein flammendes Rosenkreuz, das

---

22 Diese beiden Abschnitte beziehen sich auf die Formel des sterbenden Gottes, ihre Verdrehung und Entweihung von seiten jener, die sie mißbraucht haben.

23 Luft hat ein peripheres Bewußtsein.

24 Die wahrhaftige Einheit existiert nicht in irgendeiner besonderen Zahl, sondern in Aleph als Ganzes [vgl. Liber Al vel Legis, I, V. 4: 'Jede Zahl ist unendlich; es gibt keinen Unterschied'. Aleph als Ganzes meint vermutlich das große Aleph, das für die Zahl 1000 steht, das größte der hebräischen Zahlzeichen, das somit alle anderen in sich trägt.]

25 Die Rose und das Kreuz sind nicht bloß Symbole für bestimmte Arten von Energie - männlich und weiblich. Sie sind in die korrelativen Symbole in die Unendlichkeit ausgedehnt - Nuit und Hadit.

26 Luft und Erde sind harmonische Schwingungen - komplementär.

27 Die Schwingungen des Tetragrammaton, von Yeheshua, des Hexagramms und der Swastika [der Hammer von Thor] werden verdoppelt, da sie in jeder der beiden Serien vollkommen sind, in der Luft wie in der Erde, den niedersten Formen des Männlichen und Weiblichen. [Dies bezieht sich ferner auf die buddhistische

weiß leuchtet.) Ich hole dich mit hinein in das Entzücken. FALUTLI! FALUTLI![28]

....O es stirbt, es stirbt.

Bou Sâada.
28. November 1909.

Meditation des Friedens und der Liebe, die in alle Richtungen des Universums ausgedehnt wird. Vgl. 'Das Training des Geistes' von Bikkhu Ananda Metteya.]

[28] Siehe 'Liber VII', Kap. V, Vers 30. Es ist der Ausruf der vollkommenen Ekstase in der Auflösung eines Symbols durch die Kraft der Liebe. FAL ist eine Permutation des Buchstabens Aleph, dicke Dunkelheit; PLA, das verborgene Wunder - ein Titel Kethers. Der ganze Symbolismus von Aleph, 111, muß genau studiert werden. Er beinhaltet insbesondere die Gleichungen Eins = Zero; und Drei = Eins. Aleph ist Iacchus, der Herr der Ekstase; Harpokrates, der Herr des Schweigens; Zeus Arrhenothelus, Bacchus Diphues, Baphomet etc., der Herr der Zwei-In-Eins-Liebe; Parsifal, der reine Tor, der wandernde Geist Gottes, der die Tochter des Königs schwängert [Siehe Crowleys 'Buch Thoth', Atu 0 - der Narr, wo dieser ganze Symbolismus ausführlich erläutert wird]. UT ist der Titel des Heiligen Schutzengels in den Upanishaden. LI ist das Hebräische für 'zu mir'. Siehe Liber Al vel Legis, I, 51, 53, 61, 62, 63. (L ist Atu VIII - Ausgleichung = die befriedigte Frau; I = Iod, Atu IX, der Einsiedler.) Siehe Liber Al vel Legis, II, 24. Die verborgene Kraft, die sie befriedigt. FALUTLI (griech.) ergibt 1271 = 2542 geteilt durch 2. 2542 ist Thelema, in Griechisch voll ausgeschrieben.

Der Ruf des 22. Aehtyrs

LIN[1] -

Als erstes kommt da die geheimnisvolle Tafel mit den neunundvierzig Quadraten[2] in den Stein. Sie ist von unzähligen Engelsscharen umgeben; allerlei Arten von Engeln sind es - einige leuchtend und blitzend wie Götter bis hinunter zu den Wesen der Elemente. Das Licht auf der Tafel kommt und geht; und nun bleibt es, und ich sehe, daß jeder Buchstabe der Tafel aus neunundvierzig weiteren Buchstaben zusammengesetzt ist, und zwar in einer Sprache, die mich an die von Honorius erinnert; aber wenn ich lesen möchte, wird der Buchstabe, den ich anschaue, sogleich unscharf.

Und nun kommt da ein Engel, um die Tafel mit seinem mächtigen Flügel zu bedecken. Dieser Engel hat alle Farben vermischt in seinem Kleid; sein Haupt ist stolz und schön; sein Kopfschmuck ist Silber und Rot und Blau und Gold und Schwarz wie Wasserfälle, und in seiner linken Hand hält er eine Panflöte aus den sieben heiligen Metallen, auf der er spielt[3]. Ich kann euch gar nicht mitteilen, wie

---

[1] LIN = Krebs, Schütze, Skorpion, und ergibt auf das Hebräische übertragen Chassan (CHSN), den Herrscher der Luft. Auch Stärke. Es addiert sich zu 118, was zweimal 59 ist. 59 = Geschwister (besonders auf Lilith und Samael bezogen). LIN erklärt somit die Zwillinge, die in Heru-Ra-Ha verborgen sind. 118 ist auch (vgl. 'Sepher Sephiroth') »wechseln, übergehen, erneuern und gären«, was die Formel von Horus andeutet. Seine erste Formel ist die von BABALON, denn Er befindet sich noch immer in ihrem Bauch. Aber siehe auch die Anm. bezüglich Paraoan im 10. Aethyr.

[2] Siehe 'Equinox VII', S. 231. Diese Tafel beinhaltet die Namen der Engel der die sieben Planetarsphären: Shabathiel, Tzadquiel, Madimiel, Shemashiel, Noghael, Kikabiel und Levaniel. Diese siebenfache Anordnung entspricht dem Siegel des A.·.A.·. = BABALON (siehe 'Das Buch der Lügen', Kap. 49). Und sie ist die Mutter von Heru-Ra-Ha.

[3] Dieser Engel ist in der Tat PAN. Siehe den 9. Aethyr, für alle hat sie ihn geboren.

wunderbar diese Musik ist, aber sie ist so wunderbar, daß man nur noch in den Ohren lebt; man kann nichts mehr sehen.

Nun hört er auf zu spielen und bewegt seinen Finger in der Luft. Sein Finger hinterläßt eine Spur aus Feuer in jeder Farbe, so daß der ganze Schleier wie ein Netz aus ineinander verwobenen Lichtern ist. Aber durch alles hindurch fällt Tau[4].

(Ich vermag diese Dinge nicht zu beschreiben. Tau repräsentiert nicht im mindesten das, was ich meine. Diese Tautropfen beispielsweise sind riesige Kugeln, die wie der Vollmond leuchten, eben nur vollkommen durchsichtig und gleichzeitig absolut strahlend.)

Und nun zeigt sich die Tafel noch einmal, und er sagt: So wie da 49 Buchstaben auf der Tafel sind, so gibt es 49 Arten von Kosmos in jedem Gedanken Gottes. Und es gibt 49 Interpretationen für einen jeden Kosmos, und jede Interpretation ist auf 49 verschiedene Weisen manifestiert. So sind auch die Rufe 49, aber es gibt für einen jeden Ruf 49 Visionen. Und jede Vision ist aus 49 Elementen zusammengesetzt, nur der 10. Aethyr nicht, der verflucht ist und 42[5] hat[6].

In der Zwischenzeit haben sich die Tautropfen in Wasserfälle aus Gold verwandelt, feiner als die Wimpern eines kleinen Kindes[7]. Und obwohl der Aethyr unermeßlich groß ist, nimmt man dennoch jedes Haar einzeln wahr und gleichzeitig das Ganze auf einmal[8]. Und nun stürmen da von allen Seiten mächtige Engelsscharen auf mich zu, und sie schmelzen auf der Oberfläche des Eies dahin, in welchem ich in der Gestalt des Gottes Kneph[9] stehe, so daß die Oberfläche des Eies ein einziges blendendes Feuer aus flüssigem Licht ist.

---

[4] Dieser 'Tau' ist die himmlische Löwenschlange in ihrem Menstruum aus flüssigen Perlen. Bezieht sich auf IX° O.T.O.

[5] 42 ist eine Zahl des Demiurgen (Siehe Genesis, I), dann die der Beisitzer des Todes (siehe irgendein Buch über die ägyptische Religion), die der unfruchtbaren Mutter, Ama (AMA), des Schreckens und der Zerstörung (BLHH), des Verlustes (BLI), des Verbs 'aufhören' (Chadal - ChDL) und des 10. Aehtyrs.

[6] Siehe 'Equinox VII', S. 99 - 128.

[7] Das solare Kind entwickelt sich aus dem Tau.

[8] Diese Verletzung der normalen Logik ist symptomatisch für die meisten höheren Arten spiritueller Erfahrung. Man darf sich davon nicht verwirren lassen; denn genau das ist der weit verbreitete Fehler, den die meisten Mystiker machen. Das Wirrwarr der Gedanken ist das böse und averse Bild des einen klaren Lichtes.

[9] Das geflügelte Ei, die allgestaltige Zero (0), von der alle positive Manifestation ausgeht.

Jetzt bewege ich mich auf die Tafel zu - ich kann euch gar nicht sagen, mit welchem Entzücken. Und all die Namen Gottes, die nicht einmal den Engeln bekannt sind[10], umgeben mich von allen Seiten.

Alle sieben Sinne werden in einen transmutiert, und dieser Sinn löst sich in sich selbst auf[11]... (Hier findet Samadhi statt) ... Laß mich sprechen, o Gott; laß es mich erklären ... alles. Es ist sinnlos; mein Herz vergeht, ich höre auf zu atmen. Da ist keine Verbindung mehr zwischen mir und P ...[12]Ich ziehe mich zurück. Ich sehe wieder die Tafel.

(Er befand sich lange Zeit hinter der Tafel[13]. O.V.)

Und die ganze Tafel brennt in einem unerträglichen Licht; bis jetzt hat es noch in keinem der Aethyre ein solches Licht gegeben. Und jetzt zieht mich die Tafel zurück und in sich hinein; ich bin nicht mehr.

Meine Arme nahmen die Form eines Kreuzes an, und dieses Kreuz dehnte sich aus, es loderte mit dem Licht in die Unendlichkeit. Ich selbst bin der kleinste Punkt darin. *Dies ist die Geburt der Form.*[14]

Ich bin umgeben von einer riesigen Kugel aus vielfarbigen Streifen; es scheint, als sei die Sphäre der Sephiroth in die drei Dimensionen projiziert. *Dies ist die Geburt des Todes.*[15]

---

[10] Diese sind die Namen von der Tafel, überkreuz oder nach unten gelesen, anstatt diagonal, wie man es tun muß, um die Namen zu erhalten, von denen in Anm. 5 die Rede ist. Siehe auch LXXXIV (S. 321), 'Equinox VII' bezüglich des henochischen Systems.

[11] Diese Erfahrung ist hinsichtlich der besonderen Art höheren Bewußtseins, welches sich dessen auch bewußt ist, vollkommen eindeutig und klar umrissen.

[12] Perdurabo, das Motto des Sehers (im äußeren Orden des Golden Dawn). Sogar dieser hohe und heilige Teil von ihm wurde in diesem Samadhi weit hinter dem Normalbewußtsein mit seiner materiellen und intellektuellen Basis zurückgelassen.

[13] Der Seher befand sich im Zustand von Samadhi. Die Tafel ist ein Schleier des Unendlichen gewesen.

[14] Form ist die Konzeption des Selbsts in Ausdehnung.

[15] Tod ist die Konzeption des ausgedehnten Selbsts; nicht in das positiv ausgewogene Kreuz, sondern in den negativen Kreis (oder die Kugel) von Nuit. [Meint nicht die entsprechenden moralischen Kategorien, sondern das positiv Manifestierte, das als Gegenstück das Negative oder nicht Manifestierte verlangt.]

Nun ist da in dem Zentrum innerhalb von mir eine strahlende Sonne. *Dies ist die Geburt der Hölle.*[16]

Nun wird all dies hinfortgefegt, von der Tafel fortgespült. Es ist die Kraft der Tafel, alles fortzuspülen. Es ist der Buchstabe I in diesem Aethyr, der die Vision gibt, und L steht für seine Reinheit, und N ist seine Energie[17]. Nun ist alles durcheinander, denn ich beschwor das Gemüt, das heißt den Zusammenbruch[18]. Jeder Adept, der diese Vision wahrnimmt, wird vom Gemüt korrumpiert. Dennoch verdankt er es der Kraft des Gemütes, daß er diese Vision aushalten kann und weitergeht, wenn es so ist, daß er weitergeht. Dennoch gibt es nichts Höheres als dies, da es vollkommen in sich selbst ausgewogen ist. Ich vermag kein einziges Wort auf der Tafel zu lesen, denn die Buchstaben der Tafel sind allesamt falsch. Und wer immer diese Tafel mit diesem Entzücken anschaut, strahlt im Licht. Das wahre Wort für Licht besteht aus sieben Buchstaben. Es sind dieselben wie ARARITA, nur transmutiert[19].

Da ist eine Stimme in diesem Aethyr, aber die ist nicht wiederzugeben. Man kann sie nur als ein unaufhörliches Donnern des Wortes Amen darstellen. Es ist kein Wiederholen von Amen, weil die Zeit nicht existiert. Es ist ein einziges, fortwährendes Amen[20].

---

[16] Für die Hölle siehe 'Liber Aleph, das Buch von Weisheit oder Torheit'. Die Hölle ist das geheime Zentrum des Selbsts. Man nimmt den eigenen Stern als das eigene wahre Selbst wahr.

[17] Der henochische Buchstabe I = Schütze. Der Regenbogen ist mit der siebenfachen Projektion verbunden. L (henochisch) = Mond, im Krebs absteigend. Der Mond, wenn er aktiv ist, wirkt stets reinigend; d.h. wenn er nicht die Sonne, seinen Herrn, reflektiert, sondern verschiedene Spektren der Nacht. N (henoch.) = Mars im Skorpion [vgl. die Tarotkarte 5 der Kelche], die Art von Energie, die eine Vision übermittelt. Mars im Stier würde Handlung bewirken.

[18] Der Seher hatte damit begonnen, die sich ihm durch die Vision darstellenden Konzeptionen zu analysieren. Sogleich war die innere Kohärenz seiner Einheit zerstört. Die nächsten beiden Sätze zeigen, daß dies eine dieser Vision eigentümliche Schwierigkeit ist.

[19] IATVAIAR = die Essenz des Resch = 412 = Beth (bedeutet 'ein Haus') = der dem Merkur zugeordnete Buchstabe Beth (voll ausgeschrieben: BITh = 412). Denn letztendlich sind Kether und die Sonne nicht das Licht. Licht ist eine zweifache, von innen energetisierte Schwingung und entspricht von da ihrem Botschafter, Merkur.

[20] AUMGN (siehe hierfür 'Magick').

Soll mein Augenlicht vor deiner Herrlichkeit vergehen? Ich bin das Auge. Aus diesem Grund ist das Auge siebzig[21]. Nur in dieser Vision kannst du verstehen, weshalb dies so ist[22]. Weit, weit reicht es, strahlend im Licht. Und da sind zwei schwarze Engel, die sich über mich beugen, mich mit ihren Flügeln bedecken, mich in der Dunkelheit umhüllen; und ich liege im Pastos unseres Vaters Christian Rosenkreutz unterhalb der Tafel in dem Gewölbe mit den sieben Seiten. Und ich vernehme die folgenden Worte:

Die Stimme des gekrönten Kindes, die Rede des Säuglings, der in dem blauen Ei verborgen ist[23]. (Vor mir befindet sich das flammende Rosenkreuz.) Ich habe mein Auge geöffnet, und das Universum liegt zerstört vor mir, meine Kraft ist das obere Augenlid, und Materie ist mein unteres Augenlid[24]. Ich blicke in die sieben Räume, und da ist nichts[25]

Das übrige kommt ohne Worte; und dann wieder:

---

[21] Ayin = ein Auge = 70.

[22] Die Idee dahinter ist vielleicht diese: 70 = He, Schin, He = Husch!; und Layil (LIL) = Nacht; und Sos (SVD) = das Geheimnis. Die Herrlichkeit ist derart überwältigend, daß sie nicht durch irgendein positives Mittel manifestiert werden kann.

[23] Heru-Ra-Ha.

[24] Dies sind komplementäre Vorstellungen. Wenn sie vereint sind, erzeugen sie positive Manifestationen, die den Blick des Auges von Shivas umfaßt, der alles äußere Dasein annihiliert.

[25] Die sieben Räume sind die Paläste, welche die Sephiroth enthalten.

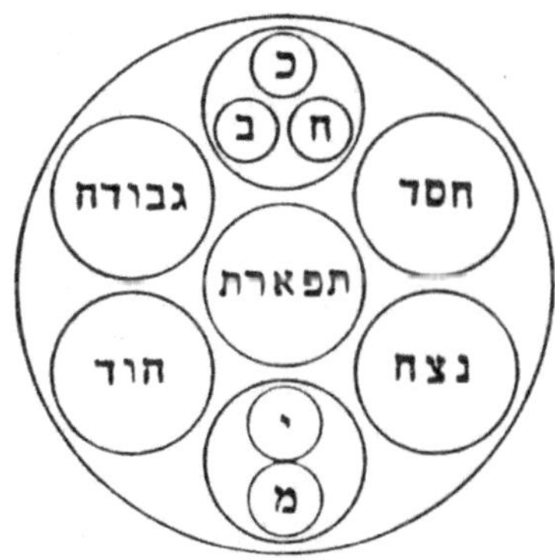

Ich bin in den Krieg gezogen und habe ihn getötet, der mit den Winden gekrönt auf dem Wasser saß[26]; Ich habe meine Kraft freigesetzt, und er zerbrach. Ich zog meine Kraft zurück, und er wurde zu feinem Staub zermahlen[27].

Frohlockt mit mir, o ihr Söhne des Morgens; stellt euch mit mir auf den Thron des Lotus[28]; kommt allesamt zu mir, und wir werden zusammen in den Feldern des Lichtes spielen. Ich bin nach meinem Vater in das Königreich des Westens eingegangen[29].

Siehe! Wo sind nun die Dunkelheit und der Schrecken und das Wehklagen? Denn du bist in das Neue Äon hineingeboren; du sollst den Tod nicht erleiden[30]. Bindet euch eure Gürtel aus Gold um! Schmückt euch mit den Girlanden meiner nie verwelkenden Blumen! Des Nachts werden wir zusammen tanzen, und morgens werden wir in den Krieg ziehen; denn so, wie mein Vater lebt, der tot gewesen ist, so lebe ich und werde niemals sterben[31].

Und jetzt kommt die Tafel zurück. Sie bedeckt den ganzen Stein, aber diesmal stößt sie mich vor sich her, und eine schreckliche Stimme schreit: Hinfort! Du hast das Mysterium entweiht; du hast von

---

[26] Dies ist der Widersacher von Horus, der Bewohner des Nils. Die ihn krönenden Winde sind nicht die reinen Kräfte der Luft der Waage, sondern die wolkenhaften (vermischten) Kräfte des Wassermanns, der im Zodiak dem Löwen, dem Zeichen von Horus, gegenübersteht.

[27] Die Energie von Horus ist tatsächlich zerstörerisch, aber sie muß zurückgezogen werden, um das Werk zu vollenden, denn wenn seine Strahlen in dem Objekt belassen werden, dann halten sie es am Leben. Die Kohärenz der zerbrochenen Materie muß aufgelöst werden.

[28] Harpokrates sitzt oder steht auf dem Lotus, seiner Festung gegen die Bösartigkeit des Wasserdämons.

[29] Horus hat Osiris nach Amenti gebracht und folgt ihm dorthin nach, damit seine Herrschaft auch im Königreich des Todes errichtet werde. Im Neuen Äon ist der Tod das triumphierende Leben geworden, und zwar nicht durch Wiederauferstehung, sondern in seiner eigenen Essenz.

[30] Siehe Anm 29. Der Thelemit erleidet den Tod nicht. Er ist ewig und nimmt sich selbst als das Universum wahr, und zwar über die Kategorien von Leben und Tod hinaus, die keine wirklichen, sondern subjektive Faktoren seiner Wahrnehmung wie Raum und Zeit sind. Sie sind die Ausformungen seiner eigenen künstlerischen Darstellung.

[31] Osiris, der zu dem Glauben an den Tod verleitet worden war, mußte diesen durch Magick - die Formel von IAO - überwinden.

dem Schaubrot gegessen; du hast den geweihten Wein vergossen[32]! Hinfort! Denn die Stimme ist beendet. Hinfort! Denn was offen war, ist geschlossen. Und dies zu öffnen soll dir nicht gelingen, es sei denn durch die Kraft von ihm, dessen Name eins ist, dessen Persönlichkeit eins ist, und dessen Permutation eins ist[33]; dessen Licht eins ist, dessen Leben eins ist, dessen Liebe eins ist. Denn du bist mit dem innersten Mysterium des Himmels verbunden, du mußt die siebenfache Aufgabe der Erde erfüllen, so wie du die Engel vom Größten bis hin zum Geringsten gesehen hast. Und von alledem sollst du nur einen kleinen Teil mit zurücknehmen, denn die Wahrnehmung soll verdunkelt sein und der Schrein erneut verschleiert werden. Dennoch wisse dies als deine Rückversicherung und für das Aufrühren von Zwist in ihnen, deren Schwerter aus Sperrholz bestehen[34], daß in jedem einzelnen Wort dieser Vision der Schlüssel für viele Mysterien verborgen ist, ja auch von solchen des Seins und des Wissens und der Glückseligkeit[35]; des Willens, des Mutes, der Weisheit und des Schweigens[36], und das Mysterium, das all dies beinhaltet und somit größer als all dies ist. Hinfort! Denn die Nacht des Lebens ist auf dich gefallen. Und der Schleier des Lichtes verbirgt das, was ist.

---

32 Wie es scheint, hat der Seher beim Übersetzen der Lehre in verständliche Symbole Fehler begangen. Denn dies kann leicht einen neuen Fall in die unfruchtbaren Königreiche der Rationalisierung auslösen.

33 ARARITA (ein Name Gottes, der ein Notariqon des folgenden Satzes ist: Eins ist Sein Anfang; eins ist Seine Persönlichkeit; Seine Permutation ist Eins.) Der Gebrauch seines Namens und seiner Formel bedeutet, jeden Gedanken mit seinem Gegenteil gleichzusetzen und zu identifizieren; ist man so von der Besessenheit befreit, irgendeinen davon für 'wahr' zu halten (und somit für bindend), kann man sich aus der ganzen Sphäre des Ruach zurückziehen. Siehe 'Liber 813 vel Ararita' in den 'Heiligen Büchern'. Stelle als erste dieser Methoden jeden Vers des I. Kapitels dem korrespondierenden Vers des II. Kapitels gegenüber. Auf diese Weise wird in Kap. III die Quintessenz der Ideen extrahiert, und in Kap. IV sind sie dann in die Methode selbst übergegangen. In Kap. VI erscheinen sie erneut, und zwar in der Gestalt, die der Wille des Adepten bestimmt hat. In Kap. VII schließlich sind sie eine in die andere aufgelöst, bis sie am Ende alle in dem Feuer Qadosch, der Quintessenz der Wirklichkeit, verschwinden.

34 Deren analytische Methoden nicht dazu in der Lage sind, die Illusion zu vernichten. Dieses Bestehen auf der Kraft der Vision soll sie dazu ermutigen, sich mehr anzustrengen.

35 Sat-Chit-Ananda (Sein-Bewußtsein-Glückseligkeit).

36 Die Sphinx.

Damit sehe ich plötzlich die Welt, wie sie ist, und ich bin sehr traurig.

Bou Sâada. 28. November 1909. 16 - 18 Uhr.

(Anmerkung: - Das Zurückkommen brachte keinerlei Benommenheit mit sich; es war, als ginge man in den Raum nebenan. Erlangte das Normalbewußtsein vollständig und augenblicklich zurück.)

Der Ruf des 21. Aethyrs

ASP[1]-

Ein mächtiger Wind rollt durch den ganzen Aethyr; da ist eine Empfindung von absoluter Leere; keine Farbe, keine Form, keine Substanz. Nur hier und da scheint es, als rauschte etwas wie die Schatten großer Engel dahin. Kein Geräusch; da ist etwas sehr herzloses, leidenschaftsloses in dem Wind, das äußerst furchtbar ist. Es zerrt irgendwie an den Nerven. Es scheint, als versuchte etwas, hinter dem Wind eine Öffnung zu schaffen und gerade, wenn dies fast gelingt, hat sich die Anstrengung erschöpft. Der Wind ist weder kalt noch heiß; es gibt überhaupt keine Empfindung, die man damit in Verbindung bringen könnte. Man fühlt ihn nicht einmal, denn man steht vor ihm.

Jetzt schafft das Ding dahinter eine Öffnung, nur eine Sekunde lang, und ich erhasche einen kurzen Blick auf eine Säulenallee, an deren Ende ein Thron steht, der von Sphinxen gestützt wird. All dies besteht aus schwarzem Marmor[2].

Nun scheine ich durch den Wind hindurchgegangen zu sein und vor dem Thron zu stehen; aber er, der darauf sitzt, ist unsichtbar. Dennoch ist er es, der diese Verlassenheit ausstrahlt[3].

---

[1] ASP = Stier, Jungfrau, Löwe. Ins Hebräische übertragen erhalten wir Vau, Iod, Teth = 25 = Jehovid (IHVD), der Gott Geburahs von Briah. Die selbe Zahl ist auch die von Chiah (ChIVA), dem Tier. Der 21. Aethyr zeigt die Verdrängung der folgenden: Das Zeichen Stier entspricht Osiris; das Zeichen Jungfrau ist die Unberührte (die Einsame). Dies sind die Symbole der sterbenden Götter, die der Löwe = Atu XI - das Tier, ersetzt.

[2] Diese Szenerie symbolisiert den Weg der Zeit im Tempel des unergründlichen Schicksals.

[3] Diese Gottheit ist die Notwendigkeit oder das Schicksal. Dieser ganze Aethyr weist eine Metaphysik auf, die viel schwieriger zu verstehen ist als irgendeine der

Er versucht mich verstehen zu lassen, indem er verschiedene Geschmacksrichtungen[4] in meinen Mund legt, sehr schnell einen nach dem anderen. Salz, Honig, Zucker, Assafoetida, Bitumen, wieder Honig, irgendeinen Geschmack, der mir gänzlich fremd ist, Knoblauch, irgendetwas Bitteres wie Nux Vomica, dann einen noch mehr bitteren Geschmack, Zitrone, Nelken, Rosenblätter, noch einmal Honig; der Saft einer Pflanze, ähnlich wie Löwenzahn, glaube ich; wieder Honig, Salz, ein Geschmack ein bißchen wie Phosphor, Honig, Lorbeer, ein widerlicher Geschmack, den ich nicht kenne, dann ein brennender Geschmack, dann ein saurer Geschmack, der mir unbekannt ist. All diese Geschmacksrichtungen gehen von seinen Augen aus; er *signalisiert* sie.

Jetzt kann ich seine Augen erkennen, Sie sind vollkommen rund, mit absolut schwarzen Pupillen, gänzlich weißer Iris und die Hornhaut blaß blau. Die Empfindung von Verlassenheit ist so eindringlich, daß ich weiterhin versuche, der Vision zu entfliehen[5].

Ich gab ihm zu verstehen, daß ich seine Geschmackssprache nicht verstehen konnte, und so begann er statt dessen mit einem Brummen, das mich sehr an eine große elektrische Fabrik mit laufenden Dynamomaschinen erinnerte.

Nun besteht die Atmosphäre aus einem tiefen Nachtblau; und vermittels der Kraft dieser Atmosphäre entzünden sich die Säulen zu einem dunkel glühenden Karmesin, und der Thron ist in ein dunkles, rötliches Gold getaucht[6]. Und nun erklingen durch das Brummen hindurch glockenähnliche Töne und aus der Ferne ein Grollen wie das eines sich zusammenbrauenden Sturms.

---

früheren. Der Student schließlich muß aus seinem Gemüt nicht nur die groben Vorstellungen von Gut und Böse ausgeschlossen haben, sondern auch die grundlegendsten logischen Konzeptionen; beispielsweise die, gezwungen zu sein, einen Gemütszustand oder ein Individuum für in sich selbst wahr zu halten. Dieser Gott ist gleichzeitig ein Greuel und einer der Höchsten Oberherren. Man kann in der Tat sagen, daß sich der Student in einem nicht weit von Samadhi entfernten Zustand befinden sollte, bevor er über die Bedeutung des Aethyrs meditiert.

[4] Siehe Tabelle 1 auf Seite 73

[5] Schwarz, Weiß und Blaß-Blau; es gibt keine Wärme im Schicksal. Es ist unerträglich, den reinen Mechanismus des Lebens zu sehen.

[6] Nun kommt das warme Nachtblau von Nuit und Ra-Hoor-Khuit. Die Säulen nehmen das Karmesin von Binah an, und der Thron das Gold von Tiphareth. So ist es, als wäre Ra-Hoor-Khuit inmitten des Bauches seiner Mutter lebendig.

Tabelle 1: Die Geschmacksrichtungen mit Übersetzung

Salz	Wasser oder Erde, vermutlich	M
Honig	Bienen: Weibliches Symbol. Binah, wahrscheinlich (Dieses E ist nicht wirklich ein Vokal. Es ermöglicht den Konsonanten ein Zusammenkommen mit einem Minimum an Störung. Dies entspricht exakt der Rolle des weiblichen passiven Elementes.)	E
Zucker	Venus	D
Assafoetida	Saturn - Steinbock = (Ayin)	?
Bitumen	Feurig - Wasser = (End-Nun)	N
Honig		E
Unbekannt	Möglicherweise Kether	St
Knoblauch	Saturnisches Element der Venus	L
Nux Vomica	Stärkungsmittel. Geburah	?
Noch bitterer	Quecksilber	U oder V
Zitrone		?
Nelken	Venus - erdig, Stier	?
Rosenblätter	Venus; Quecksilber	I
Honig		E
Löwenzahn	Solar; Tiphareth	O
Honig		E
Salz		M
Phosphor	Sonne. Löwe oder Geburah	Th
Honig		E
Lorbeer	Apollo	R
Sehr widerlich	Schalheit des Quecksilbers	I
Kaffee	Stimulanz - aufputschend. Erektiler Stier	?
Brennend	Skorpion	N
Sauer	Endzustand der Oxidation = Säure = Schütze	S

Diese Tabelle bezieht sich auf Fußnote 4 auf Seite 72.
Übersetzung: »Die Erde hat genug von der Liebe, der Krankheit und des Todes ist sie überdrüssig ... die natürliche Lust, so brennend sie auch ist, ist nicht genug; Jungfrauen, Knaben, Frauen (machen den Mann) krank - geschwächt vom Samen und krank. Die Erde soll von ihrer Krankheit durch die wahre Kunst-der-Sonne geheilt werden, und deine eigenen Vergnügungen, und du ... sollt das Leid der Welt abschaffen und das Zeitalter der Rechtschaffenheit einleiten.«

Und nun verstehe ich die Bedeutung des Grollens: Ich bin er, der vor dem Anfang war, und in meiner Einsamkeit schrie ich laut auf und sagte, laßt mich mein Antlitz in der Wölbung des Abgrundes sehen[7]. Und ich schaute, und siehe! in der Dunkelheit des Abgrunds war mein Antlitz, das (einst) unsichtbar und rein gewesen, schwarz und leer und verzerrt[8].

Dann schloß ich mein Auge, um es nicht sehen zu müssen, und aus diesem Grund wurde es fest verschlossen. Nun steht es geschrieben, daß ein Blick meines Auges alles zerstören wird[9]. Und ich wage es wegen der Widrigkeit der Vision nicht, mein Auge zu öffnen. Deshalb schaue ich mit diesen beiden Augen durch das ganze Äon[10]. Wird denn nicht ein einziger meiner Adepten zu mir kommen und mir meine Augenlider abtrennen, damit ich sehen kann und zerstören?[11]

Ich ergreife einen Dolch, suche sein drittes Auge und versuche die Augenlider abzutrennen, aber sie sind aus Diamant. Und die Spitze des Dolches ist verbogen[12].

Tränen[13]tropfen von seinen Augen, und es erklingt eine traurige Stimme: So ist es immer gewesen: So muß es immer sein! Du, der du die Kraft von fünf Stieren hast, auch du wirst mir hierbei nicht helfen können[14].

---

[7] Siehe den Bericht über den Anfang in den Upanishaden.

[8] Siehe die Zeichnung der beiden Antlitze von E. Lévi.

[9] Das Dogma von Shiva [es heißt, wenn Shiva sein Auge öffnet, dann wird das Universum augenblicklich zerstört].

[10] Siehe 'The Kabbalah Unveiled' von S. L. MacGregor Mathers. Der Höchstheilige hat ein Auge, der Mikroprosopus zwei.

[11] Wiederum Shiva. Für die Augenlider siehe den 22. Aethyr, Anm. 24, die Rede des Horuskindes.

[12] Die kleine Elemetarwaffe ist offensichtlich nutzlos gegenüber solch fundamentalen Ideen wie Kraft und Materie, von denen sie ja selbst nur ein unbedeutendes Gefüge ist.

[13] Binah, Mutter der Trauer - die Tränen aus der Großen See, ihr Symbol. Das erste Anzeichen für ein Verstehen der Trance der Trauer.

[14] Stier = Vau = V. Das Motto des Sehers für den Grad von Binah, 8° = 3□, ist V.V.V.V.V., die fünf Stiere. Er hatte sein Motto bereits gewählt, obwohl er sich geweigert hatte, den Grad anzunehmen, als dieser ihm drei Jahre zuvor von den Obersten angeboten wurde. Dies war nach der Episode der Abyssüberquerung, während er die unteren Grenzen Chinas entlang wanderte. Wir nähern uns nun jenen Aethyren, in denen die vollständige Initiation für diesen Grad stattfand.

Und ich erwiderte ihm: Wer kann helfen? Worauf er antwortete: Ich weiß es nicht[15]. Aber du sollst den Dolch der Buße[16]siebenmal erhitzen, wobei du auf den sieben Wegen deiner Seele Qual erleiden sollst. Und du sollst seine Klinge siebenmal durch die sieben Prüfungen schärfen.

(Und ich schaue mich fortwährend um, ob ich außer dieser ganzen Schrecklichkeit noch irgendetwas anderes entdecken kann. Aber es verändert[17]sich rein gar nichts. Nichts - nur der leere Thron und die Augen und die Säulenallee!)

Und ich sagte zu ihm: O du, der du das erste Antlitz vor der Zeit[18]bist, du, von dem geschrieben steht, daß »Er, Gott, eins ist; Er ist der Ewige, ohne einen, der ihm gleich ist, ohne Sohn oder Gefährten. Nichts soll vor seinem Angesicht bestehen[19]«; wir alle haben von deiner unendlichen Herrlichkeit und Heiligkeit, von deiner Schönheit und Würde gehört, und siehe! da ist nichts als dieser Greuel von Verlassenheit.

Er spricht; ich kann kein Wort verstehen; irgendetwas über das Buch des Gesetzes. Die Antwort steht geschrieben im Buche des Gesetzes, oder etwas dieser Art.[20]

Es ist eine lange Ansprache; alles, was ich verstehen kann, ist: Aus mir fließen die Feuer des Lebens herab und wachsen kontinuierlich auf der Erde. Aus mir fließen die Flüsse aus Wasser und Öl und

---

[15] I [Engl. Ich] = Ani (ANI) = 61. Dies ist auch die Zahl von Nicht = Ain (AIN); »know« [Engl. wissen] ist ein Wortspiel: No = LA = 31 ['No' für nichts, LA ist dasselbe Wort auf Hebräisch]. Somit mag »ich weiß es nicht« repräsentieren »ich weiß um das, was nicht ist«. Solcherart sind die Wurzeln für die Gleichungen der Mehrdeutigkeit, die höhere Intelligenzen (besonders im Buche des Gesetzes, das hierzu konsultiert werden sollte) häufig verwenden, um ihre Identität als vom Seher getrennte Individuen zu beweisen, die ihm auch überlegen sind.

[16] Dies tadelt den Seher dafür, daß er versucht hat, den Elementardolch zu verwenden. Vielleicht beziehen sich die vier Siebenen in der Anweisung auf Netzach, denn Netzach = 7, und 28 ist die Gesamtsumme aller Zahlen von 1 bis 7 und auch 4 x 7. 28 ist eine 'vollkommene' Zahl. Ihre Faktoren addieren sich zu sich selbst.

[17] Dies bedeutet den schlimmsten aller Schrecken: Denn Veränderung ist Leben, das Ergebnis der Liebe.

[18] Arikh Anpin. Das Große Antlitz oder der Makroprosopus (einer der Titel Kethers), der selbst das Antlitz nicht sah. Siehe MacGregor Mathers 'The Kabbalah Unveiled'.

[19] Das Kapitel über die Einheit Gottes im Qu'ran.

[20] Dies könnte sich auf die Formel 0 = 2 aus dem Buch des Gesetzes beziehen [aus dem Nichts oder Nuit geht die Dualität hervor oder (+1) + (-1) = 0].

Wein herab. Aus mir kommt der Wind, der die Saat der Bäume und Blumen und Früchte und all der Kräuter auf seinem Busen trägt. Aus mir kommt die Erde in ihrer unaussprechlichen Vielfalt hervor. Ja! Alles geht von mir aus, nichts kommt zu mir zurück. Deshalb bin ich einsam und furchterregend auf diesem nutzlosen Thron. Nur jene, die nichts von mir nehmen, können mir etwas geben.

(Er spricht nun weiter: Ich verstehe kein einziges Wort. Ich habe vielleicht ein Zwanzigstel von dem Gesagten mitbekommen.) Und ich sage zu ihm: Es steht geschrieben, sein Name sei Schweigen; du aber sprichst fortwährend.

Und er erwidert: Nein, das Murmeln, das du hörst, ist nicht meine Stimme. Es ist die Stimme des Affen[21].

(Wenn ich davon spreche, daß er antwortet, so meint dies, daß es immer dieselbe Stimme ist. Das Wesen auf dem Thron hat kein einziges Wort gesprochen.) Daraufhin sage ich: O Affe, der du für Ihn sprichst, dessen Name Schweigen ist, wie kann ich denn wissen, ob du seine Gedanken wahrheitsgetreu widergibst? Und das Murmeln geht weiter: Weder spricht Er, noch denkt Er, so daß das, was ich sage, wahr ist, weil ich lüge, wenn ich Seine Gedanken ausspreche[22].

Er fährt fort, nichts kann ihn hindern; und das Murmeln kommt so schnell, daß ich ihn nicht einmal mehr hören kann.

Nun hat das Murmeln aufgehört, oder es ist von den Glocken übertönt worden, und die Glocken ihrerseits werden von dem Schwirren übertönt, und jetzt wird das Schwirren von dem Schweigen übertönt. Und das blaue Licht ist verschwunden, und der Thron und

---

[21] Kether spricht natürlich nicht. Das Wesen Kethers wird durch Toth offenbart, der Logos, das schöpferische Wort. Aber sein Wort muß ja falsch sein, wenn er selbst das Schweigen ist. Wobei Toth von dem Cynocephalus (dem hundsgesichtigen Affen) begleitet wird, der all seine Handlungen imitiert und karikiert und seine Rede mißinterpretiert [vgl. hierzu 'Das Buch Thoth', Atu I - der Magier].

[22] Die Idee ist, die Wahrheit zu finden, indem man eine Falschheit widerlegt. Dies bringt uns in das Sumpfland des Zickzacklaufs, zu dem Paradox von Epaminondas, et hoc genus omne. Ein wichtiger Punkt innerhalb der initiierten Lehre ist, daß der Ruach (der Mechanismus der Gedanken) in seinem Wesen einen grundlegenden Selbstwiderspruch beinhaltet. Von nun an beginnen die Engel in der Sprache von Neschamah zu reden; sie verwenden die Logik, die oberhalb des Abyss angesiedelt ist. Der Student wird entsprechend Feststellungen finden, die immer wieder auf den Kopf gestellt und umgekehrt werden müssen; beides ist wahr und falsch zugleich; keines von beiden ist wahr oder falsch, und so fort.

die Säulen sind in die Schwärze zurückgekehrt, und die Augen von ihm, der auf dem Thron sitzt, sind nicht länger sichtbar.

Ich versuche, auf den Thron zuzugehen, aber ich werde zurückgestoßen, weil ich das Zeichen nicht geben kann. Ich habe alle Zeichen gegeben, die ich kenne und zu denen ich berechtigt bin[23], und ich habe versucht, das Zeichen zu geben, das ich kenne und zu dem ich nicht berechtigt bin[24], aber ich habe nicht das notwendige Zubehör; und selbst wenn ich es hätte, so wäre es trotzdem sinnlos; denn es sind zwei weitere Zeichen erforderlich[25].

Ich sehe, ich habe mich in der Annahme[26] geirrt, ein Meister des Tempels sei dazu berechtigt, den Tempel eines Magus oder eines Ipsissimus zu betreten. Im Gegenteil, die Regel, die unten gültig ist, gilt auch oben. Je höher man kommt, desto größer wird der Abstand zwischen einem Grad und dem nächstfolgenden[27].

Ich werde langsam rückwärts die Allee hinunter geschoben, hinaus in den Wind. Und diesmal werde ich von dem Wind aufgefangen und wie ein totes Blatt fort und hinunter gewirbelt.

Und ein großer Engel kommt durch den Wind herbeigerauscht, er ergreift mich und stellt sich schützend vor mich; und er setzt mich auf der jenseits des Windes gelegenen Seite ab. Er flüstert in mein Ohr: Kehre du zurück in die Welt, o drei- und vierfach Gesegneter, der du auf den Schrecken der Einsamkeit des Ersten[28] geschaut hast. Kein Mensch soll sein Gesicht sehen und leben. Und du hast seine Augen gesehen und sein Herz verstanden, denn die Stimme des Affen ist der Pulsschlag seines Herzens und der schwere Atem seiner Brust. Gehe deshalb und frohlocke, denn du bist der Prophet des heraufdämmernden Äons, in dem Er nicht ist[29]. Preise du deine

---

[23] Die Zeichen der Grade bis zu dem von 7° = 4□.

[24] Das Zeichen von 8° = 3□.

[25] Die Zeichen von 9° = 2□ und 10° = 1□ ; erforderlich, weil diese Vision Kether angehört.

[26] Siehe »The Wake World« in 'Konx Om Pax'.

[27] Siehe »Ein Stern ich Sicht« in 'Magick' oder in 'Gems from the Equinox'.

[28] Beachte den Standpunkt in Bezug auf die Psychologie Kethers, der allen bisher dargestellten gegenüber vollkommen gegensätzlich ist.

[29] In der Ontologie des Neuen Äons, dessen erstes Theorem 0 = 2 ist, existiert Kether nur als das Kind irgendeiner Vermählung eines speziellen Hadit mit einem besonderen Aspekt der Nuit. Damit gibt es so viele Kethers wie positive Möglichkeiten.

Herrin Nuit und ihren Herrn Hadit, die für dich und deine Braut sind, und die Gewinner der Prüfung X[30].

Und damit sind wir an der Mauer des Aethyrs angelangt, und dort ist eine kleine enge Tür; er stößt mich hindurch, und ich befinde mich plötzlich in der Wüste.

Die Wüste, in der Umgebung von Bou-Sâada.[31]
29. November 1909. 13.30 - 14.50 Uhr.

Ferner ist ein Kether keinesfalls eine einzige Einheit, denn aus jeder Vermählung gehen Zwillinge hervor. Iod plus He gleicht Vau plus He (End). Es ergibt sich ein drittes positives Wesen, ein Kether; und mit dem selben Ereignis findet eine Ekstase statt oder eine Auflösung zu Nichts. Das eine ist das magische und das andere das mystische Ergebnis einer Handlung der Liebe unter Willen.

[30] Siehe Liber Al vel Legis, III, 22.

[31] Diese Nacht legte ich mir zum Schlafen den Schaustein auf meine Brust, und sogleich erhob sich ein Dhyana der Sonne, später deutlicher als der Stern erkennbar. Das Strahlen war außerordentlich.

Der Ruf des 20. Aethyrs

KHR[1]-

Der Tau, der sich auf der Oberfläche des Steins befand, ist verschwunden, und er ist wie ein Becken mit klarem, goldenen Wasser darin geworden. Und nun ist das Licht in das Rosenkreuz übergegangen. Dennoch ist alles, was ich sehen kann, nur die Nacht mit den Sternen darin, wie sie durch ein Teleskop gesehen erscheinen[2]. Und da kommt ein Pfau[3] in den Stein, der den ganzen Schleier ausfüllt. Es ist wie die Vision des Universalen Pfaus, oder eher eine Darstellung dieser Vision. Und nun erfüllen zahllose Schatten von weißen Engeln[4] den Aethyr, als der Pfau sich aufgelöst hat.

Jetzt befinden sich hinter den Engeln Erzengel mit Trompeten. Diese lassen alle Dinge auf einmal zum Vorschein kommen, so daß da ein furchtbares Durcheinander von Bildern vorherrscht. Und nun

---

1 KHR = Feuer, Luft, Fische = Vau, Aleph, Schin. [Die Zuordnungen sind hier nicht die üblichen, da Feuer eigentlich Schin ist, und die Fische dem Buchstaben Qoph entsprechen. Damit würde sich als Zahlwert 406 ergeben. Auch die weiteren kabbalistischen Ableitungen sind meines Erachtens im Sinne der Argumentation etwas zu sehr zurechtgebogen worden. Durch eine solch schlampige Kabbala kann man alles voneinander herleiten, auch daß der Kaiser von China heute Pizzabäcker in der 5th Avenue ist.] Beachte, daß der Name des Aethyrs durch Themura zu R.H.K. (R = 200, Ch = 8, Q = 100) wird = 308 = 28 x 11. 28 = Koach (KCh), was Kraft oder Stärke bedeutet = Krebs und Jupiter (Jupiter ist im Krebs erhöht). Ferner ist 28 die mystische Zahl von Netzach, Sieg, welche Sephira an der Sphäre Jupiters vermittels des Pfades von Jupiter, Atu X - Glücksrad, hängt. Dieser Atu ist das Hauptthema der Vision dieses Aethyrs.

2 Diese einleitenden Visionen sind Schleier.

3 Dieser Vogel ist der Juno heilig, dem weiblichen Gegenstück des Jupiter, dessen Energie sich gerade zu manifestieren beginnt.

4 Die Chaschmalim, die Strahlenden, sind der Engelschor, der zu Chesed und damit zu Jupiter gehört.

nehme ich wahr, daß all diese Dinge nur die Schleier des Rades sind, denn sie alle sammeln[5] sich und bilden ein Rad[6], das sich mit unglaublicher Geschwindigkeit dreht. Es hat viele Farben, die sich aber alle im weißen Licht befinden, so daß sie transparent und leuchtend sind. Dieses eine Rad besteht aus neunundvierzig Rädern, die in verschiedenen Winkeln zueinander angesetzt sind, so daß sie eine Kugel bilden; jedes der Räder hat neunundvierzig Speichen und neunundvierzig[7] konzentrische Wandungen in jeweils gleichem Abstand vom Zentrum. Und wo immer die Strahlen von irgendwelchen zwei Rädern aufeinandertreffen, dort entsteht ein blendender Blitz der Herrlichkeit. Es muß verstanden werden, daß, obwohl so viele Details auf dem Rad erkennbar sind, dennoch gleichzeitig der Eindruck eines einzelnen, einfachen Objektes entsteht.

Es hat den Anschein, als drehte eine Hand[8] dieses Rad. Obwohl das Rad den ganzen Aethyr ausfüllt, ist die Hand trotzdem viel größer als das Rad. Und obwohl diese ganze Vision so großartig und prachtvoll ist, ist dennoch keinerlei Ernsthaftigkeit und auch nichts von Feierlichkeit darin. Es hat den Anschein, als drehte die Hand das Rad zum bloßen Vergnügen, oder besser gesagt, um sich zu amüsieren.

---

[5] Diese Vereinheitlichung ist für alles wahrhaftige Verstehen unabdingbar.

[6] Das (sogenannte) Glücksrad, Atu X, das Rad von Samsara (der Manifestation oder Illusion), dessen Speichen die drei Gunas, die drei grundlegenden Energieformen, sind: Sattvas, Rajas und Tamas. Siehe auch 'Das Buch der Lügen', Kap. 78.

[7] Der Symbolismus der Tafel (siehe den 22. Aethyr) steht immer noch im Vordergrund. 7 ist die Zahl der Unteren, der weiblichen Vollkommenheit. 3 x 49 = 147 = Tetragrammaton, Eheieh, Agla und Adonai - die vier Gottesnamen, die im kleineren Pentagrammritual verwendet werden. Somit ist hierin der Symbolismus der vierfachen Ordnung (Tetragrammaton) in 3 x 7 x 7 impliziert.

[8] Hand = der Buchstabe Iod, der ausgeschrieben IVD = 20 ist. Diese Zahl ist die von Kaph = Jupiter. Aber auch das Wort Hand selbst ist Kaph [Kaph heißt eigentlich Handrücken]. Aber es befindet sich auch eine esoterische Lehre in diesem Satz: Iod ist das Spermatozoon (die Quelle aller spirituellen Energie, der unausgedehnte Punkt, Hadit, die Basis des gesamten hebräischen Alphabetes). Auch Kaph = ausgeschrieben KP = 100 = 10 x 10 = Iod x Iod; und die Buchstaben Kaph und Pe sind die Initialen von Phallus und Kteis, deren Vereinigung das Iod freisetzt. Somit wird das Universum als durch Liebe unter Willen in Bewegung versetzt gezeigt. Siehe 'Das Buch der Lügen', Kap. 43.

Eine Stimme erklingt: Denn er ist ein scherzhafter und verspielter Gott, und sein Gelächter ist die Schwingung von allem, was existiert, und die Erdbeben der Seele.

Mir wird bewußt, wie mich das Schwirren des Rades in Erregung versetzt, als ginge eine elektrische Entladung durch mich hindurch.

Nun sehe ich Gestalten auf dem Rad, die ich als die mit einem Schwert bewaffnete Sphinx, Hermanoubis und Typhon identifiziert habe[9]. Und dies ist falsch. Der Rand des Rades ist eine lebendige Smaragdschlange; im Zentrum des Rades befindet sich ein scharlachrotes Herz, und - es ist unmöglich, das zu erklären - das Scharlach des Herzens und das Grün der Schlange sind noch lebendiger als das blendend weiße Strahlen des Rades[10].

Die Gestalten auf dem Rad sind dunkler als das Rad selbst; tatsächlich sind sie Flecken auf der Reinheit des Rades, und aus diesem Grund und wegen des Wirbelns vermag ich sie nicht zu erkennen. Aber das auf der Spitze scheint ein Lamm mit Fahne zu sein, so wie man sie auf manchen christlichen Medaillen dargestellt findet, und eines von den unteren Dingen ist ein Wolf und das andere ein Rabe.

Das Symbol mit Lamm und Fahne ist viel heller als die anderen beiden. Es scheint noch heller zu werden, bis es jetzt strahlender als das Rad selbst ist, und es nimmt auch mehr Raum als dieses ein.

Es spricht: Ich bin der größte der Täuscher, denn meine Reinheit und meine Unschuld wird die Reinen und die Unschuldigen in Versuchung führen, die nicht ohne mich zum Zentrum des Rades gelangen können[11]. Der Wolf täuscht nur die Gierigen und die Betrügerischen; der Rabe versucht nur die Melancholischen und die Unehrenhaften[12]. Ich aber bin er, von dem geschrieben steht: Er soll die besonders Auserwählten in Versuchung führen.

---

9 Siehe die übliche Art, wie die weniger Initiierten Atu X - das Glücksrad zu zeichnen pflegen.

10 Der Symbolismus nimmt hier die Form an, wie wir sie in Liber LXV (in den 'Heiligen Büchern') finden. Er ist einfacher und deshalb schwieriger als der siebenfache. Die gegenpoligen Ladungen werden häufiger; der Seher wird in einen Zustand übergeführt, in dem Gegensätze nicht gleich, sondern identisch sind.

11 Alle unausgewogenen Symbole sind notwendigerweise böse. Sie lenken die Aufmerksamkeit von dem eigentlichen Thema der Vision ab und machen so die Konzentration zunichte.

12 Beachte, daß keine feindliche Kraft schädlich ist. Der Feind ist man immer selbst.

Denn am Anfang sandte der Vater von allem lügende Geister aus, damit sie die Wesen der Erde durch drei Siebe, den drei unreinen Seelen entsprechend, sieben sollten. Und er wählte den Wolf für die Fleischeslust, und den Raben für das Gelüst des Gemütes; mich aber erwählte er vor allem, um die reine Eingebung der Seele nachzuahmen[13]. Diejenigen, die dem Wolf und dem Raben als Beute zugefallen sind, die habe ich nicht zerrissen; aber sie, die mich zurückgewiesen haben, habe ich dem Zorn des Rabens und des Wolfes überlassen[14]. Und von den Kiefern des einen sind sie zerrissen worden, und der Schnabel des anderen hat die Leichen verschlungen. Deshalb ist meine Fahne weiß, denn ich habe nichts auf der Erde lebend zurückgelassen. Ich habe mich von dem Blut der Heiligen genährt, aber die Menschen verdächtigen mich nicht, ihr Feind zu sein, denn mein Vlies ist weiß und warm, und meine Zähne sind nicht die Zähne von jemandem, der Fleisch reißt; und meine Augen sind milde, und sie erkennen mich nicht als den Obersten der lügenden Geister, die mein Vater am Anfang von seinem Angesicht ausgesandt hat[15].

(Seine Zuordnung ist Salz; die des Wolfes Quecksilber und die des Raben Schwefel[16].)

---

[13] Die Angriffe richten sich jeweils gegen Nephesch, Ruach und Neschamah.

[14] Wenn das Streben (Neschamah) - der natürliche Schutz gegen alle niederen Kräfte - befleckt, fehlgeleitet oder geschwächt ist, wird der Elende eine leichte Beute für die gröberen Formen der Versuchung. Tatsächlich sehen wir nur zu oft, wie ein Mensch von äußerster Redlichkeit und intellektueller Integrität (der in einer streng spirituellen Angelegenheit Fehler macht) auch das letzte bißchen Vernunft verliert und jede moralische Zurückhaltung über Bord wirft - dadurch wird er zum hilflosen Opfer alberner und verwerflicher Versuchungen, die ihn niemals zuvor in seinem ganzen Leben bedroht haben. Sein Wesen ist derart radikal korrumpiert, daß seine Freunde annehmen, er sei wahnsinnig geworden. Aber dieser Fall ist ziemlich logisch, so wie ein einstürzender Kirchturm auch die vollkommen intakten Bauteile unter sich zermalmt.

[15] Es ist jene oberflächliche Anziehungskraft, die die Vorstellung von Jesus auf den sentimentalen Typ des Strebens ausübt (die gemeinste Parodie auf Neschamah ist diese Befleckung durch die geringsten der virilen Elemente des Nephesch), welche die Korruption ermöglicht hat, die in den Lehren der Sünde und des stellvertretenden Sühneopfers impliziert ist. Diesem Fehler sind die Fäulnis im Bereich des Verstandes und die Greueltaten der Gier, Verfolgung und so fort entsprungen.

[16] Salz für Neschamah; Quecksilber für Ruach; Schwefel für Nephesch - die drei Prinzipien der Alchemie.

Jetzt wird das Lamm wieder kleiner, da ist wiederum nichts als das Rad und die Hand, die es dreht.

Und ich sprach: »Bei dem Wort der Macht, zweifach in der Stimme des Meisters; bei dem Wort, das sieben ist und eins in sieben; und bei dem großen und schrecklichen Wort 210[17], ich ersuche dich, o mein Herr, mir die Vision deiner Herrlichkeit zu gewähren.« Und alle Strahlen des Rades strömen heraus und auf mich zu, das Licht zerreißt und blendet mich. Ich bin in das Rad eingegangen[18]. Ich bin eins mit dem Rad. Ich bin größer als das Rad. Inmitten von Millionen von Blitzen stehe ich, und ich sehe sein Gesicht. (Ich werde permanent gewaltsam auf die Erde zurückgeworfen, so daß ich mich kaum konzentrieren kann.)

Alles, was ich wahrnehme, ist ein flüssiges Feuer aus fahlem Gold. Aber die strahlende Kraft schleudert mich auch weiterhin zurück.

Und ich sage: Bei dem Wort und bei dem Willen, bei der Buße und bei dem Gebet, laß mich dein Gesicht sehen. (Ich kann das nicht erklären, da herrscht ein Durcheinander bezüglich der Persönlichkeiten vor.) Ich, der ich zu dir spreche, sehe, was ich dir sage; aber ich, der ich ihn sehe, kann es mir selbst nicht mitteilen, der ich zu dir spreche[19].

Könnte man zur Mittagsstunde direkt in die Sonne schauen, so wäre das vielleicht mit seinem Wesen vergleichbar. Aber das Licht ist

---

17 N.O.X. = Nun, Ayin, Tzaddi = 210. NOX wird durch (ein holistisches Symbol für N., O. und X.) symbolisiert, das die Reduktion der Dyade zur Einheit durch Liebe unter Willen repräsentiert, und von da zu Zero durch die Auflösung in Nuit. Es wird hier vom Seher verwendet, um alle positiven Symbole zu zerstören, denn das wahre Rad (ohne die Ornamente) ist der Kreis, Nuit selbst.

18 Beachte das über-dem-Abyss-Bewußtsein. Siehe auch: »Ich, der ich alles bin, und es alles machte, bleibe doch dessen getrennter Herr.« Dies ist auch in der poetischen Version der Bhagavad Gita zu finden, die Sir Edwin Arnold anfertigte und der er den Titel »Das Himmlische Lied« gab.

19 Dieses 'Persönlichkeitenparadox' ist charakteristisch für Visionen von vergleichbarer Erhabenheit und kommt noch zu jener natürlichen Beschreibung der gesehenen und gehörten Dinge hinzu, die ebenfalls nicht den gewöhnlichen Gesetzen der Wahrnehmung unterworfen sind.

frei von jeder Hitze. Es ist die Vision von Ut[20]in den Upanishaden. Und aus dieser Vision sind all die Legenden über Bacchus und Adonis und Krishna entstanden[21]. Denn ich habe den Eindruck, daß es ein Jugendlicher ist, der tanzt und Musik macht. Ihr müßt aber verstehen, daß er dies nicht tut, denn er ist still[22]. Sogar die Hand, die das Rad dreht, ist nicht seine eigene Hand, sondern nur eine Hand, die von ihm energetisiert ist.

Und nun ist es der Tanz von Shiva. Ich liege unter seinen Füßen, sein Heiliger, sein Opfer[23]. Meine Gestalt ist die Gestalt des Gottes Ptah[24]in meiner Essenz, aber die Gestalt des Gottes Seb in meinem Äußeren[25]. Und dies ist der Grund für das Dasein, nämlich daß in diesem Tanz, der Ekstase ist, unabdingbar sowohl der Gott als auch der Adept vorhandensein müssen. Auch die Erde selbst ist eine Heilige; und die Sonne und der Mond tanzen auf ihr, sie foltern sie mit Ekstase.

Diese Vision ist nicht vollkommen. Ich befinde mich lediglich im äußeren Umfeld der Vision, weil ich sie im Dienste des Heiligen unternommen habe und Empfindung und Rede zurückhalten muß[26]. Keine aufgezeichnete Vision der höheren Art ist vollkommen, denn der Seher muß entweder seine physischen Organe oder seine Erin-

---

[20] Siehe die obige Anm. zu Falutli im 23. Aethyr (Anm 28).

[21] Dies sind solare Gottheiten, und keine dem Jupiter zugehörigen. Der Jupiter des Rades ist jene unsichtbare Energie, die man nur durch seine Hand - sein Ausdrucksmittel - erahnen kann. Er ist Amoun, der Verborgene, dessen Federn die Wahrheit sind und dessen Phallus die Mittelsäule ist - der Shivalingam. Entsprechend geschieht es, daß diese solaren Gottheiten, die dem manifestierten Jupiter entspringen (wie es auf den ersten Blick den Anschein hat) kurz darauf in ihrer wahren Natur erkannt werden.

[22] Wechsel = Stabilität. $2^\circ = 9^\square$. (Siehe den 11. Aethyr.) Wieder entspricht diese Serie von Paradoxen (impliziert in den Gleichungen von $0^\circ = 0^\circ$ und $1^\circ = 10^\square$) der Essenz des Aethyrs.

[23] Siehe irgendein wahrheitsgetreues Bild von Shiva, der auf dem Yogi tanzt (den er in der Vereinigung der Liebe zerstört hat).

[24] Ptah, die unbewegliche und schweigende schöpferische Energie.

[25] Das heißt, die Gestalt des Sehers ist nun die Erde selbst (Malkuth), und zwar am anderen Ende der Skala von, und doch identisch mit, seinem Kether.

[26] Siehe Anm. 17. Jede Vision, die so erhaben ist wie diese, kann offensichtlich kaum mitgeteilt werden. Die plastische Form des Ausdrucks, der definitive Charakter der Formen, Farben und daran beteiligten Zahlen ist weitaus leichter zu erinnern als die unbestimmt seligen Ausbrüche, die den Aufzeichnungen eigentümlich sind, die die Mystiker einem gewöhnlich anbieten.

nerung funktionsfähig erhalten. Und beides ist unmöglich. Es gibt keine Brücke. Man kann sich jeweils nur einer Sache bewußt sein, und wenn sich das Bewußtsein der Vision nähert, verliert es die Kontrolle über das Physische und Mentale. Und auch der Körper und das Gemüt müssen sehr vervollkommnet sein, bevor etwas derartiges unternommen werden kann, oder die Energie der Vision versetzt den Körper in Krämpfe und das Gemüt wird wahnsinnig. Deshalb versetzen einen die ersten Visionen in den Zustand von Ananda, was einem Schock gleichkommt. Wenn der Adept auf Samadhi eingestimmt ist, gibt es nur noch wolkenlosen Frieden[27].

Es ist besonders schwierig, in diese Vision einzudringen, weil sie Ich ist[28]. Und somit befindet sich das menschliche Ego in einem andauernden Erregungszustand, so daß man sehr häufig wieder zurückkommt. Eine azentrische Meditationstechnik wie Mahasatipatthana sollte vor den Invokationen des Heiligen Schutzengels durchgeführt werden, damit das Ego sodann gut darauf vorbereitet ist, sich gänzlich dem Geliebten hinzugeben.

Und nun weht der Lufthauch um uns wie die Seufzer einer unbefriedigten - oder befriedigten - Liebe. Seine Lippen bewegen sich[29]. Ich kann die Worte zuerst nicht wiedergeben.

Und anschließend: »Wirst du die Kinder der Menschen denn nicht vor das Angesicht meiner Herrlichkeit bringen?[30]'Nur dein Schweigen und deine Rede, die mich verehren, helfen.' 'Denn wie ich der Letzte bin, so bin ich auch der Nächste, und als den Nächsten sollst

---

[27] Die Psychologie der vorherigen Anmerkungen ausführlich erläutert.

[28] In früheren Visionen entsprach der Engel jeweils seinem Aethyr. Nicht einmal in ZAA, wo der Engel der Mond ist und die Vision die zeremonielle Reinigung des lunaren Körpers (des automatischen Bewußtseins) des Sehers repräsentierte, ging er so vollkommen darin auf. Denn sein Normalbewußtsein befand sich oberhalb dessen, was der Aethyr berührte.

[29] Es scheint, als ob der Seher in diesem Aethyr die Kenntnis und Konversation mit seinem Heiligen Schutzengel wiedererkennt.

[30] Während der Überquerung des Abyss durch den Seher (The Temple of Solomon the King, 'Equinox VIII', S. 9 - 13) während seiner Burma-China-Reise erreichte er die Vollkommenheit in einer Meditation namens Sammasati. Er wurde sich seines Wahren Willens bewußt, der Absicht, für die er die Inkarnation auf sich genommen hatte. Diese läßt sich so ausdrücken: Der Menschheit dabei zu helfen, den nächsten Schritt zu tun. Zu jener Zeit verstand er das als meinend: Sie dahin zu bringen, nach der Kenntnis und Konversation mit dem Heiligen Schutzengel zu streben.

du mich der Menge offenbaren.'[31] Fürchte nichts; wende nicht wegen nichts ab, Eremit der Nuit, Apostel des Hadit, Krieger des Ra Hoor Khu! Der Sauerteig gährt, und das Brot soll süß sein; das Gärungsmittel wirkt, und der Wein soll süß werden. Meine Sakramente sind kräftige Nahrung und göttlicher Wahnsinn. Kommt zu mir, o ihr Kinder der Menschen; kommt zu mir, in denen ich bin, in denen ihr seid, wäret ihr nur lebendig in dem Leben, das im Licht wohnt.«

Die ganze Zeit über schwinden mir die Sinne. Ich versinke. Der Schleier der Nacht senkt sich herab, ein dumpfes Blau-Grau mit einem Pentagramm in der Mitte, wässrig und stumpf. Und ich muß eine Weile darin bleiben, bevor ich auf die Erde zurückkomme[32]. (Aber verschließe mir das Fenster, setze mich nicht der Sonne aus. O, schließe das Fenster![33])

Nun ist das Pentagramm verschwunden; schwarze Kreuze füllen den Aethyr, sie wachsen langsam an und verhaken sich ineinander, bis da aus ihnen ein Netzwerk geworden ist.

Jetzt ist alles dunkel. Ich liege erschöpft[34], die scharfe Kante des Schausteins schneidet in meine Stirne.

Bou-Sâada.
30. November 1909. 9.15 - 10.50 Uhr

---

[31] 'Liber LXV' erklärt diese Erlangung im Detail. Das erste Zitat stammt aus 'Liber VII', Kap. VI, Vers 35. Das zweite aus 'Liber LXV', Kap. III, Vers 62. (Die Personen sind entsprechend vertauscht - Ich zu Du etc.) (Siehe die Heiligen Bücher.)

[32] Der Glanz dieser Vision hätte bei einer zu schnellen Rückkehr einen Schock bedeutet, der für die menschliche Schwäche unerträglich gewesen wäre.

[33] Dies wurde getan. - O. V. (Victor Neuburg).

[34] Der Seher hatte zuvor noch nie eine derart eindringliche Zusammenkunft erfahren und mußte seine physische Energie beisteuern, um sie aufrechtzuerhalten. Das war natürlich ein Fehler.

Der Ruf des 19. Aethyrs

POP[1] - ΩLΩ

Zuerst ist da ein schwarzes Netz auf der Oberfläche des Steins. Ein Lichtstrahl durchdringt es von hinten und oben. Dann kommt ein schwarzes Kreuz[2], das sich über den ganzen Stein erstreckt; dann ein goldenes Kreuz, nicht ganz so groß. Und da befindet sich eine Inschrift auf einem Bogen, der das Kreuz überspannt, und zwar in einem Alphabet, in dem alle Buchstaben aus kleinen Dolchen[3] gebildet sind, mit kreuzförmigem Heft, verschieden angeordnet[4]. Und die Inschrift lautet: Verehre im Körper die Dinge des Körpers;

---

1 POP = Löwe, Waage, Löwe = Teth, Lamed, Teth. Dieser Aethyr führt den Hegemon - oder Führer des Kandidaten durch die Zeremonie der Initiation - ein. Sie ist der Heilige Schutzengel in Gestalt von Isis-Urania, der Lehrerin. Der Buchstabe P (henoch.) ist die Sonne in ihrer nördlichen Deklination, das Bild von Horus in seiner Stärke des Sommers. Er erscheint in seiner dualen Form, gewissermaßen als die Säulen, zwischen denen der Hegemon sitzt (der einen Stab mit Mitrakopf trägt, der symbolisch für die Waagschalen steht). (Siehe die Neophytenzeremonie in 'The Equinox II' S. 372 - 5.) Es ist ihre Funktion, alle wichtigen Formeln der Instruktion ins Gleichgewicht zu bringen. Entsprechend enthält dieser Aethyr (auf den ersten Blick etwas fragmentarisch) das Wissen, das für den zum Grad des Meisters des Tempels Strebenden notwendig ist. TLT ergibt ferner 48. Worte, die mit dieser Zahl korrespondieren, sind nach dem 'Sepher Sephiroth' die folgenden: ChIL, eine Frau; auch Stärke, eine Armee; Cheth, der Träger des Heiligen Grals; Iod, der Samen des Lebens; Lamed, die Waagschalen; d.h. sie hält den Samen des Lebens in dem Heiligen Gral im Gleichgewicht. 48 ist auch Cham, ChM; siehe die überraschende Offenbarung am Ende der Vision.

2 Der Hegemon trägt ein schwarzes Kreuz als Lamen. (Siehe die Beschreibung der verschiedenen von den initiierenden Offizieren getragenen Lamen in Vol. III von 'The Golden Dawn' [bzw. in den 'Ritualen der Goldenen Dämmerung']. Siehe auch den 16. Aethyr, letzter Abschnitt.)

3 Dahinter steckt die Vorstellung, daß jede Idee, wie unbedeutend auch immer, analysiert werden muß.

4 Siehe Abb. 1 auf Seite 89

verehre im Gemüt die Dinge des Gemütes; verehre im Geist die Dinge des Geistes[5].

(Dies heilige Alphabet muß von Sündern geschrieben werden, das heißt von jenen, die unrein sind[6].)

»Unrein« meint jene, bei denen jedem Gedanken ein weiterer Gedanke nachfolgt, oder die das Höhere mit dem Niederen verwechseln, die Substanz mit dem Schatten. Jeder Aethyr ist in sich selbst wahr, sei er auch nur ein Schatten, denn der Schatten eines Menschen ist nicht der Schatten eines Affen[7].

(Anmerkung - All dies ist ohne Stimme, ohne Vision, ohne Gedanken zu mir gekommen.)

(Ich habe mir den Schaustein auf die Stirne gepreßt, und er verursacht einen starken Schmerz; wie ich von Aethyr zu Aethyr fortschreite, scheint es immer schwieriger zu werden, den Schleier zu öffnen.)

Das goldene Kreuz ist nun zu einer kleinen, engen Tür geworden, und ein alter Mann wie der Einsiedler des Tarot[8] hat sie geöffnet und ist herausgekommen. Ich bitte ihn, mir Zutritt zu gewähren; aber er schüttelt sanft den Kopf und sagt: Es ist Fleisch und Blut nicht gegeben, die Mysterien des Aethyrs zu entschleiern, denn hierin befinden sich die Wagen des Feuers[9] und das Kampfgetümmel der Reiter; wer immer hier eindringt, darf niemals mehr mit denselben Augen auf das Leben schauen. Darauf bestehe ich.

Das kleine Tor wird von einem großen grünen Drachen bewacht. Und jetzt ist die ganze Mauer plötzlich eingestürzt; ich erhasche einen Blick auf die Streitwagen und die Reiter; eine furchtbare Schlacht tobt. Es ist nichts zu hören außer dem Klirren des Stahls und

---

[5] Verehre alle Dinge, denn alle Dinge sind gleichermaßen für das Dasein von allem notwendig, aber halte die Ebenen auseinander. Dies nicht zu tun, ist die Ursache für die meisten Fehler.

[6] Denn Reinheit bedeutet absolute Vereinfachung - das Bewahren einer jeden Idee in ihrer eigenen Vollkommenheit, getrennt von allen anderen.

[7] Verehre jedes Ding um seiner selbst willen, ohne irgendwelche Vorstellungen dazu zu erfinden.

[8] Siehe Anm. 1. Dies ist die Sphäre von Kokab, Merkur - von da der Mann aus Atu IX - der Einsiedler.

[9] Der Wagen (Atu VII) vom Träger des Heiligen Grals (siehe Anm. 1). Der Wagen = Cheth geht von Binah aus, der Sphäre des Hegemons.

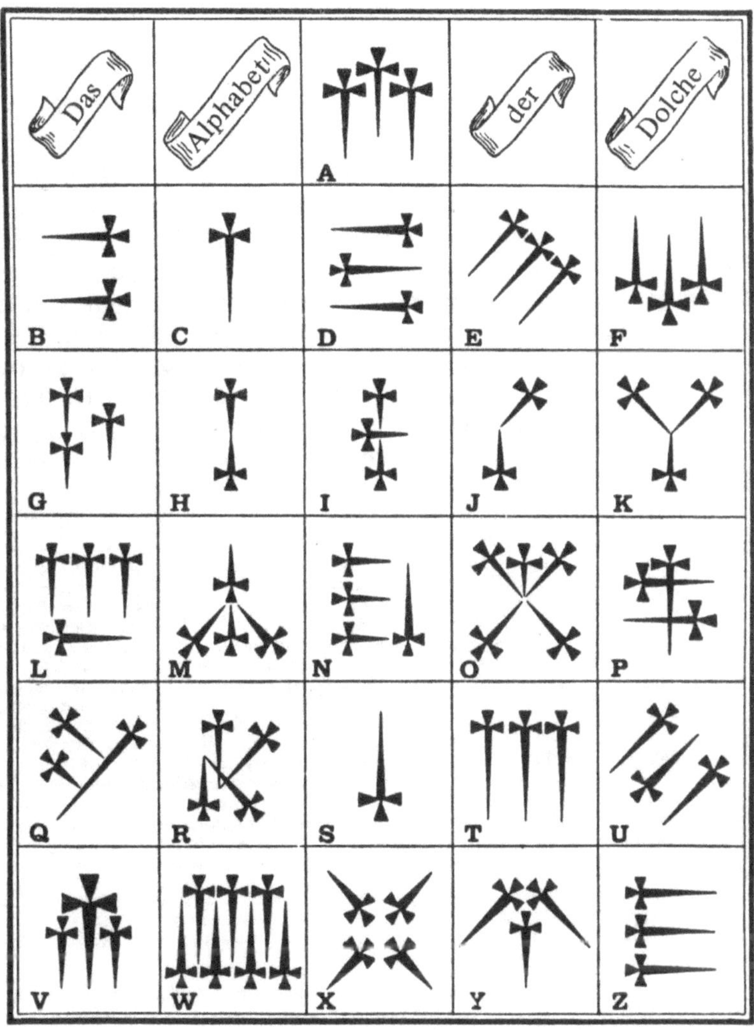

Abb. 1: Das Alphabet der Stäbe

dem Wiehern der Angreifer und dem Schreien der Verwundeten. Eintausend fallen bei jedem Angriff und werden unter den Hufen zertreten. Gleichwohl ist der Aethyr immer voll; unerschöpflich sind die Reserven.

Nein; dies alles ist falsch, denn dies ist keine Schlacht zwischen zwei Kräften, sondern ein *Handgemenge,* in dem ein jeder Krieger für sich selbst und gegen alle anderen kämpft. Ich kann keinen einzigen entdecken, der auch nur einen Verbündeten hätte. Denn sobald sie sich am Kampf beteiligen, fallen ihnen ihre eigenen Wagenlenker in den Rücken[10].

Und inmitten des Schlachtfeldes befindet sich ein großer Baum, der einem Chinarbaum ähnelt[11]. Gleichwohl trägt der Früchte. Alle Krieger sind nun tot, und sie sind die reifen Früchte, die gefallen sind - der ganze Boden ist mit ihnen bedeckt.

Ein Lachen erklingt in meinem rechten Ohr: »Dies ist der Baum des Lebens.«[12]

Und nun ist da ein mächtiger Gott, Sebek[13], mit dem Kopf eines Krokodils. Sein Kopf ist grau wie Flußschlamm, und sein Rachen erfüllt den ganzen Aethyr. Und er frißt den ganzen Baum und den Boden und einfach alles auf.

Jetzt schließlich kommt der Engel des Aethyrs, der an den Engel des vierzehnten Schlüssels des Rota[14]erinnert, mit wundervollen blauen Flügeln, blauen Roben, die Sonne wie eine Spange an ihrem Gürtel, und die zwei Halbmonde in Form von Sandalen an ihren Füßen. Ihr Haar besteht aus fließendem Gold, jedes Fünkchen gleicht

---

[10] Dies scheint eine Vision der Ideen zu sein, die das Alphabet der Dolche zu analysieren hat. Das Durcheinander läßt auf den Einfluß Choronzons schließen. Es ist eine Warnung hinsichtlich dessen, was der Seher zu erwarten hat, sollte er seinen Zugriff auf Binah verlieren.

[11] Einer der edlen Bäume Hindustans.

[12] Der Baum des Lebens trägt die Frucht unzähliger Ideen. Sie zerstören sich alle selbst und sind wertlos, es sei denn, das Verständnis bringt sie in eine Ordnung.

[13] Der saturnische Zerstörer - als Gegensatz zu Shiva. Die Zeit verschlingt alle Ideen, alle Erfahrungen, das Leben selbst. Dies ist eine Feststellung der Bedingung, die der Adept Exempt zu transzendieren trachtet, indem er ein Meister des Tempels wird.

[14] Sie ist der Engel Binahs, wenngleich in dieser Gestalt. Denn Atu XIV - Kunst - ist das Zeichen Schütze, das Haus der Jägerin.

einem Stern. In ihrer Hand hält sie die Fackel der Penelope und den Kelch der Circe[15].

Sie kommt und küßt mich auf den Mund[16]; sie sagt: Gesegnet seiest du, der du Sebek meinen Herrn in seiner Herrlichkeit gesehen hast. Viele sind die Vorkämpfer des Lebens, aber sie alle werden von der Lanze des Todes aus dem Sattel geworfen. Viele sind die Kinder des Lichts, aber ihr Augenlicht wird ihnen von der Mutter Dunkelheit genommen. Viele sind die Diener der Liebe, aber Liebe (die nur durch Liebe allein gelöscht werden kann) soll ausgelöscht werden, wie das Kind den Docht des Kerzleins zwischen Daumen und Zeigefinger nimmt, und zwar durch den Gott, der da sitzt allein[17].

Und um ihren Mund spielt wie eine Chrysantheme strahlenden Lichtes ein Kuß, und darauf befindet sich das Monogramm I.H.S. Die Buchstaben I.H.S. bedeuten 'In Homini Salus' und 'Instar Hominis Summus' und 'Imago Hominis deus'. Und es gibt noch viele, viele andere Bedeutungen, wobei sie alle dieses eine Ding implizieren; nämlich daß es nichts von Wichtigkeit gibt außer dem Menschen; es gibt keine Hoffnung oder Hilfe außer im Menschen[18].

Und sie sagt: Süß sind meine Küsse, o Wanderer, der du von Stern zu Stern gehst. Süß sind meine Küsse, o Hausherr, der du innerhalb deiner vier Wände darbst. Du bist eingepfercht in deinem Gehirn, und mein Pfeil durchbohrt es, auf daß du frei seiest. Deine Imagination verschluckt das Universum, so wie der Drache den Mond verschluckt. Und in meinem Pfeil ist es konzentriert und eingebunden. Schau, wie sich um dich herum all meine Krieger sammeln, starke Ritter in guten Rüstungen, zum Krieg bereit. Schau auf meine Krone; sie befindet sich noch über den Sternen. Siehe den Glanz und ihre Röte! Auf deiner Wange ist der Lufthauch, der die Federn der Wahrheit erregt. Denn obgleich ich der Engel des vier-

---

[15] Sie hält die Liebe durch vollkommene Treue entzündet - der Heilige Schutzengel wartet immer auf den Ruf seines Schützlings. Und sie ist auch die Erzhure, immer bereit, ihn zu verführen und zu berauschen, der sie begehrt.

[16] Die Beziehung mit dem Seher besteht schon sehr lange.

[17] Die Zerstörung des Universums durch den Verschlinger aller Dinge ist der notwendige Anfang der Initiation in den Grad des Magister Templi.

[18] Der Mensch ist der Kandidat; er hat Teil an der Wahrheit all der initiierenden Götter.

zehnten Schlüssels bin, so bin ich doch auch der Engel des achten Schlüssels[19]. Und aus der Liebe dieser beiden bin ich entstanden, die ich die Wächterin von Popé und die Dienerin von ihnen bin, die darin wohnen. Auch wenn alle Kronen fallen, meine wird es nicht tun; denn meine Federn reichen bis zu den Knien von Ihm, der auf dem heiligen Thron sitzt, und der als die Waage der Rechtschaffenheit und Wahrheit für immer und ewig regiert und lebt. Ich bin der Engel des Mondes. Ich bin die Verschleierte, die zwischen den Säulen in einen leuchtenden Schleier gehüllt sitzt, und auf meinem Schoß liegt das geöffnete Buch der Mysterien des unaussprechlichen Lichtes[20]. Ich bin das Streben nach dem Höheren; ich bin die Sehnsucht nach dem Unbekannten. Ich bin der blinde Schmerz im Herzen des Menschen. Ich bin die Geistliche, die das Sakrament des Schmerzes erteilt. Ich schwenke das Weihrauchgefäß der Verehrung, und ich sprenkle die Wasser der Reinigung. Ich bin die Tochter aus dem Hause des Unsichtbaren. Ich bin die Priesterin des Silbernen Sterns[21].

Und sie nimmt mich zu sich, wie eine Mutter ihr Kind zu sich nimmt. Sie hält mich in ihrem linken Arm und setzt meine Lippen an ihre Brust[22]. Und auf ihrer Brust steht geschrieben: *Rosa Mundi est Lilium Coeli.*[23]

Und ich schaue hinunter auf das aufgeschlagene Buch der Mysterien, und habe es auf der Seite aufgeschlagen, auf der sich die

---

[19] Siehe Anm. 1.

[20] Siehe Anm. 1. Sie ist Isis-Urania in Atu II - die Hohepriesterin. Als Atu XIV - Kunst - führt sie geradewegs aufwärts nach Tiphareth (Vau des Tetragrammaton); als Atu VII - der Wagen - direkt aufwärts nach Binah (He) und als Atu II - die Hohepriesterin - ist sie Gimel, direkt aufwärts nach Kether führend (die Spitze des Iod, des letzten Buchstabens des Tetragrammaton). (Siehe den Lebensbaum, um diese Korrespondenzen nachzuvollziehen.)

[21] Der vollständige Titel von Atu II - die Hohepriesterin. Beachte, daß der 'Silberne Stern' der Titel des Dritten Ordens ist. Von da muß sie als Hegemon erscheinen, um den Kandidaten in den ersten Grad dieses Ordens - Magister Templi - zu geleiten.

[22] Das Kind des Abyss wird an die Brust seiner Mutter genommen. (Hierin liegt ein Bezug auf die Technik des Grades.)

[23] Das heißt, Malkuth ist Binah. (Die zwei He's des Tetragrammaton sind diesen Sephiroth zugeordnet; die Tochter wird in der Tat die Mutter.) [Dies bezieht sich auf die Lehre, daß die Tochter auf den Thron der Mutter gesetzt werden muß, um das Alter des Allvaters zu verjüngen; der lateinische Satz bedeutet: Die Rose der Welt ist die Lilie des Himmels.]

heilige Tafel mit den zwölf Quadraten in der Mitte befindet. Es verbreitet einen hellen Lichtschein, der mich so sehr blendet, daß ich die Schriftzeichen nicht zu erkennen vermag, und eine Stimme sagt: *Non haec piscis omnium.*[24]

(Um dies zu interpretieren, müssen wir Ιχϑυς miteinbeziehen, und dieses Wort verbirgt nicht wie traditionell angenommen *Iesos Christos Theon Uios Soter*, sondern ist ein Mysterium des Buchstabens Nun und des Buchstabens Qoph, wie aus der Addition der beiden hervorgeht[25].

Ιχϑυς wird nur deshalb mit dem Christentum in Verbindung gebracht, weil es eine bildliches Darstellung der Syphilis war, von der die Römer annahmen, sie sei aus Syrien eingeführt worden; und man scheint sie auch mit dem Aussatz verwechselt zu haben, von dem sie wiederum dachten, er würde durch das Essen von Fisch verursacht.

Eine wichtige Bedeutung von Ιχϑυς: Es ist aus den Initialen von fünf ägyptischen Gottheiten und fünf griechischen Gottheiten gebildet; in beiden Fällen ist darin eine magische Formel von außerordentlicher Kraft verborgen.)[26]

---

[24] Piscis = Fisch. Nun bedeutet wörtlich Fisch. Qoph bezieht sich auf das Zeichen Fische. Das Verslein bedeutet: Nicht alle Menschen erreichen dies.

[25] Icchtus (griech. Ιχϑυς) addiert sich zu 1219, welche Zahl auf Hebräisch auch Yotzer Berashith (יוצר בראשית [IVTzR BRAShITh]) ist. Der Gestalter von dem, was am Anfang war. Dies bezieht sich auf Nun und Qoph (auf Nun, weil der Fisch das 'Leben im Wasser' ist, d.h. im uranfänglichen Wasser von Thales; Auf Qoph, weil Atu XVIII - der Mond - dieses Wasser zeigt, wie es in den Wassern der Mitternacht erscheint, Kephra im Teich oder in der Großen Dunklen See.) Dies ist die Glyphe der Geburt, die auf natürliche Weise Binah entspricht. Wahrscheinlich gibt es da noch ein weiteres Mysterium - numerischer Art - das noch nicht gefunden worden ist.

[26] Icсthus (griech. Ιχϑυς), Fisch, ist:

Ägyptisch	**Griechisch**
Isis - die Mutter = Binah	I.
Cneph - das geflügelte Ei = Binah	Ch.
Thoth - der Mondgott (der die Zeit mißt)	Themis – die befriedigte Frau – Aimah
Uramoth - die Wassergöttin (die Große See)	Uranus - Himmel, Sphäre oberhalb des Abyss
Sebek - der Verschlinger (die Zeit)	Selene - die Mondin

All diese Gottheiten repräsentieren mehrere Formen und Funktionen der Idee Binahs. Wie sie zu kombinieren sind, um magische Formeln zu erhalten, muß im Licht von 'Buch 4' [enthalten in 'Magick'] studiert werden.

Was die heilige Tafel selbst anbetrifft, so kann ich sie wegen des strahlenden Lichtes nicht erkennen; aber man gibt mir zu verstehen, daß sie in einem anderen Aethyr erscheinen wird, dessen Inhalt sie dann praktisch zur Gänze ausmacht. Und man bittet mich, die heilige Tafel sehr genau zu studieren, damit ich in der Lage sei, mich auf sie zu konzentrieren, wenn sie erscheint.

Ich bin größer geworden, so daß ich jetzt ebenso groß bin wie der Engel. Und wir stehen, als seien wir gekreuzigt, Angesicht zu Angesicht, unsere Hände und Lippen und Brust und Knie und Füße zusammen, und ihre Augen bohren sich wie wirbelnde Stahlpfeile in die meinen, so daß ich rückwärts kopfüber durch den Aethyr falle[27] - und da erklingt ein plötzlicher und furchterregender Schrei, absolut überwältigend, kalt und brutal: Osiris war ein schwarzer Gott![28] Und der Aethyr klatscht sich in die Hände, es dröhnt lauter als eintausend mächtige Donner.

Ich bin zurück.

Bou-Saâda.
30. November 1909. 22.00 bis 23.45 Uhr.

[27] Der Seher kann die Vereinigung mit seiner Führerin nicht vollziehen. Sie ist zwar die weibliche Form seines Heiligen Schutzengels, aber der Impuls sich zu vereinigen ist nur dann triftig, wenn er von oben kommt. Im 20. Aethyr war dies der Fall, und so fand die Hochzeit statt.

[28] Dies bedeutete zu dieser Zeit für den Seher eine Offenbarung von höchst entsetzlichem Schrecken. Die Lehre des Dritten Ordens war noch nicht verkündet worden. Er erwartete, sich mit der Großen Mutter auf eine ähnliche Weise zu vereinigen, wie er es in der Erlangung von Kenntnis und Konversation mit dem Heiligen Schutzengel erfahren hatte, aber die Erlangung des Grades des Magister Templi beinhaltet die Auflösung des Strebenden. »Osiris war ein schwarzer Gott«, d.h. vom Wesen Binahs - schwarz. Die Liebe von Binah ist die des Königinskorpions, wo das Weibchen ihren Gemahl verschlingt. Diese Offenbarung war somit, als würde sich ein romantischer Liebhaber von der Art eines Richard Feveral plötzlich darüber bewußt, daß die Frau seiner Träume beabsichtigt, ihre erste Liebesnacht mit einem Frühstück mit ihm als Hauptmahlzeit zu beenden! Die hierin implizierte Lehre ist, daß man nicht das Kind zu sein hat, sondern die Mutter.

Der Ruf des 18. Aehtyrs

ZEN[1] -

Eine Stimme erklingt, bevor irgendeine Vision da ist: Verflucht sind sie, die in diesen Schleier eindringen, falls sie Nägel haben, denn sie sollen damit durchbohrt werden; oder falls sie Dornen aufweisen, denn sie sollen damit gekrönt werden; oder falls sie Peitschen haben, denn mit Peitschen sollen sie gegeißelt werden; oder falls sie Wein bei sich tragen, denn ihr Wein soll in Bitterkeit verwandelt werden; oder falls sie einen Speer haben, denn mit einem Speer soll ihr Herz durchstoßen werden. Und die Nägel sind Wünsche, von denen es drei gibt; der Wunsch nach Licht, der Wunsch nach Leben, die Sehnsucht nach Liebe[2].

(Und die Dornen sind Gedanken, und die Peitschen sind Schmerzen, und der Wein ist Linderung oder vielleicht Unstetigkeit, und zwar besonders in Ekstase, und der Speer steht für Bindung.)

Und nun dämmert da die Szene der Kreuzigung herauf; aber der Gekreuzigte ist eine riesige Fledermaus, und statt der beiden Diebe befinden sich da zwei Kinder. Nacht ist es, und die Nacht ist voller schrecklicher Dinge und Geheule[3].

---

[1] ZEN = Löwe, Jungfrau, Skorpion = Teth, Iod, Nun = 69. Diese Zahl ist auch Abos (ABS), ein Neider, ein Stall, ein Gehege. Dieser Aethyr beschreibt den Ort der vorläufigen Zeremonie der Initiation des Meisters des Tempels. Der Kandidat wird für die Prüfung der intimen Vereinigung mit seinem Heiligen Schutzengel gestärkt, der unerwartet über ihn kommt und ihn innerlich unterhalb jeder normalen Sphäre des Bewußtseins vorbereitet.

[2] Der Exempt Adept muß sich von jeglicher Bindung befreit haben.

[3] Der Strebende wird durch diese Vision an den Schrecken erinnert, der immer bereit ist, an die Stelle einer wahren magischen Operation zu treten. Corruptio optimi pessima. [Bedeutet: Das Verderbnis des Besten ist das Schlechteste.]

Und ein Engel kommt hervor und sagt: Gib acht, denn änderst du nur soviel wie die Form eines Buchstaben, ist dies die Lästerung des Heiligen Wortes[4]. Begib dich aber in den Berg der Höhlen, denn dies hier (um wieviel mehr noch als jene diese Dinge verspottende Kreuzigungsgruppe, so wie auch Thoth von seinem Affen verspottet wird?) ist nur die leere Hülle des Mysteriums von ZEN. Wahrlich, ich sage dir, viele sind die Adepten, die auf die rückwärtigen Teile meines Vaters geschaut haben und gerufen: »Unsere Augen versagen vor der Herrlichkeit deines Antlitzes.«[5]

Und damit gibt er das Zeichen des Öffnens des Schleiers und zerreißt die Vision. Und siehe! Wirbelnde Säulen feurigen Lichtes, zweiundsiebzig[6]. Sie stützen einen Berg aus reinem Kristall. Der Berg ist ein Kegel, der Winkel an der Spitze beträgt sechzig Grad[7]. Und in dem Kristall befindet sich eine Pyramide aus Rubin[8], die der großen Pyramide von Gizeh ähnlich sieht.

Ich habe sie durch die kleine Tür darin betreten und bin in die Königskammer gelangt, die wie das Gewölbe der Adepten gestaltet ist, oder besser gesagt, das Gewölbe der Adepten ist eine nichtswürdige Imitation davon. Denn die Kammer weist vier Seiten auf, was zusammen mit der Decke und dem Boden und der Kammer selbst sieben ergibt[9]. So ist auch der Pastos sieben[10], denn das, was innen ist, ist wie das, was außen ist. Und es gibt hierin keinerlei Einrichtung, und es sind auch keine Symbole erkennbar.

Licht strahlt von allen Seiten auf den Pastos. Dieses Licht ist das Blau von Horus, das wir kennen, wobei es durch das Strahlen noch

---

4 Diese Warnung erfolgt ganz direkt.

5 Sie wird im Detail wiederholt.

6 Die Zahl der Buchstaben von Shemhamphorasch, dem geteilten Namen, d.h. Tetragrammaton im Detail. Auch 72 = AaB, die geheime Natur Atziluths, der archetypischen Welt der reinen Wirklichkeit.

7 Der Kegel ist eine Figur des Iacchus, des Herrn der Höchsten Ekstase. Er ist der Phallus. Seine vielen mathematischen Implikationen sind wichtig. Insbesondere ergeben sich aus den Bezügen zu der Großen Cheopspyramide bemerkenswerte Korrespondenzen.

8 Pyramide (Puramis auf griech.) = 831.

9 Auf vergleichbare Weise wird das Hexagramm den sieben Planeten zugeordnet; denn das Zentrum beinhaltet die Sonne.

10 Vergleiche diesen ganzen geometrischen Symbolismus mit jenem, der in dem Adeptus Minor Ritual angegeben ist.

verfeinert ist. Denn das Licht von Horus erscheint nur wegen der Unvollkommenheit unserer Augen als Blau[11]. Aber obgleich das Licht von dem Pastos ausgeht, bleibt der Pastos selbst in völliger Dunkelheit, so daß er unsichtbar ist. Er hat keine Form: Nur von einem bestimmten Punkt in der Kammer wird das Licht zurückgeworfen[12].

Ich liege vor diesem Mysterium niedergestreckt auf dem Boden. Sein Glanz kann unmöglich beschrieben werden. Ich kann nur sagen, daß sein Glanz derart unermeßlich ist, daß mein Herz vor lauter Schrecken und Verwunderung und Ekstase stehenbleibt[13]. Ich bin fast wahnsinnig. Eine Million wahnsinniger Bilder jagen durch mein Gehirn...[14]Eine Stimme erklingt: (Es ist meine eigene Stimme - was mir aber nicht bewußt war.) »Wann wirst du mich erkennen, o du leerer Gott, meine kleine Flamme soll gänzlich in deiner großen

---

[11] Siehe in der Natur die Erscheinung des blauen Himmels.

[12] Dieses äußerst merkwürdige Phänomen ist vermutlich vollkommen unzureichend beschrieben. Es ist eine allgemeine Bedingung der meisten spirituellen Erfahrungen, daß die vertrauten Naturgesetze in ihren gewohnten Formen nicht mehr gültig sind. Nur wenn die Erfahrung es einem ermöglicht, sie losgelöst zu beobachten, können sie so einheitlich, einfach und exakt wie jene der normalen Physik wahrgenommen werden.

[13] Vergleiche dies mit dem unbeleuchteten, lichtausstrahlenden Pastos, dem grenzenlosen Würfel in der Vision der reinen Liebe: »Früh am Morgen erwachte ich, noch vor 7, in einer absolut erfrischten körperlichen Verfassung. Ich hatte die reine frische Empfindung einer gesunden Jugendlichkeit und war hellwach und aktiv wie eine junge Katze - post talem mortem. Mental erwachte ich in die reine Liebe. Dies war symbolisiert durch einen Würfel (*) aus blau-weißem Licht gleich einem Diamanten von höchster Qualität. Er war leuchtend, durchscheinend, in sich selbst strahlend, und dennoch ging kein Licht von ihm aus. Dies vermutlich deshalb, weil nichts anderes im Kosmos vorhanden war.(*) Ich sage ein Würfel, obwohl es seine hervorstechendste Eigenschaft war, grenzenlos zu sein. Erfahrung in vergleichbaren Trancen ist notwendig, um diese Feststellung verstehen zu können, die ein absolut angemessener Ausdruck für eine richtig beobachtete Tatsache ist, und das trotz des intellektuellen Selbstwiderspruchs. Dieser Rückzug aus der Wahrnehmung des Pastos, der das innerste und heiligste Selbst des Strebenden ist, bedeutet das Aufgeben von allem, was er hat und was er ist, wenn er in den Abyss eindringt.

[14] Es handelt sich um ein flüchtiges Bild vom Schrecken des Abyss; so wie ein Bergsteiger, der über einen Bergschlund springt, einen kurzen Blick auf die Schrecken unterhalb seines luftigen Pfades erhascht. Siehe den 10. Aehtyr für diese Bilder des Wahnsinns.

N.O.X. erlöschen.«[15] Es erfolgt keine Antwort...[16] (20 Minuten lang. O.V.) ...

---

[15] Dieses Zitat stammt aus 'Liber VII'. (Dieses Buch beschreibt im Detail die gesamte Erlangung des Grades des Magister Templi. Es war dem Seher schon vor Jahren gegeben worden, aber er hatte es nicht verstanden, nicht einmal mit seinem Neschamah als eine kohärente Wesenheit. Und er versteht es auch jetzt (An XXI, Sonne im Krebs) mit seinem Ruach nicht. Im übrigen wird ihm erst jetzt schrittweise die volle Bedeutung seines Buches »418« (Die Vision und die Stimme) als ein zusammenhängender Bericht seiner Initiation bewußt, als er den Kommentar dazu verfaßt. Für N.O.X. siehe den 20. Aethyr, Anm. 14. Beachte, daß obgleich der Exempt Adept oder das Kind des Abyss durch die Umstände vollkommen verwirrt ist und die Situation überhaupt nicht versteht, sein Chiah, der Magier in ihm, mit erhabenem Vertrauen und Korrektheit handelt. (Für 'Liber VII' siehe die `Heiligen Bücher'.)

[16] Das Zitat zerstört im Annehmen der Auflösung augenblicklich die Millionen wahnsinniger Bilder, die schnell danach trachteten, das Vakuum auszufüllen, das durch den Sprung des Exempt Adept in den Abyss erzeugt wurde. Hätte er geschwankt, wäre er - gegen seinen Willen - ein »schwarzer Bruder« geworden. Aber da dies unfreiwillig geschehen wäre, hätte er nicht versucht, seine Kohärenz aufrechtzuerhalten, wie das die schwarzen Brüder tun. Er wäre somit sofort vernichtet worden; das heißt, der äußeren Erscheinung nach wäre er zu einem wahnsinnigen Plapperer geworden. Spiritisten stellen dieses Phänomen auf einer viel niedrigeren Ebene und in verwässerter Form dar; gleichwohl es normalerweise bei ihnen wie auch bei dem durchschnittlichen Theosophen immer ein bestimmtes Ausmaß an Besessenheit durch Spielzeug-Phantome gibt - durch einen »chinesischen Führer« oder »Koot Hoomi« oder was nicht sonst noch alles - die eine halborganisierte Struktur in Legionen von unverbundenen Vorstellungen überführen, die dann ihrerseits ihre aufgelöste graue Materie anfüllen.

Und jetzt nach dieser langen Zeit hebt mich ein Engel[17] auf und trägt mich aus dem Raum hinaus[18] und setzt mich in einer kleinen Kammer[19] ab. Dort befindet sich ein weiterer Engel gleich einem schönen Jugendlichen in leuchtenden Gewändern, der mich an den Sakramenten teilnehmen läßt; Brot, welches Arbeit ist; und Feuer, das Klugheit ist; und eine Rose, die Sünde ist; und Wein, welcher der Tod ist[20]. Und um uns befindet sich eine große Engelsschar in vielfarbigen Roben, rosa und frühlingsgrün und himmelblau

---

[17] (Kein Engel ist erwähnt worden. Der Seher war im Sein verloren.) In dieser vorläufigen - und sozusagen symbolischen - Überquerung des Abyss kommt sein Heiliger Schutzengel, um den Strebenden zu retten. Stelle dieser den unaussprechlichen Schrecken der tatsächlichen Überquerung gegenüber, wenn sogar jener Engel den Seher verläßt (siehe den 11. Aethyr, den letzten Abschnitt.) Wie genau der Engel während dieser 20 Minuten irdischer Zeit mit dem Seher verfuhr, ist unmöglich zu sagen, denn er kann sich an rein gar nichts von dem erinnern - auch damals nicht - was geschehen war. Aus dieser Tatsache können wir aber ableiten, daß die Vereinigung an einem Ort noch jenseits von Neschamah stattfand. Es mag wohl die Quintessenz einer genügend intimen Vereinigung gewesen sein, in der sich der Seher so vollkommen mit seinem Engel identifizierte, daß ihm dies das Recht gab, die Überquerung in jeder Hinsicht zur Gänze vorzunehmen, und daß für die Sicherheit auf seinem Weg gesorgt war. Denn der Engel kommt von oberhalb des Abyss und wohnt rechtmäßig am Busen der Großen Mutter. Aber der Engel pflegt keinerlei Umgang mit dem kleinen Häufchen Staub in der Stadt der Pyramiden (siehe den 14. Aethyr), sondern nur mit dem Stern, der geboren wird, um der Erde Licht zu spenden.

[18] Diese Pyramide, in der sich der Pastos befindet, ist die Kammer der Auflösung. Der Pastos trägt die Essenz des Universums in sich. Dies ist dazu bereit, in der Energie des Strebens nach der schöpferischen Auflösung, der Rubinpyramide des Phallus, verbrannt zu werden. Schließlich befindet sich diese Pyramide in einem Kegel, eine Figur, die die Gerade und den Kreis (Rose und Kreuz in ihrer reinsten Form) miteinander verbindet, wodurch das neue Universum repräsentiert wird, in das das alte zu transmutieren ist. Es ist wie alle Formen des Universums auf den vier Elementen (in 72 unterteilt) begründet, die die Bedingungen für eine manifestierte Existenz sind. (Die Elemente sind nicht nur materiell, sie beinhalten auch Kategorien wie Zeit, Raum und Kausalität.)

[19] Dies ist die Geburtskammer, in der der Magister Templi aus der Vergessenheit des Abyss erwacht.

[20] Diese Sakramente versehen ihn mit den Bausteinen für sein neues Leben. Brot (Erde) ist Arbeit, die Nahrung für sein Dasein. Feuer ist die Wahrnehmung des klaren Verständnisses (Neschamah). Die Rose (Luft) ist Sünde, die Begrenzung, die ihn davon abhält, im reinen Licht (Kether) aufgelöst zu werden, denn dieser Eid eines Meisters des Tempels bedeutet, sich des Genießens dieses Privilegs zu enthalten; weshalb diese Sünde nach dem Wohlgeruch der Liebe duftet. Wein (Wasser) schließlich ist Tod, die Ekstase, alle Dinge durch das Sakrament der schöpferischen Liebe in Freude zu verwandeln.

und blaß golden und silbern und fliederfarben, die feierlich ohne Worte singen. Es ist eine Musik, die jenseits von allem Vorstellbaren wundervoll ist.

Und jetzt verlassen wir die Kammer; zur Rechten befindet sich ein Pylon, auf dessen rechter Seite Isis[21]steht und auf der linken Nephtys. Sie falten ihre Flügel überkreuz und sind die Stützen des Ra.

Ich wollte wieder in die Königskammer gehen[22]. Der Engel stieß mich zurück und sagte: »Du wirst diese Visionen aus der Ferne sehen, aber du wirst an ihnen außer in der vorgeschriebenen Weise

---

[21] Isis (Natur) und Nephtys (Vollkommenheit) führen den Vorsitz, wenn ein neuer Stern aufgeht. Der Magister Templi ist eine kleine Pyramide aus Staub in der Stadt der Pyramiden (siehe den 14. Aethyr) und erwartet das Feuer, das ihn zu weißer Asche verbrennen wird (siehe den 6. Aethyr). Aber die ursprüngliche Kombination der Sankharas (Tendenzen = die Elemente des Charakters eines Menschen) beinhaltet kein Ego. Ahamkara (das egobildende Moment) ist assimiliert worden. Die Sankharas sind jedoch immer noch durch das Karma des Adepten miteinander verbunden, denn sie mußten von ihm sehr fest miteinander verknüpft werden, damit er dazu in der Lage war, ihre gesamten Energien auf das Große Werk zu konzentrieren, das darin besteht, »alles, was er hat, und alles, was er ist« aufzugeben. Dementsprechend halten sie folgendes zusammen: Sein Wille ist vervollkommnet und frei von ihnen, aber sie hängen von den Elementen ab, die diesen Wahren Willen formen, der (zumal er erfolgreich war) nur jene erhabene Sehnsucht nach der Menschheit sein kann, und darin besteht, ihr dabei zu helfen, »den Raum zu erobern und schließlich die Mauern zur Zeit zu erklimmen und, über den goldenen Pfad, den die Großen gegangen, zu Gott zu gelangen«. (Dies ist die Boddhisattva-Lehre des Mahayana Buddhismus, in der der Initiierte dem Nirvana entsagt, um allen lebenden Dingen dabei zu helfen, ebenfalls ihre Befreiung zu erlangen.) Ein Phänomen dieser Wesensart erscheint somit als Morgenstern oder als Abendstern (*), um den in der Dunkelheit und im Schatten des Todes Sitzenden Licht zu spenden. Dies ist dann der Mensch selbst, nur daß seine persönliche Individualität nicht länger anwesend ist. Sie wird ersetzt durch die einzige Leidenschaft, die Menschheit zu erretten. [(*) Stella Matutina, einer der Namen des Golden Dawn, bezeichnet sowohl den Morgen- als auch den Abendstern in Gestalt der Venus. Diese entspricht auch dem reziproken Pfad von Daleth, der den Dritten Orden von den unteren trennt. Die Venus ist auch ein Symbol der heraufdämmernden Erleuchtung, denn es ist das einzige der planetaren Symbole, das den gesamten Baum umfaßt.]

[22] Der erste Impuls des Sehers bestand darin, das Werk fortzuführen, mit dem er beschäftigt war, als die Auflösung seines Wesens stattfand.

nicht teilnehmen. Denn änderst du nur soviel wie die Form eines Buchstabens, ist dies die Lästerung des Heiligen Wortes[23].«

Und dies ist die vorgeschriebene Weise:

Nimm einen Raum, der wie für das Ritual der Überquerung des Tuat eingerichtet ist[24]. Und der Strebende soll mit den Roben seines Grades bekleidet sein und die entsprechenden Insignien tragen. Und er soll zumindest ein Neophyt sein[25].

Drei Tage und drei Nächte sollen in dem Grabmal verbracht worden sein, wachsam und fastend, denn er darf nicht länger als drei Stunden auf einmal schlafen, und er soll reines Wasser trinken und kleine süße Kuchen essen, die dem Mond geweiht sind, und Früchte und die Eier einer Ente oder einer Gans oder eines Kiebitzes. Und er soll sich eingeschlossen haben, damit ihn kein Mensch bei seiner Meditation störe. In den letzten zwölf Stunden aber darf er weder schlafen noch essen.

Dann soll er sein Fasten einstellen, reiche Nahrung zu sich nehmen und süße Weine trinken und Weine, die schäumen[26]; und er soll die Elemente und die Planeten und die Zeichen und die Sephiroth bannen[27]; und dann soll er die Heilige Tafel nehmen, die er sich für seinen Altar angefertigt hat, und er soll den Ruf des Aethyrs ergreifen, an dem er teilhaftig zu werden gedenkt und den er in der Schrift der Engel oder in der Schrift des Heiligen Alphabetes, das in

---

[23] Wie in einem früheren Aethyr bereits festgestellt, erreicht man diese Visionen nicht durch die Methoden, die für weniger erhabene Sphären angewendet werden.

[24] Siehe das Buch der Toten, wie es für den der Zeit entsprechenden Gebrauch von den Autoritäten des Golden Dawn adaptiert worden ist.

[25] Er muß ein Neophyt sein, um überhaupt Zugang zu dem Ritual des Überquerens des Tuat zu bekommen.

[26] Siehe Liber Al vel Legis, I, 51. Die allgemeine Idee dahinter ist, einen wahren Appetit in einem durch Fasten gereinigten Körper und einem durch Meditation geklärten Gemüt zu erzeugen, um so dafür zu sorgen, vollkommen berauscht zu werden. Es braucht wohl nicht eigens gesagt zu werden, daß dieser Gemütszustand wie alle anderen auch ein absolut willentlicher, überprüfter und kontrollierter sein muß.

[27] Diese Aethyre gehören sui generis zu einer eigenen Ordnung der Natur. Auch wenn da viele Korrespondenzen zu den 32 Pfaden der Weisheit bestehen, müssen diese unparteiisch gebannt werden; ansonsten könnte das Vakuum durch ein unausgeglichenes und dem beschworenen Aethyr geistesverwandtes Symbol gestört werden, das dann den Kreis überfluten und den Aethyr davon abhalten würde, sich in seinem ganzen Ausmaß zu erheben.

Popé offenbart ist, auf ein schönes Blatt unbefleckten Pergaments niedergeschrieben hat; und damit soll er den Aethyr beschwören, indem er den Ruf singt. Und in der Lampe, die über dem Altar hängt, soll er den Ruf verbrennen, den er niedergelegt hat[28].

Dann soll er vor der Heiligen Tafel niederknien[29], und es soll ihm gegeben sein, an dem Mysterium des Aethyrs teilhaftig zu werden. Was nun die Tinte anbetrifft, mit der er schreiben soll, so gilt folgendes: Für dem ersten Aethyr soll sie golden sein, für den zweiten scharlachrot, für den dritten violett, für den vierten smaragdgrün, für den fünften silbern, für den sechsten saphirfarben, für den siebten orange, für den achten indigo, für den neunten grau, für den zehnten schwarz, für den elften kastanienbraun, für den zwölften rostbraun, für den dreizehnten grün-grau, für den vierzehnten bernstein, für den fünfzehnten oliv, für den sechzehnten blaß-blau, für den siebzehnten karmesin, für den achtzehnten hellgelb, für den neunzehnten karmesin mit silber, für den zwanzigsten Malve, für den einundzwanzigsten blaß grün, für den zweiundzwanzigsten rosa-krapp, für den dreiundzwanzigsten violett kobalt, für den vierundzwanzigsten das Braun oder Blau-Braun eines Käfers, für den fünfundzwanzigsten ein kaltes dunkles Grau, für den sechsundzwanzigsten weiß gefleckt mit rot, blau und gelb; die Umrahmungen der Buchstaben sollen grün sein; für den siebenundzwanzigsten zornige Wolken von rötlichem Braun, für den achtundzwanzigsten indigo, für den neunundzwanzigsten bläulich-grün, für den dreißigsten vermischte Farben[30].

Dies soll die Form sein, die von ihm zu verwenden ist, der an dem Mysterium eines der Aethyre teilhaftig zu werden wünscht. Und er soll nicht soviel wie die Form eines Buchstabens verändern, damit das Heilige Wort nicht gelästert werde.

Und laß ihn darauf achten - nachdem es ihm gestattet worden ist, an diesem Mysterium teilzuhaben - daß er die Vollendung der 91.

---

[28] Diese Anweisung hat offensichtlich mehrere magische Vorteile. Die symbolische Geste besteht darin, das Materielle der Operation in ihrem Geiste zu verbrennen.

[29] Dies ist keinesfalls eine Gebärde der Demut wie die nichtswürdige Haltung des unmännlichen Anbeters der Sklavengötter. Sie hat einen spezifischen und positiv praktischen Zweck, der für den Neophyten leicht zu erahnen sein sollte, sofern sein Zelator ihn gut und weise unterrichtet hat.

[30] Siehe Tabelle 2 auf Seite 103

Tabelle 2: Tafel der Farbzuordnungen

I.	Gold für Horus	II.	Scharlach für BABALON
III.	Violett für Merkur, Haus des Jongleurs	IV.	Smaragdgrün für Venus, die Liebe der Unschuld
V.	Silber für den Stern des A.·.A.·.	VI.	Saphir für Chokmah
VII.	Orange für (?)	VIII.	Indigo für (?)
IX.	Grau für Binah, befruchtet	X.	Schwarz für den Abyss.
XI.	Kastanienbraun für Yesod, die Schwelle	XII.	Rostbraun für das verborgene Blut im Kelch
XIII.	Grün-grau für den Garten von Nemo	XIV.	Bernstein für Atu VII, der Wagen
XV.	Oliv für Salome, Wasser von Malkuth	XVI.	Blaß-Blau für (?)
XVII.	Karmesin für Fische	XVIII.	Hellgelb für den Schutzengel & Hegemon
XIX.	Karmesin-Silber für Binah & Mond	XX.	Malve für Atu X, das Glücksrad
XXI.	Blaß Grün für (?)	XXII.	Rosa-Krapp für die Rose mit 49 Blütenblättern
XXIII.	Violett Kobalt für den Wassermannadler	XXIV.	Käfer-Braun für Skorpion, Liebe
XXV.	Kaltes, dunkles Grau für Steinbock	XXVI.	Weiß gefleckt mit Rot, Blau & Gelb (Ränder Grün) für Osiris
XXVII.	Zornige Wolken, Rotbraun für den Rauch des Kessels	XXVIII.	Indigo für den Nachthimmel von Binah
XXIX.	Blaugrün für Skorpion, Wandlung	XXX.	Mischfarben für das ursprüngliche Durcheinander des sterbenden Äons

Stunde seiner Zurückgezogenheit abwartet, bevor er die Tür zum Ort seiner Zurückgezogenheit öffnet; damit er seine Herrlichkeit nicht mit Unreinheit beschmutze, und damit sie, die ihn sehen, nicht durch seine Herrlichkeit zu Tode kommen[31].

Denn dies ist ein heiliges Mysterium, und er, dem es zuerst gelang, das Alphabet davon zu offenbaren[32], nahm nicht einmal ein Tausendstel des Saumes wahr, der sich auf dessen Gewand befindet.

Hinfort! Denn die Wolken haben sich zusammengezogen, und der Schleier hebt sich wie der Bauch einer Frau in den Geburtswehen. Hinfort! Damit ihm nicht die Blitze aus der Hand entgleiten und er nicht seine Hunde des Donners entfesselt. Hinfort! Denn die Stimme des Aethyrs ist vollendet. Hinfort! Denn das Siegel Seiner liebevollen Güte ist gesichert. Und da sei Lobpreisung und unaussprechlicher Segen für Ihn, der da auf dem Heiligen Thron sitzt, denn er wirft Wohltaten herab wie ein Verschwender, der mit Gold um sich wirft. Und er hat das Gericht geschlossen und es verborgen wie ein Geizhals, der Münzen von geringem Wert[33]hortet.

Die ganze Zeit über hat der Engel mich zurückgestoßen, und nun hat er sich in ein goldenes Kreuz mit einer Rose an seinem Herzen verwandelt, und es ist das rote Kreuz, auf das der goldene Schaustein gesetzt ist.

Bou-Saâda.
1. Dezember 1909. 14.30 - 16.10 Uhr.

---

31 Diese Anweisung muß sehr ernst genommen werden. Ich habe Uninitiierte gekannt, die durch den Schock beim Anblick von Adepten mit zu hoher Restladung krank wurden; oder schlimmer, aus ihrem moralischen Gleichgewicht geworfen.

32 Vermutlich Sir Edward Kelly. In den Arbeiten dieses Adepten befindet sich mit Sicherheit nicht einmal eine Andeutung der Erhabenheit und Tiefe solcher Visionen, wie dies bei unserer Serie der Fall ist.

33 Dieser Redeschluß trägt wenige konkrete Gedanken in sich; die Erhabenheit der Sprache verbirgt seine Unbestimmtheit nur schlecht. Nichtsdestoweniger stellt er eine passende Schlußfolgerung für das Mysterium dieses Aethyrs dar. Das Ritual und dieser lyrische Ausbruch waren zweifellos notwendig, um den Seher sanft aus der kolossalen Erhebung des zentralen Ereignisses des Aethyrs zurückzuführen.

Der Ruf des 17. Aethyrs

TAN[1] - /ᛉↄ

In den Stein kam zuerst der Kopf eines Drachen, und dann der Engel Madimi[2]. Sie ist kein reines Elemental, wie man nach dem Bericht Casaubons vermuten könnte. Ich frage sie, weshalb ihre Gestalt eine andere ist.

Sie entgegnet: Da alle Dinge Gott sind, siehst du in allen Dingen gerade soviel von Gott, wie deine Fähigkeiten es dir gestatten[3]. Aber siehe! Du mußt tief in diesen Aethyr eindringen, bevor wahrhaftige Bilder zum Vorschein kommen[4]. Denn TAN ist jener, der das Gericht in Gerechtigkeit verwandelt[5]. BAL ist das Schwert, und TAN sind die Waagschalen[6].

---

[1] TAN = Caput Draconis, Stier, Skorpion = Gimel, Vau, Nun = 59. Diese Zahl ist eine Primzahl, die die Gerechtigkeit fordernde Yoni repräsentiert. Dieser Aethyr unterrichtet den Kandidaten in der Formel der Gerechtigkeit und des Equilibriums.

[2] Siehe Casaubons Ausgabe des sechsten Buches von Dr. Dee's »Conversations with some Spirits«.

[3] Eine profunde Wahrheit von universeller Anwendbarkeit. Der Hauptschlüssel zum Charakter eines Menschen ist sein Verständnis vom Universum. Für den einen bedeutet Pan Schrecken und Wahnsinn, für den anderen ist er der All-Gott.

[4] Dies ist im Verlauf des Fortschreitens mehr und mehr der Fall.

[5] Gericht = das unbesänftigte Weibliche, die Strenge der Unfruchtbarkeit. Gerechtigkeit = sie ist befriedigt durch das Schwert (Phallus) und die Waagschalen (Hoden), wie es in Atu XIII - Tod - gezeigt ist [sic; diese Korrespondenz ist falsch, es handelt sich um Atu VIII - Ausgleichung]. Der Symbolismus des Buchstabens Lamed muß gründlich studiert werden. Er repräsentiert den Fluß den Universums in Ausdehnung. Stelle dieses positive Equilibrium dem negativen, Aleph, gegenüber. Die zwei zusammen bilden AL (das Schlüsselwort vom Buch des Gesetzes), worin das Universum in seinen Phasen 0 und 2 ausgedrückt ist.

[6] Das henochische Wort für Gerechtigkeit, das am Schluß des Rufes der 30 Aethyre verwendet wird, heißt 'Balatanu' (das zweite A und das U unterstützen lediglich ihre Konsonanten L und N). Bal [BAaL] ist das hebräische Wort für Herr; d.h. der Phallus. Siehe Anm. 5.

Ein Paar Waagschalen erscheint in dem Stein, und auf dem Balken der Waage steht geschrieben: Bewegung um einen Punkt ist Unredlichkeit[7].

Und hinter den Waagschalen befindet sich eine Feder, leuchtend, azur[8]. Und irgendwie mit der Feder verbunden, aber ich kann nicht erkennen wie, sind diese Worte: Atem ist Unredlichkeit[9]. (Das bedeutet, daß jeder Windhauch die Feder der Wahrheit bewegen wird.)

Und hinter der Feder befindet sich eine leuchtende Faser aus Quarz, die vertikal von Abyss zu Abyss aufgehängt ist[10]. Und in der Mitte ist eine Flügelscheibe[11] aus einer außerordentlich feinen, durchscheinenden Substanz, auf der im 'Dolch'-Alphabet geschrieben steht: Drehung ist Unredlichkeit[12]. (Das bedeutet, daß Rashith Ha-Gilgalim die erste Erscheinung des Bösen war.)[13]

Und jetzt erscheint der Engel, als wäre er in schwarze Diamanten gemeißelt. Und er verkündet: Wehe dem Zweiten, den alle Völker der Menschen den Ersten nennen[14]. Wehe dem Ersten, den alle Adeptengrade den Ersten nennen[15]. Wehe mir, denn ich habe ihn wie ihr verehrt. Aber sie, in deren Brustwarzen sich die Galaxien befinden[16], und er, den man niemals kennen wird[17]- in ihnen ist keine Bewegung. Denn das unendliche Äußere erfüllt alles und be-

---

[7] Sie stört die Einfachheit, indem eine neue Dimension eingeführt wird.

[8] Die blaue Feder ist Maat, die Göttin der Wahrheit.

[9] Atem impliziert Dualität, Schwingung. Somit stört er das Equilibrium und das Schweigen.

[10] Die mittlere Säule des Lebensbaums. Quarz, vielleicht goldhaltig.

[11] Die Flügelscheibe = Hadit; d.h. jeder Punkt, den man sich erwählt, um ihn als das Zentrum anzusehen, von dem aus das Universum kontempliert wird.

[12] Den eigenen Standpunkt zu verdrehen, heißt, zu einer falschen Vorstellung zu gelangen.

[13] Der Anfang der Wirbelnden Bewegungen (Kether zugeordnet) führt die Dualität ein.

[14] Der Demiurgos, Mikroprosopus, das schwarze reflektierte Antlitz, der Schöpfer. Er muß von dem Logos unterschieden werden. Der Unterschied liegt darin, daß der Demiurg um seiner selbst willen erschafft; er ist nicht wie der Logos, der Übermittler der Energie Kethers, der dieser in einem Wort Form gibt.

[15] Der Makroprosopus selbst. Denn er ist in der Ontologie des Neuen Äons nicht länger der einzige und höchste Standpunkt, dem gegenüber ein jedes Ego eine Art Ergänzung darstellt und mit ihm übereinstimmen muß.

[16] Nuit (siehe 'Liber LXV', V, 65).

[17] Hadit (siehe Liber Al vel Legis II, 4).

wegt sich nicht[18], und das unendliche Innere geht fürwahr[19]; aber es gibt keinen Unterschied, ansonsten wären die Raummarkierungen verwirrt[20].

Und nun ist der Engel nur noch ein leuchtender Fleck der Schwärze inmitten einer riesigen Kugel aus flüssigem und vibrierendem Licht, zuerst golden, dann grün werdend, und schließlich in einem reinen Blau[21]. Und ich sehe, daß das Grün der Waage aus dem Gelb der Luft und dem Blau des Wassers zustandekommt, Schwerter und Kelche, Gericht und Gnade[22]. Und dieses Wort TAN bedeutet Gnade[23]. Und die Feder der Maat ist blau, weil die Wahrheit der Gerechtigkeit Gnade ist[24]. Und eine Stimme erklingt, als wäre sie die Musik der kleinen Wellen auf der Oberfläche der Kugel: Wahrheit ist Freude[25]. (Dies meint, daß die Wahrheit des Universums Freude ist.)

Eine weitere Stimme erklingt; es ist die Stimme eines mächtigen Engels, ganz in Silber; Der Panzer seiner Rüstung und die Federn

---

18 Der Raum kann sich nicht bewegen, da er eine Vorstellung ist, die erfunden wurde, um Bewegung zu erklären.

19 Siehe Liber Al vel Legis II, 7.

20 Meinend, es ist ganz gleich, welche Form wir für die Repräsentation dieser Ideen verwenden, denn wäre es dem nicht so, wären wir gar nicht dazu in der Lage, Phänomene überhaupt zu messen.

21 Der Ausbruch wird als Liebe (Venus = grün) erkannt. Das grüne Licht, das durch dünnes Blattgold dringt. Und dies wird absorbiert in dem wahren Blau von Nuit - das Ziel des Lichtes.

22 Strenge und Gnade (Geburah und Chesed) sind durch den reziproken Pfad des Löwen miteinander verbunden. Dies ist Atu IX - der Einsiedler - gegenüber von Atu VIII - Ausgleichung (Waage) [Die beiden Trümpfe gehen beide von Tiphareth aus nach Geburah bzw. Chesed]. Somit ist der Löwe, die Stärke der Sonne, das Leben an sich, eins mit der Waage, Gerechtigkeit; denn der Buchstabe Lamed bezeichnet das Universum in Ausdehnung.

23 TAN bezeichnet laut Anm. 1 die Waagschalen. Somit, wie in der vorherigen Anm. gezeigt: Die Wahrheit der Gerechtigkeit ist Gnade. Von da heißt auf Gnade hinzuwirken, die eine Idee ohne Maß und damit unvereinbar mit Wahrheit ist, die Gerechtigkeit zu beschwören. Die Anweisung lautet: Sei absolut gerecht, und du wirst erkennen, daß du das wahre Werk der Liebe vollbracht hast.

24 Siehe Anm. 21. Das Blau ist wiederum das von Nuit. Gerechtigkeit ist nur vollkommen, wenn die Störung durch die positive Existenz in der Absorption in den Leib Unserer Herrin der Sterne aufgelöst ist.

25 Siehe Liber Al vel Legis, II, 9: »Erinnert euch alle daran, daß Dasein reine Freude ist,« et al.

seiner Flügel sind wie Perlmutt in einer Umrahmung aus Silber[26]. Und er sagt: Gerechtigkeit ist das Gewohnheitsrecht, das ihr euch zwischen Wahrheit und Lüge errichtet habt. In Wahrheit aber gibt es nichts davon, denn es existiert nur Wahrheit[27]. Eure Unwahrheit ist nur ein wenig mehr falsch als eure Wahrheit. Dennoch sollt ihr vermöge eurer Wahrheit zur Wahrheit kommen. Eure Wahrheit ist eure Treue zu Adonai, dem Geliebten[28]. Und die chymische Hochzeit der Alchemisten beginnt mit einem Abwiegen, und er, der für makellos befunden wird, hat einen Funken des Feuers in sich, so dicht und so kraftvoll, daß er nicht bewegt werden kann, auch wenn alle Winde des Himmels gegen ihn anschreien und alle Wasser des Abyss gegen ihn anbranden sollten, und all die Vielfalt der Erde sich auf ihn hievt, um ihn zu ersticken. Nein, er kann nicht bewegt werden[29].

Und dies ist das Feuer, von dem geschrieben steht: »Höre du die Stimme des Feuers!« Und die Stimme des Feuers ist das zweite Kapitel vom Buche des Gesetzes[30], das ihm offenbart ist, der die Hälfte von Zwanzig und dreimal Zwanzig und Sechs ist, und zwar von Aiwass, seinem Schutzengel, welcher der mächtige Engel ist, der sich vom ersten bis zum letzten erstreckt und die Mysterien bekannt gibt, die jenseitig sind. Und die Methode und Form der Invokation, durch die ein Mensch zur Kenntnis und Konversation mit seinem

---

[26] Das Silber ist in der Königinskala der Mond, die Reflektion der personifizierten Idee von Nuit in die positiv materielle Natur. Der Engel erscheint auf dem Pfad von Gimel, der Tiphareth und Kether miteinander verbindet. Sie ist Atu II - die Priesterin. Siehe Anm. 33.

[27] Menschliche Gerechtigkeit ist ein Kompromiß, um einer zugestandenermaßen unwahren Situation begegnen zu können (siehe Lao-Tse: Wohlwollen und Rechtschaffenheit erscheinen erst dann, wenn alle Natürlichkeit vergangen ist).

[28] Von da ist es gerecht, die Erlangung von Kenntnis und Konversation mit dem Heiligen Schutzengel als den nächsten Schritt zu tun. Das ursprüngliche Böse ist die Trennung von Ihm; somit besteht die einzige Annäherung an die Wahrheit in dem Eid an Ihn.

[29] Dieser Funke ist Hadit (von da die Bezugnahmen zum Liber Al vel Legis, II); er kann nicht bewegt werden, weil er sich bereits mit der größtmöglichen Geschwindigkeit bewegt. [Und die ist per definitionem identisch mit dem vollkommenen Stillstand.]

[30] Das Orakel des Zoroaster sagt: »Und wenn, nachdem alle Phantome verschwunden sind, das heilige und formlose Feuer erscheint, jenes Feuer, das durch die Tiefen des Universums funkelt und blitzt, höre du die Stimme des Feuers!« Und so äußert sich Hadit, der tiefste Ausdruck des eigenen innersten Standpunktes.

Heiligen Schutzengel gelangt, soll dir an einem angemessenen Ort offenbart werden[31], und in Anbetracht der Tatsache, daß das Wort tödlicher als ein Blitz ist, meditiere du ausschließlich darauf, einsam, an einem Ort, an dem kein lebendes Ding sich zeige, sondern nur das Licht der Sonne. Und dein Haupt soll entblößt sein[32]. So magst du dich geeignet dafür machen, dies zu empfangen, das heiligste der Mysterien. Und es ist das heiligste der Mysterien, weil es der nächste Schritt ist. Und jene Mysterien, die jenseits davon liegen, seien sie auch noch heiliger, sind dir nicht heilig, sondern nur fern. (Der Sinn dieses Abschnitts scheint zu sein, daß die Heiligkeit einer Sache die eigene persönliche Beziehung dazu impliziert, so wie man einen unbekannten Gott gar nicht lästern kann, weil man nicht weiß, was man zu ihm sagen könnte, um ihn zu beleidigen. Und dies erklärt auch die umfassende Erfolglosigkeit jener, die versuchen, die Heiligen zu beleidigen; die heftigsten Angriffe sind zu oft nur unbeholfene Komplimente.)

Jetzt hat sich der Engel gänzlich über die Kugel ausgebreitet, ein tauartiger Silberfilm auf jenem leuchtenden Blau.

Und eine laute Stimme ruft: Siehe die Königin des Himmels, wie sie ihre Roben auf dem Webstuhl der Gerechtigkeit gewoben hat[33]. Denn ebenso, wie jener gerade Pfad des Pfeils, der den Regenbogen spaltet, zur Rechtschaffenheit in ihr wurde, die in der Halle der doppelten Wahrheit sitzt[34], so wird sie schließlich auf den Thron der Hohepriesterin gesetzt, den Thron der Priesterin des Silbernen Sterns, wo auch dein Engel manifestiert ist[35]. Und dies ist das Mysterium des Kamels, das sich zehn Tage lang in der Wüste aufhält und

---

[31] Siehe den 8. Aethyr.

[32] Dies führte ich in einer Art Höhle auf dem Grat eines hohen Berges in der Wüste in der Nähe von Bou-Saâda am 2. Dezember zwischen 12 und 15 Uhr aus.

[33] Von diesem Blau und Silber des Mondes, der Königin des Himmels (in der Königs- und in der Königinskala), heißt es, sie stammten von der Gerechtigkeit in ihrem wahren Wesen ab. Diese Gerechtigkeit bezieht sich auf ihre Stellung am Baum, den Eid mit Adonai.

[34] Der Pfeil = Schütze = Blau. Sein Herrscher = Jupiter = Blau (Königinskala) = Rechtschaffenheit. Die Federn der Maat, dem Jupiter zugeordnet, sind ebenfalls blau.

[35] Hier werden wir gebeten, auf eine bestimmte Korrespondenz von aufsteigender Vibration zu achten. Samech = Schütze; Lamed = Waage; Gimel = Mond. LGS (griech.) sind die Konsonanten des Logos. Wir werden später eine wichtige Lehre finden, die aus der speziellen Verbindung dieser drei Buchstaben abgeleitet ist. Der

nicht verdurstet, weil es das Wasser in sich trägt, welches der Tau ist, der aus der Nacht von Nuit destilliert wird[36]. Dreifach ist das Band aus Silber, damit es nicht gelöst werde; und dreimal Zwanzig und die Hälfte von Zwanzig und drei ist die Zahl des Namens von meinem Namen[37], damit die unaussprechliche Weisheit, die auch von der Sphäre der Sterne ist, mich unterrichte[38]. Also bin ich mit dem Dreieck gekrönt, das sich um das Auge herum befindet, und deshalb ist meine Zahl drei[39]. Und in mir gibt es keinerlei Unvollkommenheit, weil durch mich der Einfluß des TARO[40]herabsteigt. Und dies ist auch die Zahl des Mächtigen Engels Aiwass, des Botschafters des Schweigens.

Und so wie der Schaustein deine Stirne mit seinem unerträglichen Feuer verbrennt, so ist er, der mich erkannt hat, wenn auch aus der Ferne, ausgezeichnet und auserwählt unter den Menschen, und er wird sich niemals umdrehen oder abwenden, denn er hat das Bindeglied geschaffen, daß nicht aufgebrochen werden kann, nein, nicht einmal durch die Bösartigkeit der Vier Großen Prinzen des Bösen auf der Welt, auch nicht von Choronzon, dem mächtigen Teufel, nicht durch den Zorn Gottes und auch nicht durch die Betrübnis und Schwäche der Seele.

Heilige Schutzengel erscheint als Gimel wegen der Stellung am Baum, Tiphareth wird unmittelbar mit Kether verbunden.

[36] Gimel bedeutet Kamel. Die zehn Tage sind die 7 x 10 Jahre des normalen Lebens. Der Mensch kann durch diese Wüste gehen, genährt durch die Kenntnis und Konversation des Heiligen Schutzengels.

[37] 73 = der Buchstabe Gimel (ausgeschrieben als GML), der als solcher ein Kamel bedeutet. Dreifach, denn Gimel ist der dritte Buchstabe des hebräischen Alphabetes und tut einen doppelten Dienst für die Zahl 3. Das Band aus Silber: Der lunare Pfad, der von Kether aus herabsteigt.

[38] Weisheit = Chokmah (ChKMH) = 73. Mazloth, die Sphäre der Sterne, ist eine der Zuordnungen Chokmahs.

[39] Das Auge = Ayin = 70. 3 plus 70 = 73. 73 ist hier erklärt als das Auge im Dreieck. So ist Aiwass das Auge im Stern des Hermes, des Botschafters, und seine Formel ist 418 = Cheth.

[40] TARO hat 78 Symbole und 78 = Mezla (MZLA), der Einfluß, der vom Höchstheiligen Alten - Kether - herabsteigt und von da auf den Pfad von Gimel bezogen ist. Die Gleichung 78 = Aiwass. Zu dieser Zeit ging der Seher davon aus, Aiwass werde als AIVAS buchstabiert = 78. Wohingegen er später herausfand: AaIVZ = 93, und AiFass ergibt im Griechischen 418. Aber 78 ist dennoch die Zahl von Aiwass, aber auf andere Weise.

Dennoch sei du nicht mit dieser Zusicherung zufrieden; denn auch wenn du die Flügel des Adlers hast, so sind sie doch nutzlos, er sei denn, sie werden mit den Schultern des Stiers verbunden. Nun, deshalb schicke ich einen Strahl meines Lichtes aus, so wie eine Leiter vom Himmel aus auf die Erde herabgelassen wird, und bei diesem schwarzen Kreuz der Themis, das ich vor deine Augen halte, schwöre ich dir, daß der Pfad dir fortan auf ewig offen stehe.

Da ist ein Klingeln von Myriaden von Zimbeln, und Schweigen. Und dann wird ein Ton dreimal auf einer Glocke angeschlagen, die wie meine heilige tibetanische Glocke klingt, die aus Electrum Magicum angefertigt ist[41].

Glücklich bin ich auf die Erde zurückgekehrt.

Bou-Sâada.
2. Dezember 1909. 0.15 - 2 Uhr.

[41] Electrum Magicum ist eine Legierung der sieben heiligen Metalle, wobei ein jedes zu einem Zeitpunkt hinzugefügt wird, der wegen seiner astrologischen Vorteile ausgewählt worden ist.

Der Ruf des 16. Aethyrs

LEA[1] -

Da zeigen sich schwache und flackernde Bilder in einer nebligen Landschaft, alles sehr flüchtig. Wohingegen der allgemeine Eindruck einem Mondaufgang zur Mitternacht gleichkommt, und eine gekrönte Jungfrau reitet auf einem Stier[2].

Und sie kommen hoch an die Oberfläche des Steins. Sie singt einen Lobgesang: Gepriesen sei er, der das Abbild der Plage auf sich genommen hat. Denn durch seine Arbeit wird meine Arbeit vollendet. Denn mich, die ich eine Frau bin, gelüstet es immer danach, mich mit einem Tier zu paaren. Und dies ist die Erlösung der Welt, daß ich mich immerfort von irgendeinem Gott täuschen lasse, und daß mein Kind der Wächter des Labyrinthes ist, das zwei-und-siebzig Pfade hat[3].

Jetzt ist sie fort.

Und nun befinden sich da Engel, die im Stein auf und ablaufen. Es sind die Engel der Heiligen Siebenfachen Tafel. Es scheint, als warteten sie darauf, daß sich der Engel des Aethyrs zeigt.

Nun schließlich erscheint er in der Düsternis. Ein mächtiger König[4] ist er, mit Krone und Reichsapfel und Szepter, und seine Roben

[1] LEA = Krebs, Jungfrau, Stier. Der abnehmende Mond, die Jungfrau, der Stier, genau wie im zweiten Satz. ChIV = 24.

[2] Siehe Anm. 1.

[3] Dies bezieht sich auf Pasiphae und den Minotaurus. Alle Mythologien beinhalten dieses Mysterium der Frau und des Tieres als das Herz des Kultes. Interessanterweise schicken auch heute noch gewisse Stämme der Terai ihre Frauen jedes Jahr in den Dschungel, und die sich daraus ergebenden Halbaffen werden in ihren Tempeln verehrt. Atu XI - Lust - stellt dieses Mysterium bildlich dar, und fortwährende Anspielungen auf diese Thematik lassen sich in den höheren Aethyren finden.

[4] Dies ist der Jehova-Gott aus dem Äon des Osiris, von dessen Existenz (als gelästerte und rachsüchtige Gottheit) die gesamte Theorie des Sühneopfers abhängt.

sind purpurn und golden. Und er wirft den Reichsapfel und das Szepter auf die Erde, und er reißt sich die Krone herunter und wirft sie auf den Boden und zertritt sie. Und er reißt sich sein Haar aus, das aus rötlichem Gold durchwoben von Silber besteht, und er zerrt an seinem Bart und schreit mit furchtbarer Stimme: Wehe mir, der ich durch die Macht des Neuen Äons meines Rangs enthoben bin. Denn die zehn Paläste sind gestürzt, und die zehn Könige sind in die Gefangenschaft geführt, und sie sind dazu bestimmt, als Gladiatoren in dem Zirkus von ihm zu kämpfen, der seine Hand auf die Elf gelegt hat[5]. Denn der alte Turm ist vom Herrn des Feuers und Blitzes zertrümmert worden. Und sie, die auf ihren Händen laufen, sollen den heiligen Ort erbauen[6]. Gesegnet sind sie, die das Auge von Hoor auf den Zenith gerichtet haben, denn sie werden mit der Tatkraft des Ziegenbocks erfüllt sein[7].

Alles, was geordnet und beständig war, ist erschüttert. Das Äon der Wunder ist gekommen. Wie Heuschrecken werden sie sich versammeln, die Diener des Sterns und der Schlange[8], und sie werden alles auf der Erde befindliche verschlingen. Warum dies? Weil der Herr der Rechtschaffenheit in ihnen frohlockt.

Die Propheten sollen gräßliche Dinge weissagen, und die Zauberer sollen gräßliche Dinge vollbringen. Die Zauberin soll von allen Männern begehrt werden, und der Zauberer soll die Erde beherrschen.

Gesegnet sei der Name des Tieres, denn er hat eine mächtige Feuerflut aus seiner Männlichkeit freigesetzt, und aus seiner Weiblichkeit hat er eine mächtige Wasserflut losgelassen. Jeder Gedanke

---

[5] Denn 19 [sic; 10] ist die stabile Zahl des etablierten Systems, das die 11 - die Zahl der Magick (durch die Gleichung 0 = 2 = 11, wobei 11 die aktive Form der 2 ist) - als böse ansieht. Von da nahm das Tier die 11 als seine Formel an und zerstörte damit die 10.

[6] Siehe Atu XVI - der Turm (Steinbock). Die aus dem Turm gestürzten Gestalten weisen die Form des Buchstabens Steinbock auf; sie laufen auf ihren Händen. Sie gehören zum Steinbock - Seth oder Hadit; d.h. der heilige Ort muß von innen heraus errichtet werden, vom Kern eines jeden Sterns aus, nicht von oben wie im Fall des zertrümmerten Turms des Theismus.

[7] Der Steinbock ist auch der Ziegenbock. Das Auge von Hoor auf den Zenith gerichtet bezieht sich auf ein Mysterium der Magick, praktisch und machtvoll, das der Student für sich selbst herausfinden muß. Vgl. 'Liber A'ash vel Capricorni' [abgedruckt in 'Magick'].

[8] Siehe Liber Al vel Legis II, 21.

seines Gemütes ist einem Sturm gleich, der die großen Bäume der Erde entwurzelt und die Berge erschüttert. Und der Thron seines Geistes ist ein mächtiger Thron des Wahnsinns und der Verwüstung[9], so daß sie, die auf ihn schauen, aufschreien werden: Siehe die Greuel![10]

Aus einem einzigen Rubin soll dieser Thron bestehen, und er soll auf einen hohen Berg[11]gesetzt werden, und die Menschen sollen ihn aus der Ferne sehen. Dann werde ich meine Streitwagen und meine Reiter und meine Kriegsschiffe zusammenziehen. Zu Wasser und auf dem Land sollen meine Armeen und meine Flotten ihn umgeben, und ich werde ihn ringsherum belagern und ihn besiegen, und durch das Feuer davon werde ich zur Gänze verschlungen werden. Viele lügende Geister habe ich in die Welt geschickt, damit die Macht meines Äons errichtet werde, und sie alle sollen überwältigt werden.

Groß ist das Tier, das hervorkommt gleich einem Löwen, der Diener des Sterns und der Schlange. Er ist der Ewige; Er ist der Allmächtige. Gesegnet sind sie, auf die er mit Gunst schaut, denn nichts soll vor seinem Angesicht bestehen[12]. Verflucht sind sie, auf die er mit Spott schaut, denn nichts soll vor seinem Angesicht bestehen.

Und ein jedes Mysterium, das seit Anbeginn der Welt noch nicht enthüllt worden, soll er seinen Auserwählten offenbaren. Und sie werden die Macht haben über jeden Geist des Aethers, und der Erde und unter der Erde, und auf trockenem Land und im Wasser, der wirbelnden Luft und des tosenden Feuers. Und sie werden Macht über alle Bewohner der Erde haben, und jede Geißel Gottes soll unterworfen zu ihren Füßen liegen. Die Engel werden zu ihnen kommen und mit ihnen gehen, und die großen Götter des Himmels werden ihre Gäste sein.

Ich aber muß abseits sitzen, mit Staub auf meinem Haupt, der Krone beraubt und verlassen. Ich muß in den verborgenen Winkeln der Erde auf der Lauer liegen. Ich muß meine Verschwörungen geheim in den Seitenstraßen der großen Städte planen, im Nebel und in den

---

[9] Siehe 'Liber VII', III, 20. Er hat den Wahnsinn des Ruach manifestiert; dies ist sein Thron, d.h. die Basis seines philosophischen Standpunktes.

[10] Siehe 'Liber VII', III, 21.

[11] Siehe 'Liber VII', III, 22 - 23.

[12] Einiges in diesem Abschnitt ist aus dem Qu'ran übernommen worden.

Sümpfen der Flüsse der Pest. Und all meine Schlauheit wird mir nichts nützen. Und all meine Unternehmungen werden zu nichts führen. Und die Gesandten des Tieres werden mich fangen und mir die Zunge mit Zangen aus rotglühendem Eisen herausreißen, und sie werden meine Stirne mit dem Wort des Spottes brandmarken, und sie werden meinen Kopf kahl rasieren und meinen Bart herausreißen und mich zur Schau stellen.

Und der Geist der Weissagung wird auf mich kommen, mir immerfort und sogleich Böses tun, so wie er jetzt auf meinem Herzen und meiner Kehle ist; und auf meine Zunge sind mit einer starken Säure folgende Worte geätzt: Vim patior.[13]Denn so muß ich ihn rühmen, der mich ausgestochen hat, der mich in den Staub geworfen hat. Ich habe ihn gehaßt, und mit dem Haß sind meine Knochen der Verwesung anheimgefallen. Ich wollte ihn anspucken, und mein eigener Geifer hat meinen Bart besudelt. Ich habe das Schwert gegen ihn erhoben, und ich bin hineingefallen, und meine Eingeweide liegen zu meinen Füßen.

Wer vermag es mit seiner Macht aufzunehmen? Hat er nicht das Schwert und den Speer des Kriegsherrn der Sonne? Wer kann sich mit ihm messen? Wer kann sich gegen ihn erheben? Denn der Riemen seiner Sandale ist mehr als der Helm des Allerhöchsten. Wer kann flehentlich zu ihm aufreichen außer jenen, die er auf seine Schultern gesetzt hat? Wollte Gott, daß meine Zunge an der Wurzel herausgerissen würde und meine Kehle durchgeschnitten und mein Herz herausgerissen und den Geiern überlassen, bevor ich dies ausspreche, das ich aussprechen muß: Segen und Verehrung dem Propheten des Lieblichen Sterns![14]

Und nun ist er zu Boden gestürzt, ein Häuflein, und auf seinem Haupt ist Staub; und der Thron, auf dem er gesessen, ist in viele Stücke zersprungen.

Und undeutlich dämmert da in dieser unaussprechlichen Düsternis weit, weit oben ein Gesicht herauf, das das Gesicht eines Mannes und einer Frau ist. Und auf der Stirne befindet sich ein Kreis, und auf der Brust ist ein Kreis und in der rechten Handfläche ist ein

---

[13] »Ich erleide Nötigung.«
[14] Siehe Liber Al vel Legis II, 79.

Kreis[15]. Seine Statur ist riesenhaft, und er trägt die Uraeuskrone und das Leopardenfell und den feurig orangenen Schurz eines Gottes. Und unsichtbar um ihn ist Nuit, und in seinem Herzen ist Hadit, und zwischen seinen Füßen befindet sich der große Gott Ra-Hoor-Khuit. Und in seiner rechten Hand trägt er ein flammendes Schwert und in seiner linken ein Buch[16]. Aber er schweigt; und das, was an stillem Einverständnis zwischen ihm und mir vorging, soll an dieser Stelle nicht offenbart werden. Und das Mysterium soll gleich wem offenbar werden, wenn er nur mit Ekstase in seinem Herzen, klaren Gemütes und einem leidenschaftlichen Leib sagt: Es ist die Stimme eines Gottes und nicht eines Menschen[17].

Und nun hat sich all die Herrlichkeit in sich selbst zurückgezogen, und der alte König liegt niedergestreckt, vergessen.

Und die Jungfrau, die auf dem Stier geritten, kommt hervor, geführt von all jenen Engeln der Heiligen Siebenfachen Tafel, und sie tanzen mit Girlanden und Blumensträußen, losen Roben und ihrem im Winde tanzenden Haar um sie herum. Und sie lächelt mich unsagbar strahlend an, so daß der ganze Aethyr warm errötet, und sie sagt[18]mit einem feinsinnigen Unterton, wobei sie nach unten deutet: Durch dies, das[19].

Und ich ergriff ihre Hand und küßte sie, und ich sagte zu ihr: Bin ich nicht schon fast von der Unredlichkeit meiner Vorväter gereinigt?[20]

Daraufhin beugt sie sich herab, küßt mich auf den Mund und sagt: »Noch eine Weile, und du wirst auf deinem linken Arm ein

---

[15] Kreis, eine Blende für das Zeichen des Tieres ☉; das zu der Zeit geheim gehalten werden mußte.

[16] Dies ist eine Vision vom Engel des Tieres, identifiziert mit der Stéle der Offenbarung. Dies Buch in der Hand von Aiwass ist das 'Buch des Gesetzes'.

[17] Das Anerkennen der Urheberschaft des Liber Al vel Legis als übermenschlich ist der Schlüssel zum Portal des Neuen Äons.

[18] Dies ist BABALON, die wahre Herrin des Tieres; all ihre Herrinnen auf den unteren Ebenen sind lediglich Avatare.

[19] Dieser Satz braucht nicht analysiert zu werden; es ist das Versprechen, daß sie sich dem Tier hingeben wird.

[20] Der Seher kämpfte zu dieser Zeit immer noch in sich selbst mit den Komplexen, die er vererbt bekam und seiner frühen Erziehung verdankte.

Menschenkind[21] tragen und ihm von der Milch deiner Brüste zu trinken geben. Ich aber gehe tanzen.«[22]

Und ich winke ihr zum Abschied zu, der Aethyr ist leer und dunkel, und ich verbeuge mich vor ihm in dem Zeichen, das ich und nur ich kennen darf. Und ich sinke herab durch Wellen der Schwärze, auf einem Adler schwebend, hernieder, hernieder, hernieder.

Und ich gebe das Zeichen, das nur ich kennen darf.

Und nun befindet sich nichts mehr in dem Stein, nur noch das schwarze Kreuz der Themis[23]und darauf diese Worte: Memento: Sequor. (Diese Worte sollen wahrscheinlich bedeuten, daß dem Äquinox des Horus jener der Themis folgt.)

Bou-Sâada. 2. Dezember 1909. 16.50 bis 18.50 Uhr.

---

[21] Therion, der Logos des Äons.

[22] Dies bedeutet, daß der Seher bald die Frohlockende Isis sein wird; das heißt, ein Meister des Tempels.

[23] Siehe das Neophytenritual des Golden Dawn, Equinox II und Liber Al vel Legis III, 34.

Der Ruf des 15. Aethyrs

OXO[1] -

In dem Aethyr erscheint unmittelbar eine riesige Säule aus scharlachrotem Feuer, sie wirbelt fort, prallt zurück, ruft laut. Und um sie herum befinden sich vier Säulen, grün und blau und golden und silbern, jede trägt eine Inschrift im Alphabet der Dolche. Und die Feuersäule tanzt zwischen den anderen Säulen. Jetzt scheint es, als wäre das Feuer lediglich der Rock einer Tänzerin, und die Tänzerin ist eine mächtige Göttin. Die Vision ist überwältigend.

Während die Tänzerin wirbelt, singt sie mit einer seltsamen und leisen Stimme, die bei folgendem schneller wird: Siehe! Ich sammle einen jeden Geist, der rein ist, und webe ihn in mein Gewand aus Feuer. Ich lecke die Leben der Menschen auf, und ihre Seelen funkeln aus meinen Augen. Und in meinem Tanzen sammle ich für meine Mutter Nuit die Köpfe all jener ein, die in den Wassern des Lebens getauft worden sind. Ich bin die Lust des Geistes, der die Seelen der Menschen verschlingt. Ich habe ein Fest für die Adepten bereitet, und wer daran teilnimmt, wird Gott sehen[2].

Nun ist zu erkennen, was sie da in ihrem Tanze gewoben hat; es ist die karmesinrote Rose der 49 Blütenblätter, und die Säulen sind

---

[1] OXO = Waage, Erde, Waage = Lamed, Tau, Lamed = 460. (Die Rose der Erde am Orte des Gerichtes; dies ist das Szenario des Aethyrs.) 460 = Qadosh l'Adonai (Adonai steht hier für Tetragrammaton; QDSh L IHVII), bedeutet 'dem Herrn heilig' und bezieht sich auf die Weihung (nach der Untersuchung) des Exempt Adept. Es ist seine letzte Vorbereitung, bevor er sich bewußt der vollständigen Zeremonie des Übergangs zum Grad eines Magister Templi unterzieht.

[2] Dies ist eine Form der BABALON. Es gibt darin einen Bezug zu der Geschichte der Salome in den kleineren Mysterien des Dolches und der Scheibe im Kult des Gottes Johannes. Johannes ist ON - Oannes, Nu, Noah, Jonas etc. - die Sonne, die zur Sommersonnenwende in das wässrige Zeichen des Krebs (das Zeichen des Wales, der Arche etc.) übergeht.

das Kreuz, mit dem sie verbunden ist. Und zwischen den Säulen schießen Strahlen reinen, grünen Feuers hervor; und jetzt sind alle Säulen golden. Sie hört auf zu tanzen und schwindet dahin, sie zieht sich selbst in das Zentrum der Rose hinein.

Jetzt ist zu erkennen, daß die Rose ein riesiges Amphitheater mit sieben Sitzreihen ist, wobei eine jede Sitzreihe wiederum siebenfach unterteilt ist. Und die im Amphitheater Sitzenden sind die sieben Grade des Ordens des Rosenkreuzes. Dieses Amphitheater ist aus rosafarbenem Marmor erbaut, und hinsichtlich seiner Größe kann ich nur sagen, daß man die Sonne als den Ball verwenden könnte, den sich die Spieler in der Arena zuwerfen. Aber in der Arena befindet sich ein kleiner Altar aus Smaragd[3], und auf seiner Spitze befinden sich die Köpfe der Vier Tiere aus Türkis und Bergkristall[4]. Und der Boden der Arena ist gefurcht wie ein Gitterwerk aus Lapis Lazuli[5]. Und er ist voll von reinem Quecksilber[6].

Über dem Altar befindet sich eine verschleierte Gestalt, deren Name Pan ist. Jene in der äußeren Sitzreihe verehren ihn als Mensch; und in der nächsten Sitzreihe verehren sie ihn als Ziegenbock; und in der nächsten Sitzreihe verehren sie ihn als Widder; und in der nächsten Sitzreihe verehren sie ihn als Krebs; und in der nächsten Sitzreihe verehren sie ihn als Ibis; und in der nächsten Sitzreihe verehren sie ihn als einen Goldenen Falken; und in der nächsten Sitzreihe verehren sie ihn nicht[7].

---

[3] Die Farbe der Venus, Liebe. Dies ist die Basis für den Akt der Verehrung.

[4] Heilig der Sphäre der Sterne respektive Malkuth, der Sphäre der Erde.

[5] Der Leib von Nuit, das sternenbesähte Blau.

[6] Das universale Quecksilber [Mercury], das Instrument konstanten Wechsels und der Fluxus, der das Leben bildet.

[7] Dies bedeutet: Im untersten Grad des zweiten Ordens des R.R. et A.C., 5° = 6□, wird Gott in Gestalt des Menschen verehrt (Tiphareth). In 6° = 5□ erscheint er als ein Ziegenbock (Mendes Khan). In 7° = 4□ als ein Widder (Amoun). In 8° = 3□ als ein Krebs (verbunden mit der Sternenschwamm-Vision). In 9° = 2□ als ein Ibis (für Thoth). In 10° = 1□ als ein Goldener Falke (Ra-Hoor-Khuit). Darüber (Kether) ist nur noch das Negative.

Und jetzt strömt das Licht aus dem Altar heraus, ausgegegossen zu den Füßen von ihm, der darüber ist. Es ist die Heilige Zwölffache Tafel von OIT[8].

Die Stimme von ihm über dem Altar ist Schweigen, aber das Echo davon kommt von den Mauern des Zirkus zurück und ist Rede. Und diese Rede lautet: Drei und Vier sind die Tage eines Mondviertels, und am siebten Tag findet der Sabbath statt, aber Drei mal Vier ist der Sabbath der Adepten, dessen Form im Aethyr ZID offenbart ist, der der achte der Schleier ist[9]. Und die Mysterien der Tafel sollen nicht zur Gänze offenbart werden, und auch hierin werden sie nicht enthüllt. Aber du sollst den Schweiß deines Angesichtes in einem Becken klaren Wassers sammeln, worin dies dann offenbar wird. Und von dem Öl, das du zur Mitternacht verbrennst, sollen dreizehn Flüsse der Segnung gesammelt werden; und von dem Öl und dem Wasser werde ich einen Wein bereiten, um die jungen Männer und Frauen zu berauschen[10].

Und jetzt ist die Tafel das Universum geworden; jeder Stern ist ein Buchstabe des Buches von Henoch. Und das Buch von Henoch ist daraus vermittels eines unergründlichen Mysteriums gezogen

[8] Dies ist die Tafel:

O	I	T
R	L	U
L	R	L
O	O	E

♎	♐	♌
♓	♋	♑
♋	♓	♋
♎	♎	♏

[9] Die Sieben sind die Unteren, wenn sie nicht wie in der Tafel der 49 Quadrate auf Babalon bezogen sind. Zwölf bezieht sich auf Hua = HVA = 12, bezogen auf Kether und auf eine der Invokationen (als »Der Engel, der über diese Mysterien gesetzt ist«) des Golden Dawn und natürlich auf den Zodiak. Das Verweben der Multiplikation verhält sich zu der Nebeneinanderstellung der Addition wie eine chemische Verbindung zu einer mechanischen Mixtur.

[10] Siehe 'The Kabbalah Unveiled' von MacGregor Mathers für die 13 Flüsse aus Heiligem Öl, die den Bart des Makroprosopus herabfließen. (Diese sind die ersten dreizehn Buchstaben.)

worden, das nur den Engeln und der Heiligen Siebenfachen Tafel bekannt ist[11]. Während ich auf diese Tafel geschaut habe, ist ein Adept nach vorne gekommen, einer aus jeder Sitzreihe, nur von der innersten Sitzreihe nicht.

Und der erste[12] bohrte einen Dolch in mein Herz und kostete das Blut und sprach: χαθαφος, χαθαφος, χαθαφος, χαθαφος, χαθαφος, χαθαφος[13].

Und der zweite Adept[14] hat die Muskeln des rechten Armes und der Schulter geprüft, und er sagt: Fortis, fortis, fortis, fortis, fortis[15].

Und der dritte Adept[16] untersucht meine Haut und kostet den Schweiß meines linken Armes; er sagt:

TAN, TAN, TAN, TAN[17].

Und der vierte Adept[18] untersucht mein Genick und scheint es gutzuheißen, gleichwohl er nichts sagt[19]; und er hat die rechte Hälfte meines Gehirns bloßgelegt und nimmt irgendeine Untersuchung vor; er sagt: »Samajh, samajh, samajh.«[20]

Und der fünfte Adept untersucht die linke Hälfte meines Gehirns, hebt dann protestierend seine Hand hoch und sagt: »PLA∴«[21] (Ich kann diesen Satz nicht ganz verstehen, aber er bedeutet: In der dicken Dunkelheit erwartet die Saat den Frühling.)

Und jetzt bin ich wieder in die Kontemplation dieses Universums aus Buchstaben, die Sterne sind, versunken.

---

[11] Siehe den 22. Aethyr und unten für ausführlichere Hinweise zu diesem Mysterium.

[12] 5° = 6□.

[13] Dieser Adept bewacht Tiphareth und prüft das Herz (das dorthin gehört) auf seine Reinheit ('Katharos' heißt auf Griechisch rein), Sechs mal 6 ist die Zahl Tiphareths.

[14] 6° = 5□.

[15] Und so auch den rechten Arm (Geburah) fünfmal. Fortis heißt stark.

[16] 7° = 4□.

[17] Und so den linken Arm (von Chesed) viermal für die Kraft von Chesed - Gnade (siehe den 17. Aethyr).

[18] 8° = 3□.

[19] Das Genick gehört zu Daath (Daath ist per se keine Sephira und hat keine Zahl und kein korrespondierendes Symbol).

[20] Dieser Teil des Gehirns gehört zu Binah (3). Samajh bedeutet Verständnis. Das bedeutet, daß er das Recht des Sehers auf den Grad des Magister Templi bestätigte, der Binah (Verständnis) zugeordnet ist.

[21] Der Seher war des Magus-Grades noch nicht würdig. Beachte, daß ein jeder Adept eine andere Sprache verwendet. [PLA ist auch einer der Titel Kethers und bedeutet 'das verborgene Wunder'.]

Die Worte ORLO, ILRO, TULE sind drei äußerst geheime Namen Gottes. Es sind Namen der Magick, wobei ein jeder davon auf dieselbe Weise interpretiert werden kann wie der Name I.N.R.I., und die Namen OIT, RLU, LRL, OOE sind weitere Namen Gottes, die magische Formeln beinhalten; der erste, um Feuer anzurufen; der zweite, Wasser; der dritte; Luft; und der vierte, Erde[22].

Und liest man die Tafel diagonal, ergibt jeder Buchstabe und eine jede Kombination der Buchstaben den Namen eines Teufels. Und aus diesen zieht man die Formeln der Magick des Bösen[23]. Aber der heilige Buchstabe I über der Triade LLL beherrscht die Tafel und bewahrt den Frieden des Universums[24].

Und in den sieben Talismanen um die zentrale Tafel herum sind die Mysterien enthalten, wie man die Buchstaben erhält. Und die Buchstaben des Umfangs künden von der Herrlichkeit Nuits, die mit dem Widder beginnt[25].

Die ganze Zeit über haben die Adepten so etwas wie ein Oratorium für sieben Instrumente gesungen. Und dieses Oratorium besteht aus einem Hauptthema der Ekstase. Dennoch entspricht es sowohl jedem Detail des Universums wie auch dem ganzen. Und hierin wird Choronzon zur Gänze zu Fall gebracht, so daß all sein Werk sich gegen ihn selbst richtet, und zwar nicht nur insgesamt, sondern auch jeder Bestandteil davon, so wie eine Fliege, die auf einem Beryllstein spazierengeht.

Und die Tafel leuchtet immer heller, bis sie den ganzen Schleier ausfüllt. Und siehe! Darin befindet sich ein einziger Gott, und die Buchstaben der Sterne stehen auf seiner Krone, Orion und die Pleiaden und Aldebaran und Alpha Centauri und Cor Leonis und Cor Scorpionis und Spica und das Auge des Widders.

---

[22] All diese praktischen Mysterien müssen von dem Studenten selbst ausgearbeitet werden. Jede von dem Kommentierenden angegebene Formel wäre wohl tot in den Händen irgendeines anderen Menschen.

[23] Siehe Anm. 22.

[24] Die leichteste Erklärung hierfür bestünde darin anzunehmen, daß die Buchstaben nicht wie üblich zugeordnet werden (d.h. I für den Schützen, L für Krebs), sondern daß sie in ihrer englischen Form bleiben (I die Mittelsäule, L das Quadrat), aber das ist weit entfernt davon, befriedigend zu sein.

[25] Beachte, daß alle Eckbuchstaben dieser Tafel B = Löwe sind. (Diese waren die sieben Tafeln oder Talismane, die Dee und Kelly zusammen mit dem Schaustein verwendeten.)

Und auf einer Sternenkarte sollst du das Siegel dieses Namens zeichnen; und da auch einige der Buchstaben gleich sind, sollst du wissen, daß auch die Sterne Stämme und Völker haben[26]. Der Buchstabe eines Sterns ist lediglich sein Totem. Und der Buchstabe repräsentiert nicht das gesamte Wesen des Sterns, da ein jeder Stern in sich selbst in der Weisheit von ihm erkannt werden muß, der den Cynocephalus in seiner Koppel hat[27].

Und dies gehört dem Grad eines Magus an - und dieser liegt jenseits des deinigen. (All dies wird weder durch Stimme noch schriftlich mitgeteilt; und es ist auch keine Gestalt in dem Stein, nur das Strahlen der Tafel. Und nun werde ich aus all jenem herausgezogen, das Rosenkreuz ist aufrecht auf die Spitze einer Pyramide gesetzt worden, und alles ist dunkel wegen des überwältigenden Lichtes dahinter.)

Und da erklingt eine Stimme: Die Fliege rief dem Ochsen zu: 'Gib acht! Stärke dich. Setze deine Füße fest auf die Erde, denn es ist meine Absicht, mich zwischen deinen Schultern niederzulassen, und ich möchte dich nicht verletzen.' So sind sie, die den Meistern der Pyramide wohlwollend gesonnen sind.

Und die Biene sagte zu der Blume: 'Gib mir von deinem Honig', und die Blume gab reichlich davon; die Biene aber, obgleich sie es nicht wußte, trug die Samen der Blume in viele Felder der Sonne. Auch so sind sie, die sich die Meister der Pyramide als Diener nehmen.

Und nun haben das überwältigende Licht, das hinter der Pyramide war, und das darauf gesetzte Rosenkreuz den ganzen Schleier erfüllt. Die schwarze Pyramide gleicht dem Schwarz eines schwarzen Diamanten. Auch das Rosenkreuz ist losgelöst, und die Blütenblätter der Rose sind die vermischten Farben von Sonnenaufgang und Abenddämmerung; und das Kreuz ist das goldene Licht der Mittagsstunde, und im Herzen der Rose befindet sich das geheime Licht, das die Menschen Mitternacht nennen.

---

[26] Dies bedeutet, daß es verschiedene Systeme physikalischer Bewegung für bestimmte Gruppierungen gibt.

[27] Dies meint Toth. Die Zuordnung der Fixsterne auf das henochische Alphabet ist noch nicht ausgearbeitet worden. Es gehört dem Grad des Magus an und wäre für jene der unteren Grade weder interessant noch bedeutsam.

Und eine Stimme: »Ehre sei Gott und Dank sei Gott, und es gibt keinen Gott außer Gott. Und Er ist erhaben; und Er ist groß; und auf der Siebenfachen Tafel steht sein Name unverhüllt geschrieben, und auf der Zwölffachen Tafel ist Sein Name verborgen.«

Und die Pyramide wirft ihren Schatten in den Himmel, und der Schatten breitet sich über den ganzen Stein aus. Und ein blau und scharlachrot gekleideter Engel mit goldenen Flügeln und Federn aus purpurnem Feuer kommt hervor und streut grüne und goldene Scheiben aus, die den ganzen Aethyr füllen. Und sie werden zu schnell wirbelnden Rädern, die zusammen singen.

Und die Stimme des Engels verkündet: Lege deine Gewänder an[28], o du, der du den Kreis des Sabbaths betreten hast; denn in deinem Totengewand solltest du die Wiederauferstehung schauen.

Das Fleisch hängt an dir wie die Lumpen an einem Bettler, der ein Pilger zu dem Schrein des Erhabenen ist. Trage sie nichtsdestoweniger tapfer und frohlocke in ihrer Schönheit, denn die Schar der Pilger ist eine glückliche Schar, und sie vergnügen sich mit Gesang und Tanz und Wein und schönen Frauen. Und jede Herberge ist ihr Palast, und jedes Mädchen ihre Königin.

Lege deine Gewänder an, sage ich, denn die Stimme des Aethyrs, die die Stimme des Äons ist, ist beendet, und du bist in die untere Nacht aufgesogen und gefangen im Netz des Lichtes deiner Mutter in dem Wort ARBADAHARBA[29].

Und nun sind die Fünf und die Sechs voneinander getrennt[30], und ich bin wieder in meinen Körper zurückgekehrt.

Bou-Sâada.
3. Dezember 1909. 9.15 - 11.10 Uhr.

---

[28] Seit der Untersuchung im Amphitheater war ich ein nackter Geist ohne Gewänder oder sonstiges; mit Gewändern meint er den Körper.

[29] ABRAHADABRA rückwärts buchstabiert, um die Formel der Vereinigung der Fünf und der Sechs umzukehren. Siehe den nächsten Abschnitt im Text.

[30] Weil ABRAHADABRA = 418 rückwärts gesprochen wurde. (Für eine ausführlichere Abhandlung zu diesem Wort siehe das kabbalistische Essay über Gematria in 'Equinox V' und im 'Sepher Sephiroth'.)

Der Ruf des 14. Aethyrs

UTI[1] -

In den Stein kommen ein weißer Ziegenbock, ein grüner Drache und ein lohfarbener Stier[2]. Aber sie verschwinden sogleich wieder. Da ist ein Schleier von solcher Dunkelheit vor dem Aethyr, daß es unmöglich scheint, ihn zu durchdringen. Aber eine Stimme ist da, die sagt: Siehe, der Große Eine der Nacht der Zeit[3] bewegt sich, und mit seinem Schwanz rührt er den Schlamm auf, und aus dem Schaum davon wird er Sterne machen. Und in dem Kampf der Python[4] gegen die Sphinx wird der Ruhm der Sphinx zukommen, der Sieg aber der Python.

Nun, der Schleier der Dunkelheit besteht aus einer sehr großen Anzahl außerordentlich feiner schwarzer Schleier, und man kann nur jeweils einen von ihnen öffnen. Und die Stimme verkündet: Es gibt weder Licht noch Wissen noch Schönheit noch Stabilität[5] in dem Königreich des Grabes, wohin du auch gehen magst. Und der Wurm trägt eine Krone. Alles, was du warst, hat er verspeist, und

---

[1] UTI = Steinbock, Caput Draconis, Schütze = Ayin, Gimel, Samech = 113 = Yom ha Malach (IM H MLCh = Die Salzsee, Binah). T ist hier wieder auf Caput und nicht auf den Löwen bezogen. Siehe die Tafel, 15. Aethyr, Anm. 8. Es gibt hier ein Paradox in den Zuordnungen, das noch nicht gelöst ist.

[2] Wahrscheinlich war es kein Stier, sondern ein Hirsch. Denn U = Ayin = der Bock. T – Caput Draconis = der Drache. I = Schütze = der Hirsch.

[3] Dieser ist Saturn. Er wird wahrgenommen als ein Drache, Theli. Er ist auf Binah bezogen.

[4] Die Sphinx besteht aus den vier Elementen, bezogen auf den Pfad von Tau = Saturn. Die Python ist die große Schlange, die das Universum umgibt und verschlingt. Dies ist ihr Sieg; Ruhm ist eine Funktion des manifestierten Universums der Sphinx. (Siehe 'Liber LVX' für weitere Hinweise zu der Schlange.)

[5] Auf der Mittelsäule: Kether, Daath, Tiphareth, Yesod. Somit wird das Rückgrat der Existenz selbst in dieser Initiation zerstört.

alles, was du bist, ist sein Futter bis zum nächsten Tag. Und alles, was du sein wirst, ist nichts. Du, der du die Domäne des Großen Einen der Nacht der Zeit zu betreten gedenkst, du mußt diese Bürde auf dich nehmen. Vertiefe keine Oberfläche[6].

Ich aber fahre fort mit dem Aufziehen der Schleier, damit ich die Vision von Uti schauen und die Stimme davon hören kann. Und es erklingt eine Stimme: Er hat die schwarze Bohne herausgezogen. Und eine andere Stimme entgegnet ihr: Nicht anders konnte er die Rose pflanzen. Und die erste Stimme: Er hat von den Wassern des Todes getrunken. Die Antwort: Nicht anders konnte er die Rose wässern. Und die erste Stimme: Er hat sich selbst in den Feuern des Lebens verbrannt. Und die Antwort: Nicht anders konnte er die Rose sonnen. Und die erste Stimme wird so schwach, daß ich sie nicht mehr hören kann. Aber die Antwort lautet: Nicht anders konnte er die Rose pflücken[7].

Und ich bin noch immer dabei, mit der Schwärze zu kämpfen. Nun bricht da ein Erdbeben aus. Der Schleier wird in tausend Stücke zerrissen, die sich anschicken, in einem Wirbelwind hinfortzufliegen. Und da ist ein all-glorreicher Engel vor mir, der im Zeichen von Apophis und Typhon steht[8]. Auf seiner Stirne befindet sich ein Stern, gleichwohl ist alles um ihn herum Dunkelheit und das Schreien wilder Tiere. Und es bewegen sich Lampen in der Dunkelheit.

Und der Engel sagt: Weiche! Denn du darfst mich nur in der Dunkelheit anrufen. Dorthinein werde ich erscheinen und dir das Mysterium von UTI offenbaren. Denn das Mysterium davon ist groß und schrecklich. Und es darf im Angesicht der Sonne nicht verkündet werden.

---

[6] Eine Anweisung des Zoroaster. Es ist sinnlos, die Seele der Dinge unter ihrer Oberfläche zu suchen; denn ihre Oberfläche ist ihre Seele!

[7] Um das Große Werk in Tiphareth zu vollenden, muß man ein Initiierter Binahs, der Mutter Tiphareths, sein.

[8] Er ist im Begriff, zu zerstören. (Siehe die Gradzeichen von $5^\circ = 6^\square$ einschließlich LVX.)

Also ziehe ich mich zurück. (Soweit die Vision auf dem Da'leh Addin, einem Berg in der Wüste nahe bei Bou-Sâada.)[9]

3. Dezember 1909. 14.50 - 15.15 Uhr.

Der Engel erscheint erneut.

Die Schwärze zieht sich zusammen, so dicht, so eng anliegend, so durchdringend, so drückend, so daß jede andere Schwärze, die ich jemals wahrgenommen habe, dagegen wie helles Licht erscheinen müßte[10].

Seine Stimme kommt flüsternd: O du, der du Meister der fünfzig Tore des Verständnisses bist, ist nicht meine Mutter eine schwarze Frau? O du, der du der Meister des Pentagramms bist, ist nicht das Ei des Geistes ein schwarzes Ei?[11]Hier wohnt der Schrecken und der blinde Schmerz der Seele, und siehe! sogar ich, der ich das einzige Licht bin, ein eingeschlossener Funke, stehe im Zeichen von Apophis und Typhon.

Ich bin die Schlange, die den Geist des Menschen mit der Lust des Lichtes verschlingt. Ich bin der augenlose Sturm der Nacht, der die Welt in Verlassenheit hüllt. Chaos ist mein Name und dicke Dunkelheit. Wisse du, daß die Dunkelheit der Erde rötlich ist, und die Dunkelheit der Luft grau; die Dunkelheit der Seele aber ist absolute Schwärze.

Das Ei des Geistes ist das Ei des Basilisken, und die Tore des Verständnisses sind fünfzig, welche Zahl das Zeichen des Skorpions ist[12]. Die Säulen um den Neophyten sind mit einem Feuerschein

---

[9] Da war auch eine Instruktion, einen Steintempel mit Altar und Kreis zu errichten. Es fand eine öffentliche Opferung für den Gott Pan durch den Ritus des XI° O.T.O. statt. Siehe 'Equinox X', S. 114 - 115. [Und die 'Geheimen sexualmagischen Unterweisungen des Tieres 666'; dieser äußerst geheime Grad beinhaltet homosexuelle Praktiken und Sodomie.]

[10] Dies ist die absolute Negation des Lichtes, also Binah, denn sie absorbiert es vollkommen.

[11] Akasa, das Tattva des Geistes, hat als Symbol ein schwarzes Ei. Es ist die Dunkelheit, in der alle Dinge wahrgenommen werden.

[12] Die fünfzig Tore von Binah sind auf verschiedene Weise erklärt worden. An sich scheinen sie nicht besonders bedeutsam zu sein; es ist lediglich ihre Zahl, die bedeutsam ist. Diese bezieht sich nämlich auf Nun = 50 = Skorpion = Atu XIII - Tod.

gekrönt, und das Gewölbe der Adepten ist durch die Rose erhellt. Und im Abyss befindet sich das Auge des Falken[13]. Aber auf der Großen See wird der Meister des Tempels nicht Stern noch Mond finden.

Und ich wollte ihm gerade entgegnen: »Das Licht ist in mir.« Aber bevor ich die Worte noch formen konnte, antwortete er mir mit dem großen Wort, das der Schlüssel des Abyss ist[14]. Und er sprach: Du hast die Nacht betreten; gelüstet es dich nach dem Tag? Trauer ist mein Name, und Betrübnis. Ich bin dem Leiden gegürtet. Hier hängt noch immer der Gekreuzigte, und hier weint die Mutter ob der Kinder, die sie nicht geboren hat. Unfruchtbarkeit ist mein Name, und Verlassenheit. Unerträglich ist dein Schmerz und unheilbar deine Wunde. Ich sagte: Möge Dunkelheit mich bedecken; und siehe, ich bin eingehüllt von Dunkelheit, die keinen Namen hat. O du, der du das Licht hinunter in die Erde geworfen hast, so mußt du es auf ewig tun. Und das Licht der Sonne soll nicht auf dich fallen, und der Mond soll dir nichts von seinem Glanz gewähren, und die Sterne sollen verborgen sein, weil du über diese Dinge hinausgegangen bist, über den Bedarf an diesen Dingen hinausgegangen bist, über die Sehnsucht nach diesen Dingen hinausgegangen bist.

Was ich für die Schatten von Felsen gehalten hatte, eher gefühlt als gesehen, scheinen nun verschleierte Meister zu sein, die vollkommen reglos und schweigend dasitzen. Ich kann nicht einen einzigen vom anderen unterscheiden.

Und der Engel sagt: Sieh nur, wohin dein Engel dich geführt hat! Du batest um Ruhm, Macht und Genuß, Gesundheit und Reichtum und Liebe und Stärke und Länge der Tage. Du hieltest das Leben gleich einem Octopus mit acht Tentakeln fest. Du strebtest nach den vier Kräften und den sieben Freuden und den zwölf Befreiungen und den zwei und siebzig Vorrechten und neun und vierzig Manifestationen und siehe! Du bist geworden wie einer von Diesen! Gebeugt sind ihre Rücken, auf denen das Universum lastet. Verschleiert sind ihre Gesichter, denn sie haben die unaussprechliche Herrlichkeit gesehen.

---

[13] Bezieht sich auf die vorherigen Initiationszeremonien.

[14] N.O.X. (NAaTz), dargestellt durch das Symbol : ⊗ 210.

Diese Adepten erwecken den Eindruck von Pyramiden - ihre Kapuzen und Roben sind wie Pyramiden.

Und der Engel meint: Wahrlich ist die Pyramide ein Tempel der Initiation. Wahrlich ist sie auch ein Grab[15]. Glaubst du denn, daß da Leben in den Meistern des Temples ist, die verhüllt sitzen, die am See lagern? Wahrlich, da ist kein Leben in ihnen.

Ihre Sandalen waren das reine Licht, und sie haben sie von ihren Füßen genommen und sie in den Abyss hinunter geworfen, denn dieser Aethyr ist heiliger Boden. Hierin erscheint keine Form, und die Vision Gottes von Angesicht zu Angesicht, die in dem Athanor mit dem Namen Auflösung transmutiert wird oder in der Schmiede der Meditation in eins gehämmert, ist an diesem Ort nur eine Lästerung und Verspottung.

Und die Gottesvision ist nicht mehr, und die Herrlichkeit des Allerhöchsten ist nicht mehr. Es gibt keinerlei Wissen mehr. Es gibt keine Seligkeit mehr. Es gibt keine Kraft mehr. Es gibt keine Schönheit mehr. Denn dies ist der Palast des Verständnisses, da du eins bist mit den Uranfänglichen Dingen.

Trinke von der Myrrhe meiner Rede, die zusammen mit der Galle des Roc[16] zerrieben worden und in der Tusche des Tintenfisches aufgelöst und mit dem Duft des tödlichen Nachtschattens behaftet ist.

Dies ist dein Wein, der du trunken von dem Wein des Iacchus warst. Und statt Brot sollst du Salz essen, der du durch das Getreide der Ceres fett geworden! Denn so, wie das reine Sein das reine Nichts ist, so ist die reine Weisheit die reine ------[17], und dementsprechend ist reines Verständnis Schweigen und Reglosigkeit und Dunkelheit. Das Auge wird siebzig genannt, und das dreifache Aleph, durch welches du es wahrnimmst - sie teilen sich in die Zahl des schrecklichen Wortes, das der Schlüssel des Abyss ist[18].

---

[15] Sie ist auch ein Phallus, der stirbt, um das Leben an andere weiterzugeben.

[16] [Der riesenhafte, geheimnisvolle Vogel der Legenden des Orients.]

[17] Ich vermute, daß nur ein Magus dieses Wort hätte hören können. (Es scheint Trägheit oder irgendein Äquivalent zu sein. Es ist das Gegenstück zu den drei Binah-Eigenschaften, um diese ins Gleichgewicht zu bringen - Rede, Bewegung und Licht.)

[18] Die Zahl 70 geteilt durch 333 = 0.210. Der Prozeß der Rückführung der Dyade auf die Zero, wobei Zero sofort wieder zur Dyade wird, ist rückläufig; der Zyklus von Sein und Nichtsein.

Ich bin Hermes, der ich ausgesandt bin vom Vater, alle Dinge in diesen letzten Worten verschwiegen zu offenbaren, welche du vernehmen wirst, noch bevor du deinen Sitz unter diesen einnimmst, deren Augen versiegelt sind, und deren Ohren verstopft sind, und deren Münder zusammengepreßt sind, die in sich selbst eingefaltet sind, deren Körperflüssigkeit ausgetrocknet ist, so daß nichts bleibt außer einer kleinen Pyramide aus Staub.

Und jenes helle Licht des Trostes und jenes schneidende Schwert der Wahrheit und all jene Kraft und Schönheit, die sie aus sich selbst gemacht haben, ist von ihnen gegangen, eben wie es geschrieben steht: »Ich sah Satan wie einen Blitz vom Himmel fallen.« Und wie ein flammendes Schwert läßt all dies durch den Abyss stürzen, wo die vier Tiere Wache und Wehr halten. Und es erscheint im Himmel des Jupiter[19] als ein Morgenstern oder als ein Abendstern[20]. Und das Licht davon scheint sogar bis hinunter auf die Erde und bringt Hoffnung und Hilfe für sie, die in der Dunkelheit der Gedanken sitzen und das Gift des Lebens trinken. Fünfzig sind die Tore[21] des Verständnisses, und Einhundert und Sechs sind die Gründe dafür[22]. Und der Name einer jeden Jahreszeit[23] ist Tod.

Im Verlauf dieser ganzen Ansprache schwand die Gestalt des Engels dahin und flackerte, und nun ist er fort.

Und ich kehre in meinen Körper zurück, tosend wie ein Feuer in starkem Wind. Und der Schaustein hat sich erwärmt, und darin befindet sich sein eigenes Licht.

Bou-Sâada.
3. Dezember 1909. 21.50 - 23.15 Uhr.

---

19 Verschiedene Meister des Tempels können in verschiedene Sphären hinausgeschleudert werden.

20 Die Sankharas (die konstituierenden Elemente) des Menschen, der ein Meister des Tempels geworden ist, werden unterhalb des Abyss neu zusammengesetzt, damit sie als ein Adept Exempt fungieren können. Ihre kontinuierliche Tätigkeit aber findet in jenem Grad statt, der (sozusagen) der Neigung ihres Zentrums der Schwerkraft entspricht.

21 50 = Nun [= Skorpion - Atu XIII - Tod.]

22 Der Buchstabe Nun ausgeschrieben ist NVN = 106.

23 Diese Jahreszeiten erwiesen sich (im Fall des Sehers) als lunare Monate.

Der Ruf des 13. Aethyrs

ZIM[1] - ZIM

In den Stein kommt ein Bild von leuchtenden Wassern, die in der Sonne glitzern. Ihre Schönheit ist unergründlich, obwohl sie durchsichtig sind, und der Grund besteht aus Gold. Dennoch empfinde ich all dies als Vergeblichkeit.

Und ein Engel aus reinem fahlen Gold, der auf dem Wasser läuft, kommt hervor. Über seinem Haupt ist ein Regenbogen, und das Wasser schäumt zu seinen Füßen. Und er sagt: Vor sein Gesicht bin ich gekommen, der die dreiunddreißig Donner des Wachstums in seiner Hand hält. Aus dem goldenen Wasser sollst du Getreide lesen[2].

Der ganze Aethyr hinter ihm besteht aus Gold, aber er öffnet sich genauso, wie ein Schleier das täte. Zwei schreckliche schwarze Riesen sind da, die in tödlichem Haß miteinander ringen. Und da ist ein kleiner Vogel auf einem Busch, und der Vogel schlägt mit den Flügeln. Daraufhin zerfällt die Stärke der Riesen, und sie stürzen in Haufen auf den Boden, als wären plötzlich all ihre Knochen gebrochen[3].

Und nun rollen Lichtwellen durch den Aethyr, als spielten sie miteinander. Und so befinde ich mich plötzlich in einem Garten[4]

---

1 ZIM = Löwe, Schütze und Wassermann. Beachte in diesem Aethyr den solaren Symbolismus der Eröffnung (Löwe), die Transmutation der Mitte (Schütze) und den saturnischen Abschluß (Wassermann).

2 Dieses reine fahle Gold ist das Symbol des heraufdämmernden Lebens, das sich nach dem Durchschreiten der Nacht des 14. Aethyrs erhebt.

3 Dies ist eine Parabel über die Illusion von Materie, deren unermeßlicher Schrecken durch die Bewegung der Flügel der Initiation zerstört wird.

4 Eher etwas wie die Alhambra.

auf der Terrasse eines großen Schlosses, das auf einem felsigen Berg liegt. In dem Garten gibt es Quellen und vielerlei Blumen. Auch Mädchen sind da in dem Garten, großgewachsen, dünn, zart und blaß. Und nun entdecke ich, daß die Blumen die Mädchen sind, denn sie verwandeln sich in diese; so vielfältig und strahlend und harmonisch ist dieser ganze Garten, daß er den Eindruck eines großen Opals erweckt[5].

Eine Stimme erklingt: Dieses Wasser, das du siehst, heißt das Wasser des Todes[6]. Aber NEMO hat damit unsere Quellen gefüllt.

Und ich fragte. Wer ist NEMO?

Und die Stimme erwiderte: Der Zahn eines Delphins, und die Hörner eines Widders, und die Hand eines Menschen, der aufgehängt worden ist, und der Phallus eines Ziegenbocks[7]. (Dies läßt mich verstehen, daß Nun durch Schin erklärt wird, und He durch Resch, und Mem durch Iod, und Ayin durch Tau[8]. NEMO wird deshalb 165 = 11 x 15 genannt; und ist in sich selbst 910 = 91, Amen x 10; und 13 x 70 = Das Eine Auge, *Achad Ayin*.)

Und jetzt kommt da ein Engel in den Garten, aber er weist keine einzige von den Eigenschaften der früheren Engel auf, denn er gleicht einem in weiße Leinenroben gekleideten jungen Mann.

Und er sagt: Kein Mensch hat das Gesicht meines Vaters gesehen. Aus diesem Grund heißt er, der es gesehen hat, NEMO. Und wisse du, daß jeder Mensch, der NEMO heißt, einen Garten hat, den er pflegt[9]. Und jeder Garten, der existiert und blüht, ist von NEMO aus der Wüste angelegt worden, gewässert mit den Wassern, die man Tod nennt.

Und ich frage ihn: Wozu ist dieser Garten angelegt worden?

Und er sprach: Zum einen für die Schönheit und die Freude daran, und zum anderen weil geschrieben steht: »Und Tetragrammaton

---

[5] Dies hier ist ein Erinnerungsbild der Alhambra oder von etwas ähnlichem.

[6] Die Große See von Binah = Dunkelheit wegen des Saturns.

[7] N (Nun) = der Fisch (Delphin); E (He) = Widder; M (Mem) = Atu XII = der Gehängte; O (Ayin) = der Bock, Steinbock. Dies sind die Buchstaben, aus denen NEMO zusammengesetzt ist.

[8] 910 = Rashith (RShITh) = der Anfang. Diese Zuordnungen erklären das Wesen von NEMO, des Meisters des Tempels. [NEMO (lat.) heißt wörtlich 'niemand', abgeleitet von 'ne-homo' - 'kein Mensch'.]

[9] Jeder Magister Templi hat ein Werk zu vollbringen.

Elohim pflanzte einen Garten jenseits von Eden.« Und schließlich weil, obgleich zwar jede Blume ein Mädchen hervorbringt, es doch eine Blume gibt, die ein Menschenkind zeugen wird. Und dessen Name soll NEMO sein, wenn er das Gesicht meines Vaters sieht. Und er, der den Garten pflegt, trachtet nicht danach, die Blume auszusondern, die dereinst NEMO sein wird. Er tut nichts dergleichen, er pflegt nur seinen Garten.

Und ich sagte: Wahrlich wohltuend ist der Garten[10], und leicht ist die Arbeit, ihn zu pflegen, und groß ist der Lohn.

Und er erwiderte: Denke daran, daß NEMO das Gesicht meines Vaters gesehen hat. In Ihm ist nur Frieden.

Und ich fragte: Sind alle Gärten wie dieser Garten?

Und er winkte mit seiner Hand, und in dem Schleier über dem Tal erschien eine Koralleninsel, rötlich mit grünen Palmen und Fruchtbäumen inmitten des blauesten aller Meere[11].

Und er winkte wieder mit seiner Hand, und da erschien ein Tal, das von mächtigen Schneebergen umgeben war, und darin befanden sich freundliche Wasserströme, die brausend hindurchflossen, und breite Flüsse und Seen, die mit Lilien bedeckt waren[12].

Und wieder winkte er mit seiner Hand, und da erschien eine Vision wie von einer Oase in der Wüste[13].

Und wieder winkte er mit seiner Hand, und da war ein trübes Land mit grauen Felsen und Heide und Stechginster und Farn[14].

Und noch einmal winkte er mit seiner Hand, und da war ein Park mit einem kleinen Haus darin, das von Eiben umgeben war[15]. Jetzt öffnet sich das Haus, und ich sehe einen alten Mann darin, der an einem Tisch sitzt. Er ist blind. Gleichwohl schreibt er fortwährend in einem großen Buch. Ich sehe, was er da gerade schreibt: »Die Worte

---

[10] All dies dient dazu, den Magister Templi hinsichtlich seiner Pflichten zu instruieren.

[11] Die Südsee.

[12] Kashmir.

[13] Die Sahara.

[14] Das Hochland Schottlands.

[15] Ein gewisses geheimes Haus der Großen Weißen Bruderschaft. Eiben und bestimmte andere Bäume wie der persische Haselnuß werden verwendet, um wandernden Initiierten anzudeuten, daß sie dort eine Ruhestatt finden.

des Buches sind wie die Blätter der Blumen im Garten. Wahrlich, viele von diesen meinen Liedern werden als Mädchen hervorgehen, aber da ist einer unter ihnen, den ich nicht kenne, der ein Menschenkind sein wird, dessen Name NEMO sein soll, wenn er das Gesicht des Vaters gesehen hat und blind geworden ist.«

(Diese ganze Vision ist außerordentlich angenehm und friedlich, ganz ohne Kraft oder Ekstase oder irgendeine sonstige positive Eigenschaft, aber auch gleichermaßen frei von den Gegensätzen all jener Eigenschaften.) Und der junge Mann scheint meine Gedanken zu lesen, die nämlich lauten, daß ich liebend gerne für immer in diesem Garten bleiben und nichts mehr tun würde; denn er sagt zu mir: Komm mit mir und schau es dir an, wie NEMO seinen Garten pflegt[16].

So betreten wir die Erde, und da ist eine verschleierte Gestalt in völliger Dunkelheit. Trotzdem ist es möglich, ganz genau hineinzusehen, so daß uns nicht einmal die winzigsten Einzelheiten entgehen. Und auf die Wurzel der einen Blume gießt er Säure, so daß sich die Wurzel qualvoll windet. Und eine weitere beschneidet er, und der Schrei klingt wie der Schrei einer Alraune, die an den Wurzeln herausgerissen wird. Und eine weitere versengt er mit Feuer, und noch eine andere salbt er mit Öl.

Und ich sagte: Schwer ist die Arbeit, aber wahrlich groß ist der Lohn.

Und der junge Mann entgegnete mir: Er wird den Lohn nicht sehen; er pflegt den Garten[17].

Und ich fragte: Was wird ihm künftig widerfahren?

Und er sprach: Dies vermagst du nicht zu erkennen, und es wird auch nicht durch die Buchstaben offenbar, die die Totems der Sterne sind, sondern nur durch die Sterne selbst.

Und er sagt zu mir ziemlich unvermittelt: Der Mann der Erde ist der Anhänger. Der Liebende gibt sein Leben für das Werk unter den Menschen. Der Einsiedler gehet allein und gibt den Menschen nur von seinem Licht[18].

[16] Nun folgen weitere Instruktionen für den Meister des Tempels, wie er sein Werk zu tun hat.

[17] Oder anders ausgedrückt: Kunst um der Kunst willen.

[18] Siehe Liber Al vel Legis I, 40. Dies sind die drei eigentlichen Grade des Großen Ordens.

Und ich frage ihn: Weshalb sagt er mir das?

Und er entgegnet: Nicht ich sage dir das. Du erzählst es dir selbst, denn du hast viele Tage lang darüber nachgedacht und das Licht nicht gefunden. Und nun, da du NEMO genannt wirst, wird die Antwort auf ein jedes Rätsel, die du nicht gefunden, ohne danach zu suchen in dein Gemüt springen[19]. Wer kann schon sagen, an welchem Tage eine Blume erblühen wird?

Und du sollst der Welt von deiner Weisheit geben, und sie soll dein Garten sein. Und was die Zeit und den Tod anbetrifft, so hast du mit diesen Dingen nichts zu tun. Denn liegt ein wertvoller Stein auch im Wüstensand verborgen, er wird sich um den Wind der Wüste nicht kümmern, sei er auch selbst eigentlich nur Sand. Denn der Urheber der Werke hat daran gewirkt; und weil er rein ist, ist er unsichtbar; und weil er hart ist, bewegt er sich nicht.

All diese Worte werden von jedem vernommen, der NEMO heißt. Und damit verlegt er sich selbst auf das Verständnis. Und er muß die Kraft der Wasser des Todes verstehen, und er muß die Kraft der Sonne und des Windes verstehen, und die des Wurmes, der die Erde umgräbt, und die der Sterne, die dem Garten ein Dach sind. Und er muß das jeweilige Wesen und die Eigenschaften einer jeden Pflanze verstehen, oder wie sonst soll er seinen Garten pflegen?

Und ich hielt ihm vor: Was die Vision und die Stimme anbetrifft, so würde ich erkennen, wenn diese Dinge von der Essenz des Aethyrs oder von der Essenz des Sehers wären[20].

Und er erwidert: Dies ist von der Essenz von ihm, der NEMO heißt, vereint mit der Essenz des Aethyrs, denn vom 1. bis zum 15. Aethyrs gibt es keine Vision und keine Stimme außer für ihn, der NEMO heißt. Und er, der darin nach der Vision und der Stimme sucht, wird von hundsgesichtigen Dämonen in die Irre geführt, die kein Fünkchen Wahrheit in sich tragen, die von den Heiligen Mysterien ablenken, es sei denn, sein Name ist NEMO.

Und wärest du hierfür nicht geeignet gewesen, wärest auch du in die Irre geführt worden, denn vor dem Tor des 15. Aethyrs steht geschrieben: Er wird ihnen eine starke Verblendung senden, auf daß

---

19 So geschah es auch.

20 Der Seher hinterfragt die Objektivität der Vision. Diese Zweifel entstanden in seinem Gemüt wegen der Erinnerungsbilder in den vorangegangen Abschnitten.

sie einer Lüge Glauben schenken. Und es steht auch geschrieben: Der Herr erhärtete des Pharaos Herz. Und wiederum steht geschrieben, daß der Herr den Menschen in Versuchung führt. Du aber hattest das Wort und das Zeichen, und du hattest die Vollmacht von deinem Oberen[21] und Erlaubnis[22]. Und du hast recht getan, daß du das Wagnis nicht auf dich nahmst, und auch, daß du das Wagnis auf dich nimmst[23].

Und fernerhin sagte er: Du tust gut daran, Schweigen zu bewahren, denn ich sehe, wie viele Fragen sich in deinem Gemüt erheben; und doch weißt du bereits, daß die Anwort wie die Frage selbst nichtig sein muß. Denn NEMO hat alles in sich selbst. Er ist erst dann dorthin gekommen, wo es weder Licht noch Wissen gibt, wenn er all dies nicht mehr braucht.

Und wir verbeugen uns schweigend und geben dabei ein bestimmtes Zeichen, das das Zeichen der Frohlockenden Isis heißt[24]. Und dann bleibt er zurück, um den Aethyr zu bewachen, wohingegen ich zu der Sandbank zurückgekehrt bin, die das Flußbett nahe der Wüste ist.

Das Flußbett in der Nähe von Bou-Sâada.
4. Dezember 1909. 14.10 - 15.45 Uhr.

---

[21] D.D.S. war das magische Motto von George Cecil Jones, der Crowley in den Orden einführte und ihm viele wichtige Jahre lang ein enger Freund und Kollege war. (Er darf nicht mit Charles Stansfeld Jones - Frater Achad - verwechselt werden, der erst viele Jahre später auf der Szene erschien.)

[22] Gegeben im Dezember 1906 e.v. nach der Wanderung durch Burma und China. (Siehe 'The Eye and the Triangle' für eine ausführlichere Beschreibung dieser bedeutsamen Episode.)

[23] O.M. [das magische Motto Crowleys als $7° = 4^{\square}$] weigerte sich drei Jahre lang, nachdem er ihm angeboten worden war, den Grad eines $8° = 3^{\square}$ anzunehmen. Er hielt es auch jetzt noch fast für eine Anmaßung.

[24] Das im linken Arm gehaltene Kind säugend.

Der Ruf des 12. Aethyrs

LOE[1] - חלי

In dem Stein erscheinen zwei Säulen aus Feuer, und in der Mitte befindet sich ein Streitwagen aus weißem Feuer.

Dies scheint der Wagen aus dem siebten Schlüssel des Tarot zu sein. Aber er wird von vier Sphinxen gezogen, dem Wesen nach verschieden, wie die vier Sphinxen auf der Tür des Gewölbes der Adepten, nur in ihren jeweiligen Bestandteilen ausgetauscht.

Der Wagen selbst ist der abnehmende Halbmond. Der Baldachin wird von acht Säulen aus Bernstein getragen. Diese Säulen stehen aufrecht, und dennoch ist der Baldachin, den sie stützen, das gesamte Gewölbe der Nacht.

Der Wagenlenker ist ein Mann in goldener Rüstung, die mit Saphiren besetzt ist; über seinen Schultern trägt er eine weiße Robe und darüber eine rote Robe. Auf seinem goldenen Helm trägt er als Helmzier einen Krebs. Seine Hände umklammern einen Kelch[2], von dem ein rötliches Glühen ausstrahlt, das fortwährend stärker wird, so daß von seinem Glanz alles andere ausgelöscht wird und der ganze Schleier davon erfüllt ist. Und ein wundervoller Duft befindet sich in dem Schleier, ähnlich wie der Duftstoff des Ra-Hoor-Khuit, aber verfeinert, als würde nur die Quintessenz dieses Duftstoffes allein verbrannt. Denn er hat die Fülle und Sinnlichkeit von menschlichem Blut, und die Stärke und Frische von Mehl, und die Süße von

---

[1] LOE = Krebs, Waage, Jungfrau = Cheth, Lamed, Iod = 48. 4 + 8 = 12. 1 + 2 = 3, Binah. All dies sind Aspekte von BABALON.

[2] Der wahre Heilige Gral, von dem die christliche Legende nichts als eine Perversion ist.

Honig, und die Reinheit von Olivenöl, und die Heiligkeit jenes Öls, das aus Myrrhe und Zimt und Galanga hergestellt wird[3].

Der Wagenlenker spricht mit einer leisen, feierlichen Stimme, ehrfurchtgebietend, wie eine sehr große und sehr weit entfernte Glocke: Laß ihn den Kelch ansehen, dessen Blut darin vermischt ist, denn der Wein des Kelches ist das Blut der Heiligen. Gepriesen sei die Scharlachfrau, Babylon, die Mutter der Greuel, die auf dem Tier reitet[4], denn sie hat deren Blut in jedem Winkel der Erde vergossen, und siehe! sie hat es in dem Kelch ihrer Hurerei vermischt.

Mit dem Atem ihrer Küsse hat sie ihn gären lassen, und er ist der Wein des Sakraments geworden, der Wein des Sabbaths; und in der Heiligen Versammlung hat sie ihn für ihre Verehrer ausgegossen, damit sie davon trunken wurden, auf daß sie meinen Vater von Angesicht zu Angesicht sahen. So sind sie würdig gemacht worden, Teilhaber an den Mysterium dieses heiligen Gefäßes zu werden, denn das Blut ist das Leben. So sitzt sie von Zeitalter zu Zeitalter, und die Rechtschaffenen sind ihrer Küsse niemals müde, und mit ihren Schandtaten des Mordens und der Unzucht hat sie die Welt verführt. Darin ist die Herrlichkeit meines Vaters manifestiert, der die Wahrheit ist.

(Dieser Wein ist so beschaffen, daß seine Kraft durch den Kelch hindurchstrahlt, und ich schwanke in der Berauschung davon. Und jeder Gedanke wird von ihm zerstört. Er bleibt allein, und sein Name ist Mitleid. Ich verstehe unter 'Mitleid' das Sakrament des Leidens, an dem die wahren Verehrer des Höchsten teilnehmen. Und er ist eine Ekstase, in der es keinen Schmerz gibt. Seine Passivität (= Leidenschaft) ist wie das Aufgeben des Selbstes für den Geliebten.)

Die Stimme fährt fort: Dies ist das Mysterium von Babylon, der Mutter der Greuel, und dies ist das Mysterium ihrer Ehebrechereien, denn sie hat sich selbst allem hingegeben, das lebt und ist diesem Mysterium teilhaftig geworden. Und weil sie sich zur Dienerin von allen gemacht hat, ist sie die Herrin von allen geworden. Jetzt kannst du ihre Herrlichkeit noch nicht verstehen.

---

[3] Siehe Liber Al vel Legis III, 23 - 25. Das Rezept für das Öl ist in 'The Sacred Magic of Abramelin the Mage' angegeben. [Crowley gibt an anderer Stelle die Formel für das Abramelin-Öl wie folgt an: Zimtöl - 8 Teile; Myrrheöl - 4 Teile; Galangaöl - 2 Teile; Olivenöl - 7 Teile.]

[4] Wie in Atu XI - Lust.

Schön bist du, o Babylon, und begehrenswert, denn du hast dich allem hingegeben, das lebt, und deine Schwäche hat ihre Stärke besiegt[5]. Denn in dieser Vereinigung hast du verstanden. Deshalb wirst du Verständnis genannt, o Babylon, Herrin der Nacht!

Dies ist, als geschrieben steht: »O mein Gott, in einem letzten Entzücken laß mich die Vereinigung mit den vielen erlangen.«[6] Denn sie ist die Liebe, und ihre Liebe ist eine, und sie hat ihre Liebe in unendliche Lieben geteilt, und jede dieser Lieben ist eine und gleich Der Einen, und deshalb ist sie übergegangen »von der Versammlung und dem Gesetz und der Erleuchtung zu der Zügellosigkeit der Einsamkeit und Dunkelheit. Denn immer so muß sie das Strahlen Ihres Selbsts verschleiern.«[7]

O Babylon, Babylon, mächtige Mutter, die du auf dem gekrönten Tier reitest, laß mich trunken sein von dem Wein deiner Unzucht, laß deine Küsse mich wollüstig in den Tod treiben, damit auch ich, dein Kelchträger, verstehen mag.

Nun, durch das rötliche Glühen des Kelches hindurch darf ich weit oben und unendlich groß die Vision von Babylon sehen. Und das Tier, auf dem sie reitet, ist der Herr der Stadt der Pyramiden, den ich im vierzehnten Aethyr sah.

Nun ist dies in das Glühen des Kelches übergegangen, und der Engel sagt: Noch nicht vermagst du das Mysterium des Tieres zu verstehen, denn es gehört nicht dem Mysterium dieses Aethyrs an, und auch nur wenige, die dem Verständnis neu geboren, sind überhaupt dazu imstande[8].

Der Kelch glüht immer heller und feuriger. Meine gesamte Wahrnehmung ist unstetig, geschüttelt von Ekstase.

Und der Engel sagt: Gesegnet sind die Heiligen, da ihr Blut im Kelch vermischt ist und niemals mehr einzeln sein kann. Denn Babylon die Schöne, die Mutter der Greuel, hat bei ihrer heiligen Kteis, von der jeder Fleck ein plötzlicher Schmerz ist, geschworen,

---

[5] Siehe das 'Tao Teh King' und 'Das Buch der Lügen', Kap. 4.

[6] Siehe 'Liber VII', Kap. VII, 41.

[7] Siehe 'Liber VII', Kap. VII, 34 - 44.

[8] Es ist in 'The Urn' angegeben (welche Schrift verloren gegangen zu sein scheint). Siehe auch den 6. Aethyr, worin der Seher, ein Magus werdend, selbst mit dem Tier 666 identifiziert ist.

daß sie von ihren Ehebrechereien nicht eher ruhen will, bis das Blut von allem, was lebt, darin gesammelt ist, und der Wein davon abgelagert und gereift und geweiht und würdig, das Herz meines Vaters zu erfreuen. Denn mein Vater ist von der Anstrengung seines Alters müde und kommt nicht zu ihrem Bett. Dennoch soll dieser vollkommene Wein die Quintessenz und das Elixier sein, und durch einen Schluck davon wird er seine Jugend erneuern; und so soll es auf ewig sein, wie sich Zeitalter um Zeitalter die Welten auflösen und verwandeln, und das Universum sich als eine Rose entfaltet und sich als ein Kreuz verschließt, das in den Würfel gebunden ist.

Und dies ist die Komödie von Pan, die des Nachts in einem dichtbewachsenen Wald gespielt wird. Und dies ist das Mysterium von Dionysos Zagreus, das auf dem Heiligen Berg von Kithairon zelebriert wird. Und dies ist das Geheimnis der Brüder des Rosenkreuzes; und dies ist das Herz des Rituals, das im Gewölbe der Adepten vollendet wird, welches verborgen liegt im Höhlenberg, ja, in dem Heiligen Berg von Abiegnus[9].

Und dies ist die Bedeutung des Abendmahls während des Passahfestes, wohingegen das Vergießen des Lammblutes ein Ritual der Schwarzen Brüder ist, denn sie haben den Pylon mit Blut verschlossen, damit der Engel des Todes nicht eintrete. So schließen sie sich selbst aus der Gesellschaft der Heiligen aus. So halten sie sich fern von Mitleid und vom Verständnis. Verflucht sind sie, denn sie schließen ihr Blut in ihrem Herzen ein[10].

Sie halten sich fern von den Küssen meiner Mutter Babylon, und in ihren falschen Festungen beten sie den falschen Mond an. Und sie binden sich mit einem Eid und mit einem großen Fluch aneinander. Und in ihrer Bösartigkeit konspirieren sie gemeinsam, und sie haben Macht und Herrschaft, und in ihren Kesseln brauen sie den herben Wein der Verblendung, der vermischt ist mit dem Gift ihrer Selbstsucht.

Auf diese Weise führen sie Krieg gegen den Heiligen, legen ihre Verblendung auf die Menschen und auf alles, was lebt. So daß ihr

[9] All diese Mysterien werden im O.T.O. von den Templern des Orients gelehrt.

[10] Dies ist der erste Bericht über die Schwarzen Brüder des linken Pfades. Jeder Exempt Adept muß die Wahl zwischen dem Überqueren des Abyss, um ein Meister des Tempels zu werden, und dem Erbauen eines falschen Turms der Selbstsucht darin treffen.

falsches Mitleid als Mitleid bezeichnet wird, und auch ihr falsches Verständnis nennt man Verständnis, denn dies ist ihr mächtigster Zauber.

Dennoch gehen sie durch ihr eigenes Gift zugrunde, und in ihren einsamen Festungen werden sie von der Zeit verschlungen werden, welche sie auf betrügerische Weise dazu gebracht hat, ihr zu dienen, und von von dem mächtigen Teufel Choronzon, ihrem Meister, dessen Name der Zweite Tod ist[11], denn das Blut, das sie auf ihr Pylon gesprenkelt haben, welches ein Riegel gegen den Engel Tod ist, ist der Schlüssel, mit dem er eintritt[12].

Der Engel sagt: Und dies ist das Wort der doppelten Macht in der Stimme des Meisters, worin die Fünf die Sechs durchdringt[13]. Dies ist die geheime Interpretation davon, die nicht verstanden werden darf außer nur von *jenen, die verstehen*. Und aus diesem Grund ist dies der Schlüssel zu dem Pylon der Macht, weil es keine Macht gibt, die Dauer hat, abgesehen nur von der Macht, die in diesem meinem Wagen von Babylon aus herabsteigt, der Stadt der Fünfzig Tore, dem Tor des Gottes On [באבאלען][14] Außerdem ist On der Schlüssel zu dem Gewölbe, das 120 ist. So gehen auch die Würde und die Schönheit von der Himmlischen Weisheit aus.

Aber dies ist ein Mysterium gänzlich jenseits deines Verständnisses. Denn Weisheit ist der Mann und Verständnis die Frau, und nicht bis du vollkommen verstanden hast, kannst du damit beginnen, weise zu sein. Aber ich offenbare dir ein Mysterium der Aethyre, nämlich daß sie nicht nur mit den Sephiroth verknüpft sind, sondern auch mit den Pfaden. Nun, die Ebene der Aethyre durchdringt und umgibt das Universum, worin die Sephiroth errichtet sind, und

---

[11] Beachte, daß der Tod oder die Liebe der Heiligen in Wirklichkeit das Leben bereicherte. Die Formel der 156 ist die fortwährende Kopulation oder Samadhi in allem.

[12] Ich vermute, das Problem dieser Leute bestand darin, daß sie ihr eigenes Blut gegen das von irgendjemand anderem austauschen wollten, da sie ihre eigene Persönlichkeit zu erhalten trachteten.

[13] Abrahadabra.

[14] Bab = Tor; Al = Gott; On = ON. O = 70, N = 50 - ON = 120. Beachte, daß ihr Name nicht bis zur Vollendung des 10. Aethyrs richtig geschrieben erscheint. Der Seher hatte keine Vorstellung, wie man den Namen buchstabiert, bis der Engel es ihm mitteilte.

deshalb ist die Ordnung der Aethyre nicht die Ordnung des Lebensbaumes. Und nur an einigen wenigen Stellen stimmen sie überein. Das Wissen der Aethyre aber ist tiefer als das Wissen der Sephiroth, weil sich in den Aethyren das Wissen der Äonen befindet, und das von Θελημα[15]. Und jedem soll es entsprechend seiner Befähigung gegeben werden. (Er hat auch bestimmte geheime Dinge persönlicher Art zu dem unbewußten Gemüt des Sehers gesagt.)

Nun erklingt eine Stimme von außerhalb: Und siehe! Ich sah dich bis zum Ende.

Und eine große Glocke beginnt zu läuten. Und da kommen sechs kleine Kinder aus dem Boden des Wagens hervor, und in ihren Händen befindet sich ein Schleier, so fein und durchsichtig, daß er kaum sichtbar ist. Aber als sie ihn über den Kelch legen, senkt der Engel ehrfürchtig sein Haupt. Das Licht des Kelches verlöscht zur Gänze. Und wie das Licht des Kelches vergeht, ist dies wie ein warmer Sonnenuntergang in dem ganzen Schleier, denn es war nur das Licht des Kelches allein, das ihn beleuchtete.

Und nun ist alles Licht aus dem Stein verschwunden, und mir ist sehr kalt.

Bou-Sâada.
4. und 5. Dezember 1909. 23.30 - 1.20 Uhr.

[15] [Griech. für Thelema.]

Der Ruf des 11. Aethyrs

IKH[1] -

In dem Stein erscheint sogleich das Kamea[2] des Mondes. Und es wird aufgerollt; und dahinter erscheint ein großes Heer von Engeln. Sie stehen mit ihren Rücken zu mir, aber ich kann dennoch erkennen, wie furchtbar ihre Waffen sind, die aus Schwertern und Speeren bestehen. Sie haben Flügel auf ihren Helmen und an den Fersen; sie sind in vollständige Rüstungen gekleidet, und das kleinste ihrer Schwerter ist wie der Ausbruch eines fürchterlichen Gewittersturms. Der kleinste ihrer Speere ist wie ein großer Wasserspeier. Auf ihren Schilden sind die Augen von Tetragrammaton, geflügelt mit Feuer - weiß, rot, schwarz, gelb und blau. An ihren Flanken befinden sich Schwadronen von Elephanten, und hinter ihnen steht ihre Meteor-Artillerie. Die auf den Elephanten Sitzenden sind mit dem Donnerkeil des Zeus bewaffnet.

Nun, in diesem ganzen Heer gibt es keinerlei Bewegung. Dennoch ruhen sie nicht auf ihren Waffen, sondern sind wachsam und angespannt. Und zwischen ihnen und mir ist der Gott Shu, den ich zuvor nicht gesehen habe, weil seine Kraft den ganzen Aethyr

---

[1] IKH = Schütze, Feuer, Luft = Samech, Schin, Aleph = 361. Diese drei Zahlen repräsentieren die Himmlische Triade, das Hexagon und Malkuth - ihre Anordnung am Lebensbaum:(3) Die Himmlische Triade = Kether, Chokmah und Binah.(6) Hexagon = Chesed, Geburah, Tiphareth, Netzach, Hod und Yesod.(1) Eins = Malkuth, das Pendant zu den anderen 9 Sephiroth. Auch 361 = Adonai ha-Aretz, der Gottesname von Malkuth. Denn es ist die Ausgestaltung der Sephiroth, die eine Grenze aus organischer Struktur wider das Chaos der Materie darstellt.

[2] Ein Kamea ist ein 'magisches Quadrat', das die Zahlen enthält, die mit dem Planeten korrespondieren (in diesem Fall von 1 bis 81); und zwar so angeordnet, daß jede Zeile, vertikal oder horizontal gelesen, dieselbe Gesamtsumme ergibt. [Vergl. die 'Rituale der Goldenen Dämmerung' für die Kameas der verschiedenen Planeten.]

ausfüllt[3]. Und in der Tat ist er in seiner Gestalt nicht sichtbar. Und er gelangt auch nicht durch irgendeinen seiner Sinne zu dem Seher; er wird eher verstanden, als ausgedrückt.

Ich entdecke, daß diese ganze Armee von Festungen verteidigt wird, neun[4] mächtige Eisentürme an der Grenze des Aethyrs. Jeder Turm ist voll von Kriegern in silberner Rüstung[5]. Es ist unmöglich, das Gefühl der Anspannung zu beschreiben; sie sind wie Ruderer, die auf den Startschuß warten.

Ich sehe, daß auf jeder Seite von mir ein Engel steht; nein, ich befinde mich inmitten einer Schar bewaffneter Engel, und ihr Hauptmann steht vor mir. Auch er trägt eine silberne Rüstung; und um ihn, eng an seinen Körper geschmiegt, ist ein Wirbelwind[6], der so schnell ist, daß jeder Schlag gegen ihn sofort abgeschmettert würde.

Und er spricht mit diesen Worten zu mir:

Siehe, ein mächtiger Schutz gegen den Schrecken der Dinge, die Schnelligkeit des Allerhöchsten, die Legionen der ewigen Wachsamkeit; diese sind sie, die Tag und Nacht über alle Äonen hinweg Wache halten. In sie ist alle Macht des Mächtigen gesetzt, auch wenn sich nicht eine Feder der Flügel ihrer Helme rührt.

Siehe, das Fundament der Heiligen Stadt, die Türme und die Bastionen davon! Siehe die Armeen des Lichtes, die gegen den äußersten Abyss gesetzt sind, gegen den Schrecken der Leere und die Bösartigkeit Choronzons. Siehe, wie verehrungswürdig die Weisheit des Meisters ist, daß er seine Stabilität in der allwandernden Luft und in dem wechselhaften Mond errichtet hat[7]. In das purpurne Auflodern der Blitze hat Er das Wort Ewigkeit geschrieben, und die Flügel der Schwalbe hat Er als Ruhestatt bestimmt.

Durch Drei und durch Drei und durch Drei hat Er das Fundament gegen das Erdbeben befestigt, das Drei ist. Denn in der Zahl Neun ist die Wechselhaftigkeit der Zahlen aufgelöst. Denn mit welcher Zahl auch immer du sie versehen willst, sie erscheint unverändert[8].

---

[3] Shu ist als die Stütze des Lebensbaums in Yesod angesiedelt, und er ist Zeus, der Herr der Luft. Aber Zeus ist auch der Ordner aller Dinge.

[4] Yesod = 9.

[5] Silber für den Mond von Yesod.

[6] Yesod ist Luft.

[7] Sowohl Luft als auch der Mond sind Korrespondenzen von Yesod = Stabilität.

[8] 9 x 7 = 63. 6 + 3 = 9. 9 x 27 = 1143. 1 + 1 + 4 + 3 = 9.

Diese Dinge werden ihm mitgeteilt, der versteht, der ein Brustharnisch für die Elephanten ist oder ein Brustschild für die Engel oder eine Schuppe auf den Türmen aus Eisen; gleichwohl ist sein mächtiges Heer nur zur Verteidigung aufgestellt worden, und wer immer über ihre Linien hinausgeht, findet keine Hilfe in ihnen.

Dennoch muß er, der versteht, in den äußersten Abyss hinausgehen, und dort muß er mit ihm sprechen, der über den vierfachen Schrecken der Prinzen des Bösen gesetzt ist, ja mit Choronzon, dem mächtigen Teufel, der den äußersten Abyss bewohnt. Und keiner darf mit ihm sprechen oder ihn verstehen, nur die Diener Babylons, die verstehen, und sie, die ohne Verständnis sind, seine Diener.

Siehe! Es dringt nicht in das Herz und auch nicht in das Gemüt des Menschen, diese Angelegenheit zu empfangen; denn die Krankheit des Körpers ist Tod, und die Krankheit des Herzens ist Verzweiflung, und die Krankheit des Gemütes ist Wahnsinn. Im äußersten Abyss aber gibt es die Krankheit des Strebens und die Krankheit des Willens und die Krankheit der Essenz von allem, und es gibt kein Wort und auch keinen Gedanken, worin sich das Bild seines Bildes reflektieren würde.

Und wer immer in den äußersten Abyss hinausgeht, es sei denn er ist einer von ihnen, die verstehen, streckt seine Hände aus und beugt seinen Nacken unter die Ketten Choronzons. Und wie ein Teufel geht er auf der Erde um, unsterblich, und er vernichtet die Blumen der Erde, und er verpestet die frische Luft, und er vergiftet das Wasser; und das Feuer, das der Freund des Menschen ist und die Fürbitte seines Strebens, da es immer wie eine Pyramide nach oben klettert, und weil der Mensch es in einer hohlen Röhre vom Himmel stahl, sogar dieses Feuer verwandelt er in Untergang und Wahnsinn und Fieber und Zerstörung. Und du, der du ein Häuflein trockenen Staubs in der Stadt der Pyramiden bist, mußt diese Dinge verstehen.

Und nun geschieht etwas, das auf unglückselige Weise reiner Unsinn ist; denn der Aethyr, der das Fundament des Universums ist, wurde von dem äußersten Abyss angegriffen, und die einzige Art, wie ich das wiederzugeben vermag, besteht darin zu sagen, daß das Universum erschüttert wurde. Aber das Universum wurde *nicht* erschüttert. Und das ist die exakte Wahrheit; so daß das rationale Gemüt, das diese spirituellen Dinge interpretiert, verärgert ist; aber da es darin geübt ist zu gehorchen, läßt es fallen, was es nicht versteht. Denn das rationale Gemüt denkt in der Tat logisch, zum Verständnis aber gelangt es nie; aber der Seher ist ja einer von ihnen, die verstehen.

Und der Engel sagt:

Siehe, Er hat Seine Gnade und Seine Macht errichtet, und zu Seiner Macht kommt Sieg hinzu, und zu Seiner Gnade ist Glanz hinzugefügt[9]. Und all diese Dinge hat Er in Schönheit geordnet, und Er hat sie fest auf den Fels der Ewigkeit gesetzt, und daran hat Er sein Königreich als eine Perle[10] gehängt, die in ein Schmuckstück aus dreimal zwanzig und zwölf Perlen eingefügt ist[11]. Und Er hat die Vier Heiligen Lebewesen als Wächter eingesetzt, und er hat Sein Siegel der Rechtschaffenheit eingraviert[12], und Er hat es mit dem Feuer seines Engels poliert, und die Röte Seiner Lieblichkeit macht es offenbar, und mit Freude und Verschmitztheit hat er es fröhlichen Herzens gemacht, und der Kern davon ist das Geheimnis Seines Wesens, und darin ist Sein Name Zeugung. Und Seine Stabilität hat die Zahl 80, denn der Preis dafür ist Krieg[13].

Sei also achtsam, o du, der du bestimmt bist, das Geheimnis des äußersten Abyss zu verstehen, denn in jedem Abyss mußt du

---

9 »Denn sie überkreuzen sich mit den reflektierten Kraftströmen.« Dies ist eine Beschreibung des Lebensbaums; siehe das Diagramm. Siehe auch das Essay über den Lebensbaum mit dem Titel 'Hodos Chamelionis' in 'The Golden Dawn', wo der obige Satz erstmals vorkommt.

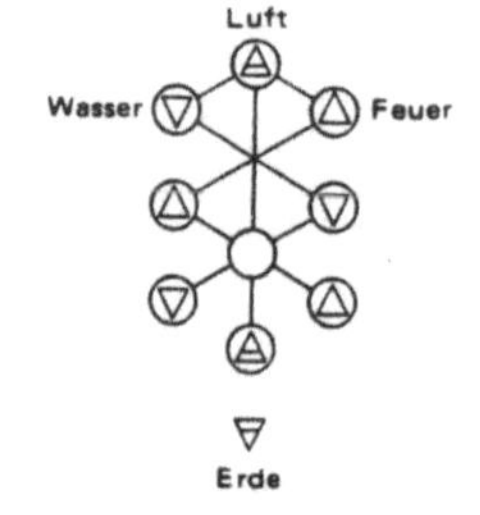

10 Malkuth.

11 Die 72 Perlen sind die Quinarien (Einteilungen von je 5° in jedem Zeichen) des Tierkreises. Siehe 'Equinox VII', S. 21.

12 Der vollständige Titel Yesods ist Tzedeq Yesod Ohlam, »Der Rechtschaffene ist das Fundament der Welt«.

13 ISVD = Yesod = 80 = der Zahlwert von Pe, des Buchstabens von Mars [Atu XVI - Der Turm - heißt auch 'Der Krieg'].

die Maske und Gestalt seines Engels annehmen. Hättest du einen Namen, so wärest du unwiderruflich verloren. Suche deshalb, ob da vielleicht doch noch ein einziger Blutstropfen ist, der noch nicht in den Kelch von Babylon der Schönen gesammelt wurde, denn befände sich da in jenem kleinen Häufchen aus Staub auch nur ein einziger Tropfen Blutes, so wäre alles verdorben; er würde Skorpione und Vipern ausbrüten, und die Katze des Schleims[14].

Und ich sagte zu dem Engel:

Ist da nicht einer als Wächter bestimmt?

Und er erwiderte:

Eloi, Eloi, lama sabacthani.

Solch eine Ekstase des Schmerzes peinigt mich, daß ich ihr keinen Ausdruck verleihen kann, obgleich mir bewußt ist, daß es der Schmerz von Gethsemane ist. Und dies ist das letzte Wort des Aethyrs. Die Außenposten sind passiert, und vor dem Seher dehnt sich der äußerste Abyss aus.

Ich bin zurückgekehrt.

Bou-Sâada.
5. Dezember 1909. 22.10 - 23.35 Uhr

In Nomine BABALON
Amen.
Begrenzung dem Choronzon[15]

---

[14] Dies ist die Gefahr, die alle bedroht, die nach dem Grad des Magister Templi streben. Wehe jenen, die ihn leichtfertig annehmen oder ohne die gründlichste Vorbereitung. Wenn irgendeine Spur der Selbstbezogenheit bestehen bleibt, ist die ganze Erlangung zunichte, und Verderbnis ist die Folge.

[15] Choronzon wird von Sir Edward Kelly als 'jener mächtige Teufel' beschrieben, als die erste und tödlichste aller Mächte des Bösen. Zu Recht, denn auch wenn er keine Person ist, so ist er doch das metaphysische Gegenteil des ganzen Prozesses der Magick.

Der 10. Aethyr[1]

ZAX[2] - 𐤀𐤂𐤃

Da dieser Aethyr verflucht ist und der Seher vorgewarnt, ergreift er für den Schreiber folgende Vorsichtsmaßnahmen.

Zuerst einmal soll der Schreiber im Zentrum des Kreises in der Wüste sitzen, und der Kreis soll durch diese Heiligen Namen Gottes gestärkt werden - Tetragrammaton, Shaddai El Chai und Ararita.

Und der Dämon soll innerhalb eines Dreiecks beschworen werden, in welchem der Name von Choronzon geschrieben steht, und

---

[1] Die drei Herrscher dieses Aethyrs - Lexarp, Comanan und Tabitom - werden aus der »kleinen schwarzen Geisttafel« gezogen, die die vier Wachtürme der Elemente vereint. (Siehe 'Equinox VII', Tafel III, gegenüber S. 234.) Der eine zusätzliche Buchstabe L ist der achte der umgekehrten Buchstaben unterhalb der Balken des Kalvarienkreuzes in den Wachtürmen, mit denen man trilaterale Namen erhält, die bösartige Kräfte bezeichnen. Diese Buchstaben stellen somit Unreinheiten dar, die in die Vollkommenheit des Elementarschemas eingeführt werden. (Daß sie dem Element Geist zuzuordnen sind, das die vier harmonisiert und heiligt, ist ein erhabenes Mysterium. Dieses Arkanum wird - so weit, als möglich - in diesem 'Buch 418' selbst erklärt.) Die anderen sieben Buchstaben bilden den Namen PARAOAN, welcher der zentrale Herrscher des 22. Aethyrs ist, aber es gibt hier eine Korrespondenz mit dem Buchstaben I, dem Mittelbuchstaben von LIN; dieser Aethyr enthüllt die Herrlichkeit der Tafel 7 x 7, die dem reinen Geist entspricht - der Rose, die das Herz von BABALON ist.

[2] ZAX = Caput, Stier, Erde = Gimel, Vau, Tau = 406 [sic; 409]. Z ist die Sonne in ihrer südlichen Deklination; d.h. in ihrer schwächsten Stellung in der Hemisphäre. Es folgt der Stier, das Bildnis der sterbenden Götter, und das Element Erde. Dieser Buchstabe X kommt nur in diesem, im 15. und im 30. Aethyr vor. Im 15. ist Wasser die Prima Materia, die zwischen den Säulen des Gerichtes plaziert ist. Im 30. repräsentiert er die Reduktion der falschen Struktur des Äons der falschen Formel auf bloße Materie. Hier ist X die Basis des Universums ohne konstruktive Möglichkeiten; somit repräsentiert die gesamte Formel das Schwächerwerden der Sonnenenergie und den Fall in unzusammenhängende Elemente von allem, was organisiert ist.

außenherum soll er ANAPHAXETON - ANAPHANETON - PRIMEUMATON und in den Ecken MI-CA-EL[3] schreiben: Und an jeder Ecke soll der Seher eine Taube töten[4], und nachdem dies geschehen ist, soll er sich an einen geheimen Ort zurückziehen, wo er weder gesehen noch gehört werden kann, in seiner schwarzen Robe sitzend, und er soll geheim den Aethyr beschwören[5]. Und der Schreiber soll die bannenden Rituale des Pentagramms und des Hexagramms durchführen[6], und er soll die Heiligen Namen Gottes anrufen und den Exorzismus von Honorius[7] rezitieren, und er soll um den Schutz und die Hilfe des Allerhöchsten bitten.

Und er soll mit dem Dolch[8] der Magick ausgerüstet sein und ihn furchtlos gegen alles richten, was versuchen mag, in den Kreis einzudringen, wäre es auch die Erscheinung des Sehers selbst. Und sollte der Dämon das Dreieck verlassen, so soll er ihn mit dem Dolch bedrohen und ihm befehlen, zurückzukehren. Und er muß darauf achten, daß er sich nicht über den Kreis hinauslehnt. Und da er die Person des Sehers als seinen Lehrer verehrt, soll der Seher ihn mit einem großen Eid dazu verpflichten, all dies zu tun.

Nun, nachdem der Seher alsdann das Dreieck betreten hat, soll er die Opfer nehmen und ihnen die Kehle durchschneiden, wobei er das Blut innerhalb des Dreiecks vergießt und dabei äußerst behutsam ist, damit nicht ein einziger Tropfen außerhalb des Dreiecks niedertropfe; denn sonst wäre Choronzon dazu in der Lage, sich im Universum zu manifestieren.

---

[3] Für diese Anordnung siehe die 'Goetia oder Lemegeton des Königs Solomon' [auf Deutsch erschienen in 'Crowleys Ausgewählte Schriften II'].

[4] Was das Blutopfer anbetrifft, so siehe 'Magick'. Für die Tauben siehe den Text.

[5] Die größten Vorsichtsmaßnahmen wurden damals ergriffen und sind seit damals noch verschärft worden, damit bezüglich des Rituals der Evokation Schweigen bewahrt werde. Der Adept Major wird eindringlichst davor gewarnt, zu versuchen, dieser Operation nachzueifern, für deren Ausführung er (in jedem Fall) nicht geeignet ist. Choronzon zur Erscheinung zu bringen, wenn man sich noch nicht gänzlich oberhalb des Abyss befindet, heißt mit Sicherheit für die entsetzlichste und sofortige Katastrophe zu sorgen.

[6] Diese sind in 'The Equinox II' angegeben [und in 'Rituale der Goldenen Dämmerung I'].

[7] Ins Französische übersetzt von Eliphas Lévi und ins Englische von Aleister Crowley in 'The Winged Beetle' ('The Magician' heißt das entsprechende Gedicht, siehe S. 228).

[8] Siehe 'Buch 4', Teil II, Kap. 4 und 8.

Und wenn der Sand das Blut der Opfer aufgesogen hat, soll er, wie es zuvor gesagt wurde, abgeschieden und geheim den Ruf des Aethyrs rezitieren. Dann wird die Vision offenbart werden und die Stimme zu hören sein.

Der Eid

Ich, Omnia Vincam, ein Kandidat des A.·.A.·., verspreche hiermit feierlich bei meiner magischen Ehre und schwöre bei Adonai, dem Engel, der mich beschützt, daß ich diesen magischen Kreis der Kunst mit Gedanken und Worten und Taten verteidigen will. Ich gelobe, den ungehorsamen Geist mit dem Dolch zu bedrohen und in das Dreieck zurückzubeordern, falls er versuchen sollte, auszubrechen; und meinen Dolch gegen alles zu richten, das versuchen mag, in den Kreis einzudringen, wäre es auch die Erscheinung des Sehers selbst. Und ich werde außerordentlich wachsam sein, gewappnet gegen Kraft und Schlauheit; und ich will die Unverletzlichkeit des Kreises mit meinem Leben verteidigen, Amen.

Und ich berufe meinen Heiligen Schutzengel als Zeuge für diesen meinen Eid, und wenn ich ihn breche, dann mag ich zugrundegehen, verlassen von Ihm. Amen und Amen.

Der Ruf des 10. Aethyrs

ZAX -

Es gibt kein Sein im äußersten Abyss, aber es kommen beständige Formen aus dem Nichts davon hervor[1].

Dann schrie der Teufel des Aethyrs, jener mächtige Teufel Choronzon, lauthals: Zasas, Zasas, Nasatananda Zasas[2].

Ich bin der Meister der Form[3], und von mir gehen alle Formen aus.

Ich bin Ich. Ich habe mich selbst von den Verschwendungen abgegrenzt, mein Gold liegt sicher in meiner Schatzkammer, und ich habe ein jedes lebende Ding zu meiner Konkubine gemacht, und keiner außer mir darf sie berühren. Und doch werde ich verbrannt, sogar während ich im Winde erschauere. Er haßt mich, und er quält mich. Er hätte mich mir selbst gestohlen, ich aber habe mich verschlossen und verspotte ihn, sogar während er mich foltert. Von mir kommen Lepra und Pocken und Pest und Krebs und Cholera und die Fallsucht. Ah! Ich werden mich bis zu den Knien des Höchsten aufstrecken und seinen Phallus mit meinen Zähnen zerreißen, und

---

[1] Es ist sehr schwierig, für diese Feststellung eine gute metaphysische Interpretation zu liefern. Aber für jemanden, der diese Wahrnehmung hat, werden diese Worte der natürliche und unvermeidliche Ausdruck der Tatsachen sein.

[2] Diese Worte stammen von irgendeiner Vision aus alter Zeit. Es heißt, Adam habe mit ihnen die Tore der Hölle geöffnet. Dies sind die traditionellen Worte, die den Abyss öffnen.

[3] Diese (und viele der folgenden Behauptungen) dürfen nicht als Wahrheit angenommen werden. Choronzon ist in keinerlei Hinsicht der Meister von irgendetwas. Es handelt sich um die Personifizierung einer tödlichen Idee, und zwar auf eine viel umfassendere Weise als wenn wir sagen, Venus sei die Herrin der Liebe. Denn Venus kann man sich als ein lebendes individuelles Wesen vorstellen, wohingegen Choronzon grundlegend überhaupt keine Art von Person darstellt.

ich werde seine Hoden in einem Mörser zerstoßen und daraus ein Gift fertigen, um damit die Söhne der Menschen zu töten[4].

(Hier simulierte der Geist die Stimme von Frater P., die auch von dort zu kommen schien, wo dieser sich befand, und nicht aus dem Dreieck.)

Ich glaube nicht, daß ich noch mehr bekommen kann; ich glaube, das ist alles, was da ist.

(Der Frater saß an einem geheimen Ort und war gänzlich in seine schwarze Robe[5] eingehüllt; er hatte die Stellung mit dem Namen »Donnerkeil« inne. Weder sprach er, noch bewegte er sich während der Zeremonie.)

Als nächstes erlag der Schreiber einer Sinnestäuschung, denn er glaubte, vor ihm befände sich jene wunderschöne Kurtisane, die er zuvor in Paris geliebt hatte. Nun, sie lockte ihn mit sanften Worten und Blicken, aber er erkannte diese Dinge als Täuschungen des Teufels, und er wollte den Kreis nicht verlassen.

Der Dämon lachte wild und laut.

(Nachdem der Schreiber ihn bedroht hatte, fuhr er nach kurzem Zögern fort.)

Sie haben mich den Gott des Gelächters genannt, und ich lache, wenn ich gerade töten will. Und sie dachten, ich könnte nicht lächeln, aber ich lächle den an, den ich verführen will, o Unverletzlicher, der du nicht verführt werden kannst[6]. Da du mir durch die Macht des Allerhöchsten Befehle zu geben vermagst, so wisse auch, daß ich dich in der Tat versuchte, und es reut mich. Ich beuge mich

[4] Verschiedene Elemente waren durch die Energie des Rufes in ein Bündel konzentriert worden und ergaben somit eine momentane Einheit, die wahrnehmen konnte und ausdrucksfähig war. Die besessenmachende Vorstellung eines solchen Wesens, das sich darüber bewußt ist, kein wahrer Organismus und von der sofortigen Auflösung bedroht zu sein - somit in seiner rudimentären Psychologie auf Furcht begrenzt - besteht aus Zwanghaftigkeit und Angst; und Furcht brütet Schmerz, Bösartigkeit und Neid aus. Vor allem aber ist da ein wahnsinniger Haß auf den mutmaßlichen Schöpfer wegen der mutmaßlichen Segnung der Schöpfung, die dem Bündel vorenthalten worden ist.

[5] Die der Bescheidenheit, nichts weniger.

[6] Hier drängt sich der übernommene Charakter dieser Kurtisane (die eine wunderbare Meisterin sowohl der Ironie als auch der Faszination war) entsprechend auf den des Dämons auf.

demutsvoll vor den großen und schrecklichen Namen, mit denen du mich beschworen und bezwungen hast. Aber dein Name ist Gnade, und ich bitte laut um Verzeihung. Laß mich kommen und meinen Kopf zu deinen Füßen legen, damit ich dir dienen kann. Denn wenn du mir in den Heiligen Namen Gehorsam anbefiehlst, so kann ich mich dem nicht widersetzen, denn ihr erstes Flüstern ist gewaltiger als der Lärm all meiner Stürme. Bitte mich doch darum, auf Händen und Knien zu dir zu kommen, damit ich dich verehren kann und deiner Vergebung teilhaftig werde. Ist deine Gnade denn nicht unendlich?

(Hier versucht Choronzon, den Schreiber zu versuchen, indem er an seinen Stolz appelliert.

Aber der Schreiber ließ sich nicht in Versuchung führen und befahl dem Dämon, mit dem Aethyr fortzufahren.

Wieder gab es eine kurze Verzögerung.)

Choronzon hat keine Form, weil er der Schöpfer aller Form ist; und so schnell verwandelt er sich von einer zur anderen, wie er es für am geeignetsten hält, jene zu verführen, die er haßt, die Diener des Allerhöchsten.

So nimmt er die Gestalt einer schönen Frau an, oder die eines weisen und heiligen Mannes, oder die einer Schlange, die sich auf der Erde windet, bereit, zuzubeißen[7].

Und weil er er selbst ist, deshalb hat er kein Selbst; der Schrecken der Dunkelheit, und die Blindheit der Nacht, und die Taubheit der Natter, und die Geschmacklosigkeit stehenden und schalen Wassers, und das schwarze Feuer des Hasses, und die Euter der Katze des Schleims; nicht ein Ding, sondern viele Dinge. Gleichwohl mit all diesem seine Qual ewig ist. Die Sonne verbrennt ihn, wenn er sich nackt auf den Sanddünen der Hölle windet, und der Wind schneidet ihm bitterlich bis auf die Knochen, ein scharfer, trockener Wind, so daß er vor Durst ganz wund ist. Gib mir, ich flehe dich an, einen einzigen Wassertropfen aus den reinen Quellen des Paradieses, damit ich meinen Durst löschen mag.

(Der Schreiber weigerte sich.)

---

[7] Währenddessen nahm er tatsächlich diese Formen an.

Sprenkle Wasser auf mein Haupt. Ich kann bald nicht mehr[8].

(Dieses letzte wurde von dem Dreieck aus mit der natürlichen Stimme des Fraters gesprochen, die Choronzon wieder simulierte. Aber es gelang ihm nicht, die Gestalt des Fraters anzunehmen - was absurd war!

Der Schreiber widerstand dem Appell an sein Mitleid und beschwor den Dämon durch die Namen des Allerhöchsten, daß er fortfahre. Choronzon machte auch einen Versuch, die Treue des Schreibers auf die Probe zu stellen. Eine lange Unterredung folgte. Der Schreiber verfluchte ihn bei den Heiligen Namen Gottes und der Macht des Pentagramms.)

Ich nähre mich von den Namen des Allerhöchsten. Ich zermalme sie in meinem Rachen, und ich entleere sie aus meinem Fundament. Ich fürchte die Macht des Pentagramms nicht, denn ich bin der Meister des Dreiecks. Mein Name ist Dreihundert und Dreißig und Drei, und dies ist dreimal Eins[9]. Sei also wachsam, ich warne ich, denn ich bin im Begriff, dich zu verblenden. Ich werde Worte von mir geben, von denen du glauben wirst, sie seien der Ruf des Aethyrs, und du wirst sie niederschreiben, da du annimmst, es seien große Geheimnisse von Magick'scher Macht, und sie werden nichts als mein Narrenspiel mit dir sein.

(Hier beschwor der Schreiber mehrere Engel und den Heiligen Schutzengel von Frater P.... Der Dämon erwiderte:)

Ich kenne den Namen deines Engels und den des Engels von deinem Bruder P..., und all dein Umgang mit ihm ist nur ein Mantel für deine schmutzigen Zaubereien.

(Hier behauptete der Schreiber, er wisse mehr als der Dämon und fürchte ihn deshalb nicht; er befahl ihm fortzufahren.)

---

[8] In diesem Aethyr sind bestimmte Phasen des Schweigens enthalten.

[9] Choronzon = ChVRVNZVN = 333 = 3 x 111. 111 = Aleph, ausgeschrieben als ALPh; als der Buchstabe Aleph = 1. 333 ist auch Akasia (griech), 'Zerstreuung'. Der Seher wußte damals nichts von diesen Korrespondenzen - auch Dr. John Dee und Edward Kelly nicht, von denen wir den Namen und das gesamte henochische System erhalten haben.

Du kannst mir nichts erzählen, was ich nicht schon weiß, denn in mir befindet sich alles Wissen: Wissen ist mein Name. Hat sich nicht der Kopf der großen Schlange in das Wissen erhoben?[10]

(Wiederum befahl der Schreiber Choronzon, den Ruf fortzusetzen.)

Wisse du, daß es im zehnten Aethyr keinen Ruf wie in den anderen gibt, denn Choronzon ist Zerstreuung und vermag mit seinem Gemüt nicht einmal für eine noch so kurze Zeitspanne bei irgendeiner Sache zu bleiben. Du kannst ihn in einer Diskussion meistern, o Geschwätziger; dir ward es befohlen, nicht wahr, mit Choronzon zu sprechen? Er hat gar nicht versucht, den Kreis zu betreten oder das Dreieck zu verlassen, du jedoch plapperst von all diesen Dingen.

(Hier bedrohte der Schreiber den Dämon mit Zorn und Schmerz und Hölle. Der Dämon entgegnete:)

Glaubst du etwa, o Narr, daß es irgendeinen Zorn oder Schmerz gibt, der ich nicht bin, oder irgendeine Hölle außer diesem meinem Geist?

Bilder, Bilder, Bilder, alle ohne Kontrolle, alle ohne Sinn. Die Bösartigkeit von Choronzon ist nicht die Bösartigkeit eines Wesens; es ist die Eigenschaft der Bösartigkeit an sich, weil er, der sich brüstet »Ich bin Ich«, in Wahrheit gar kein Selbst hat, und diese sind sie, die unter meinen Einfluß geraten sind, die Sklaven des Blinden, der sich brüstet, ein Erleuchteter zu sein. Denn es gibt kein Zentrum, nein, nichts als Zerstreuung.

O Du, der du zweiunddreißig Bücher der Weisheit geschrieben hast und dümmer als eine Eule bist, durch dein eigenes Gerede hat deine Wachsamkeit nachgelassen, und durch mein eigenes Gerede habe ich dich genarrt und hereingelegt, o du, der du sagst, du wollest aushalten. Weißt du eigentlich, wie nahe du der Zerstörung bist?

[10] Daath. Die Lehre des Sündenfalls und die des eingerollten Drachen muß sorgfältig studiert werden. 'Equinox' II und III beinhalten sehr viel Information darüber in 'The Temple of Solomon the King' [in zusammengefaßter Form; die ausführliche Lehre ist in 'Rituale der Goldenen Dämmerung I' zu finden]. Diese Angelegenheit des Abyss muß vollkommen verstanden sein. Das gesamte Initiationssystem des A∴A∴ hängt von diesen Theoremen ab (siehe »Ein Stern in Sicht« in 'Magick' oder in 'Gems from the Equinox').

Denn du, der du der Schreiber bist, hast nicht das Verständnis[11], das allein gegen Choronzon hilft. Und wärest du nicht durch die Heiligen Namen Gottes und den Kreis geschützt, würde ich mich auf dich stürzen und dich zerfetzen. Denn als ich mich zu einer schönen Frau machte, wärest du da zu mir gekommen, ich hätte deinen Körper mit Pocken und deine Leber mit Krebs zum Verrotten gebracht, und deine Hoden hätte ich mit meinen Zähnen zermalmt. Und als ich dich in deinem Stolz versuchte, hättest du mich da gebeten, in den Kreis zu kommen, ich hätte dich unter meinen Füßen zertreten, und eintausend Jahre lang wärest du nichts als einer der Bandwürmer gewesen, die in mir sind. Und hätte ich dich durch dein Mitleid verführt, und hättest du nur einen Wassertropfen außerhalb des Kreises verschüttet, dann hätte ich dich mit Feuer in die Luft gesprengt. Aber ich vermochte mich nicht gegen dich durchzusetzen.

Wie schön sind doch die Schatten der Kräuselungen im Sand!

Wollte Gott, ich wäre tot.

Denn du mußt wissen, daß ich stolz und rachsüchtig und liederlich bin, und ich bin ein Schwätzer wie du. Denn gerade eben, als ich unter den Söhnen Gottes wandelte, hörte ich, wie gesagt wurde, P... könne zwar wollen und wissen, und er würde es schließlich sogar lernen, zu wagen, aber Schweigen zu bewahren, das würde er niemals lernen. O du, der immer so bereitwillig sprichst und so langsam beobachtest, du bist aus diesem Grund meiner Macht unterworfen. Und jetzt bedurfte es für mich nur eines Wortes, und ich konnte es nicht aussprechen. Ich sehe die Schönheit der Erde in ihrer Verlassenheit, und größer noch ist die meinige, die es begehrte, mein nacktes Selbst zu sein. Weißt du, daß in meiner Seele äußerste Furcht herrscht? Und solcherart ist meine Kraft und meine Schlauheit, daß ich einhundertmal zum Sprung bereit war und aus Furcht versagt habe. Und eintausendmal bin ich von denen aus der Stadt der Pyramiden, die Schlingen für meine Füße auslegen,

[11] Ursprünglich stand da »Macht« statt »Verständnis«. Choronzon gebrauchte fortwährend Begriffe, die mit seinen Gedanken gar nicht übereinstimmten, weil es kein entsprechendes Bindeglied zwischen dem gibt, was er sagt und was er meint. Beachte, daß er anscheinend vollkommen unfähig ist, zwischen dem Frater und dem Schreiber zu unterscheiden, denn er spricht im selben Satz zuerst den einen und dann den anderen an.

enttäuscht worden. Mehr Wissen besitze ich als der Allerhöchste, mein Wille aber ist gebrochen, und mein Ungestüm ist durch Furcht zunichtegemacht, und immer muß ich sprechen, sprechen, sprechen, Millionen wahnsinniger Stimmen in meinem Gehirn.

Mit einem Herz voller rasender Fantasien
Deren Anführer ich bin
Mit einem brennenden Speere
Und einem luft'gen Pferde
In die Wildnis zu wandern ist mein Sinn.

(With a heart of furious fancies,
Whereof I am Commander,
With a burning spear
And a horse of Air
To the wilderness I wander.)

(Die Idee war, den Schreiber durch Schreiben beschäftigt zu halten, um dann auf ihn zu springen. Denn während der Schreiber sprach, hatte Choronzon Sand in den Kreis geworfen und ihn aufgefüllt. Da Choronzon weder schnell noch kontinuierlich denken kann, nahm er eben Zuflucht zu dem Kunstgriff des Zitats.

Der Schreiber hatte gerade zwei oder drei Worte von »Tom o'Bedlam« aufgeschrieben, als Choronzon in den Kreis hineinhüpfte (er hatte die ganze Zeit über jenen Teil des Umfangs, der ihm am nächsten gelegen war, mit Sand aufgefüllt) und den Schreiber ansprang, wodurch dieser zu Boden stürzte. Der Zusammenstoß fand innerhalb des Kreises statt. Der Schreiber rief Tetragrammaton an, und es gelang ihm, Choronzon dazu zu zwingen, in sein Dreieck zurückzukehren. Kraft seines Zorns und dadurch, daß er ihn mit dem Stab der Magick bedrohte, brachte er dies zustande. Sodann besserte er den Kreis aus. Der aus der Fassung gebrachte Dämon fuhr nun fort:)

Alles ist Zerstreuung. Dies ist die Eigenschaft der Dinge.

Der zehnte Aethyr ist die Welt der Eigenschaftswörter, und es gibt keine Substanz darin.

(Jetzt war wieder die schöne Frau da, die den Schreiber zu verführen versucht hatte. Sie setzte sich nicht durch.)

Ich fürchte mich vor dem Sonnenuntergang, denn Tum ist schrecklicher als Ra, und Kephra der Käfer ist größer als die Löwin Mau.

Mir ist sehr kalt.

(An dieser Stelle wollte Choronzon das Dreieck verlassen, um etwas entgegenzunehmen, womit er seine Nacktheit bedecken könnte. Der Schreiber wies die Anfrage zurück, indem er den Dämon mit dem Dolch bedrohte. Nach kurzer Zeit fing letzterer wieder an zu sprechen:)

Er, der spricht, ich weiß nicht warum, gibt mir Befehle. Wärest du das, du kleiner Narr, ich würde dich ja Glied um Glied zerfetzen. Deine Ohren und Nase würde ich dir abbeißen, bevor ich mich richtig mit dir befasse. Deine Eingeweide würde ich als Geigensaiten auf dem Schwarzen Sabbath verwenden.

Du führtest einen großen Kampf da in deinem Kreis; du bist ein guter Krieger!

(Dann lachte der Dämon lauthals. Der Schreiber sagte: Du kannst mir nicht ein Haar auf meinem Kopf krümmen.)

Ich werde dir jedes Haar auf deinem Kopf einzeln herausreißen, jedes Haar auf deinem Leib, jedes Haar deiner Seele, eines nach dem anderen.

(Daraufhin meinte der Schreiber: Du hast keine Macht.)

Ja, wahrlich, über dich habe ich Macht, denn du hast den Eid geleistet und bist an die Weißen Brüder gebunden, und deshalb besitze ich die Macht, dich zu quälen, solange du existierst.

(Da sagte der Schreiber zu ihm: Du lügst.)

Frage doch deinen Bruder P..., er wird dir schon sagen, ob ich lüge!

(Der Schreiber weigerte sich, dies zu tun, indem er sagte, dies sei nicht Angelegenheit des Dämons.)

Ich habe mich gegen das Königreich des Vaters durchgesetzt und seinen Bart besudelt; und ich habe mich gegen das Königreich des Sohnes durchgesetzt und ihm seinen Phallus abgerissen; aber gegen das Königreich des Heiligen Geistes werde ich kämpfen und nicht bestehen. Die drei getöteten Tauben sind meine dreifache Lästerung wider ihn; ihr Blut aber wird den Sand fruchtbar machen[12]; und

[12] Dies geschah tatsächlich. Als er auf einer späteren Reise nach Bou-Sâada zurückkehrte, begann dieser Flecken bereits, Anzeichen von Vegetation zu zeigen.

ich winde mich im Schmerz und im Schrecken des Hasses, und ich bestehe nicht.

(Dann versuchte der Dämon, den Schreiber dazu zu veranlassen, über die Magick zu lachen, und zu glauben, all dies sei Unsinn, damit er die Namen Gottes verleugne, die er zu seinem Schutze angerufen hatte. Und hätte er auch nur einen Augenblick lang gezweifelt, wäre der Dämon über ihn gekommen und hätte sich in Höhe des Genicks durch sein Rückgrat hindurchgenagt.

Choronzons Plan schlug fehl.)

In diesem Aethyr gibt es weder Anfang noch Ende, denn er ist ein einziges Wirrwarr, weil er den Verfluchten der Erde und den Verdammten der Hölle angehört. Und solange er dieses Wirrwarr ist, macht es nicht viel aus, was dieser grasgrüne, unbestechliche Schreiber da niederlegt.

Der Schrecken davon wird an einem anderen Ort und zu einer anderen Zeit gegeben werden, und zwar durch einen anderen Seher, und dieser Seher soll als ein Ergebnis seiner Offenbarung getötet werden. Der jetzige Seher aber, der nicht P... ist, sieht nicht den Schrecken, weil er eingeschlossen ist und keinen Namen hat.

(Nun fand eine weitere Unterhaltung zwischen dem Schreiber und dem Dämon statt. Es ging um die Entlassung und das Aufschreiben des Wortes, denn der Schreiber wußte nicht, ob es an der Zeit war, den Dämon scheiden zu lassen.

Daraufhin nahm der Seher den Heiligen Ring und schrieb den Namen BABALON, der Sieg über Choronzon bedeutet, und er war nicht länger manifestiert.)

(Dieser Ruf fand am 6. Dezember 1909 zwischen 14 und 16.15 Uhr statt, und zwar in einem abgeschiedenen Tal aus feinem Sand in der Wüste bei Bou-Sâada. Der Aethyr wurde am folgenden Tag redigiert und überarbeitet.)

Nach dem Abschluß der Zeremonie wurde ein großes Feuer entzündet, um den Ort zu reinigen, und der Kreis und das Dreieck wurden zerstört.

Eine Anmerkung des Schreibers

Fast von Anfang der Zeremonie an befand sich ein Schatten über dem Schreiber, und er sprach, als wäre es ihm selbst zum Trotz, wobei er sich hinterher fast überhaupt nicht mehr an die Worte seiner Reden erinnern konnte, von denen einige lang und anscheinend ziemlich redegewandt waren.

Die ganze Zeit über hatte er eine Empfindung, als würde er vor Choronzon beschützt, und diese Empfindung von Sicherheit verhinderte, daß er der Furcht anheimfiel.

Mehrere Male drohte der Schreiber damit, dem Dämon einen Fluch aufzuerlegen; aber jedesmal, bevor er noch die Worte des Fluches äußern konnte, gehorchte der Dämon ihm. Was ihn selbst anbetrifft, so kennt er die Worte des Fluches gar nicht.

Es ist ferner angebracht, an dieser Stelle anzumerken, daß der Schreiber mehrere Male auf magische Weise pfiff, was er noch nie zuvor versucht hatte, und der Dämon wurde dadurch augenscheinlich ziemlich aus der Fassung gebracht.

Nun weiß der Schreiber, daß es falsch war, soviel Konversation mit dem Dämon zu treiben; denn Choronzon wird in dem Durcheinander und dem Chaos seiner Gedanken durch Schweigen sehr erschreckt. Und durch Schweigen kann man ihn dazu bringen, daß er gehorcht.

Denn schlau spricht er von vielen Dingen, geht von einem Thema zum nächsten über, und so verführt er den Wachsamen dazu, mit ihm zu diskutieren. Und gleichwohl Choronzon in einer Diskussion leicht zu schlagen ist, trägt er dennoch den Sieg davon, indem er die Aufmerksamkeit von ihm ablenkt, der ihm Befehle geben will.

Denn Choronzon fürchtet Konzentration und Schweigen am meisten von allen Dingen: Er also, der ihm Befehle geben will, sollte im Schweigen wollen: So bringt man ihn dazu, daß er gehorcht.

Dies weiß der Schreiber; und dies, weil er seit dem Erhalt des verfluchten zehnten Aethyrs mit Choronzon Konversation getrieben hatte. Und unerwartet bekam er die Information, nach der er gesucht hatte, nachdem er sich lange Zeit geweigert hatte, auf die Reden des Dämons einzugehen.

Choronzon ist Zerstreuung; und solcherart ist seine Furcht vor Konzentration, daß er lieber gehorchen will als sich ihr zu unterwerfen, oder sie in jemand anderem wahrzunehmen.

Der Bericht über den weiteren Umgang mit Choronzon wird in der Aufzeichnung von Omnia Vincam zu finden sein.

Der Ruf des 9. Aethyrs

ZIP[1] - ꟼꞮΩ

(Der schreckliche Fluch, der der Ruf der Dreißig Aethyre ist, klingt wie ein Gesang der Ekstase und des Triumphes; jeder Satz darin hat eine geheime Bedeutung der Segnung.)

Der Schaustein ist ein sanft leuchtendes Weiß, auf welchem das Rosenkreuz eine strahlende, aber farblose Lichtwelle zeigt.

Und jetzt wird der Schleier des Steins mit einem Donnerschlag zerrissen, und ich laufe auf der Schneide eines Messers aus Licht, die über dem Abyss aufgehängt ist, und vor mir und über mir stehen aufgereiht die schrecklichen Armeen des Allerhöchsten. Sie gleichen jenen in dem 11. Aethyr, aber da ist einer, der nach vorne kommt, um mich auf dem Grat zu treffen. Er streckt seine Arme zu mir aus und sagt:

(I.) Wer ist er, der da aus dem Abyss kommt, von dem Ort der zerrissenen Gewänder, dem Wohnort von ihm, der nur ein Name ist? Wer ist es, der da auf einem Strahl des leuchtenden, des Abendsterns geht?

Refrain. Gepriesen sei er, der verborgen ist, und gepriesen sei sie, die den Kelch trägt, und gepriesen sei der eine, der das Kind und der Vater ihrer Liebe ist. Gepriesen sei der Stern, und gepriesen sei die Schlange, und gepriesen sei der Schwertträger der Sonne. Und im ganzen Äon Segen

---

[1] ZIP = Löwe, Schütze, Löwe = Teth, Samech, Teth = 78. Die Zahl von Mezla, des Einflusses von oben. Es ist die Jungfrau Artemis inmitten des Hauses der Sonne, sowohl in ihrer südlichen als auch in ihrer nördlichen Deklination. Denn ihr Gürtel ist der »Gürtel der Welt«. Sie ist die mit der Sonne bekleidete Frau in Atu XIV - Kunst. [Beachte, daß hier sowohl Z als auch P dem Löwen zugeordnet werden, wie aus der yetziratischen Übertragung in das hebräische Teth hervorgeht.]

und Verehrung dem Namen des Tieres, unerschütterlich, mystisch, wunderbar!

(II.) Wer ist er, der da zwischen den Heeren reist, der da am Rande des Aethyrs auf den Flügeln der Maut schwebt? Wer ist er, der da nach dem Hause der Jungfrau sucht?

(Refrain.)

(III.) Dies ist er, der seinen Namen aufgegeben hat. Dies ist er, dessen Blut in den Kelch von BABALON[2] gesammelt ist. Dies ist er, der als ein kleines Häufchen trockenen Staubes in der Stadt der Pyramiden sitzt.

(Refrain.)

(IV.) Bis das Licht des Vaters von allen jenen Tod entzündet. Bis der Atem jenen trockenen Staub berührt. Bis daß der Ibis dem Krebs offenbart sei, und der sechsfache Stern das strahlende Dreieck wird[3].

(Refrain.)

(V.) Gesegnet bin nicht ich, noch du, noch er. Gesegnet ohne Zahl und Namen, der das Azur der Nacht genommen und es in einen reinen Saphir kristallisiert hat, der das Gold der Sonne genommen und es in einen unendlichen Ring geschlagen und den Saphir hineingesetzt und sich diesen auf seinen Finger gesteckt hat.

(Refrain.)

(VI.) Öffne weit deine Tore, O Stadt Gottes, denn ich bringe Niemanden[4] mit mir. Senkt eure Schwerter und eure Speere zum Gruß, denn die Mutter und das Kind sind meine

---

[2] BABALON = 156 = 12 x 13, die Formel der vier Wachtürme des Universums. Diese Wachtürme sind aus gestutzten Pyramiden zusammengesetzt, wobei eine jede davon eine Sphinx verbirgt. Sie beinhalten die Symbole der Energien der vier Elemente. Somit können wir sagen, daß - da jeder Wachturm 12 x 13 Pyramiden enthält - BABALON als Shakti angedeutet ist. Denn die Elemente sind die manifestierten Kräfte des All-Vaters. Ferner können wir die Wachtürme als die Stadt der Pyramiden ansehen, wenn auch in einem irgendwie weniger erhabenen Sinne, als üblicherweise in diesen Visionen impliziert ist. [Vgl. die 'Henochischen Schlüssel der Magie'.]

[3] Siehe den 15. Aethyr. Beachte, daß dieses Dreieck für 2 steht. Es scheint sehr wichtig zu bemerken, daß 1 + 2 = 3 und so fort.

[4] [Engl. No-one.]

Begleiter. Möge das Festmahl im Palaste der Königstochter bereitet werden. Entzündet die Lichter; sind nicht wir die Kinder des Lichtes?

(Refrain.)

(VII.) Denn dies ist der Schlußstein des Palastes der Königstochter. Dies ist der Stein der Philosophen. Dies ist der Stein, der da verborgen in den Mauern der Wälle liegt. Friede, Friede, Friede für Ihn, der darin thront!

(Refrain.)

Nun haben wir die Linien der Armee passiert und sind bei einem Palast angelangt, von dem jeder Stein ein einzelnes Juwel ist, und der mit Millionen von Monden besetzt ist.

Und dieser Palast ist nichts als der Leib einer Frau, stolz und zart und jenseits aller Vorstellungskraft schön. Ein Kind von zwölf Jahren ist sie. Sie hat sehr tiefe Augenlider und lange Wimpern. Ihre Augen sind geschlossen, oder jedenfalls beinahe geschlossen. Es ist ganz unmöglich, irgendetwas über sie zu sagen. Sie ist nackt; ihr ganzer Körper ist mit feinen Härchen aus Gold bedeckt, die elektrische Flammen sind, die die Speere von mächtigen und schrecklichen Engeln sind, deren Brustharnische wiederum die Schuppen ihrer Haut sind. Und ihr Kopfhaar, das bis hinunter zu ihren Füßen fließt, ist das wahrhaftige Licht von Gott selbst. Unter all den Herrlichkeiten, die der Seher in den Aethyren geschaut, befindet sich nicht eine, die es verdiente, auch nur mit dem kleinsten ihrer Fingernägel verglichen zu werden. Denn gleichwohl er ohne die zeremoniellen Vorbereitungen nicht an diesem Aethyr teilnehmen darf, so ist doch das bloße Anschauen dieses Aethyrs wie das Teilnehmen an all den früheren Aethyren.

Der Seher hat sich in dem Wunder verloren, das Frieden ist.

Und der Ring des Horizonts um sie herum ist eine Schar glorreicher Erzengel, die sich stehend an den Händen halten und singen: Dies ist die Tochter von BABALON der Schönen, die sie dem Vater von allen geboren hat. Und für alle hat sie sie geboren.

Dies ist des Königs Tochter. Dies ist die Unschuld der Ewigkeit. Dies ist sie, die der Heilige dem Riesen Zeit entrungen hat, und der Preis für sie, die den Raum überwunden haben. Dies ist sie, die auf den Thron des Verständnisses gesetzt ist. Heilig, Heilig, Heilig ist ihr Name, der nicht ausgesprochen werden darf unter den Menschen. Denn Koré haben sie sie genannt, und Malkah, und Betulah, und Persephone.

Und die Poeten haben Lieder über sie geheuchelt, und die Propheten haben nichtige Dinge gesprochen, und die jungen Männer haben eitle Träume geträumt; aber dies ist sie, jene Unberührte, deren Name nicht ausgesprochen werden darf. Ein Gedanke vermag die Herrlichkeit, die sie verteidigt, nicht zu durchdringen, denn der Gedanke fällt vor ihrer Anwesenheit dem Tode anheim. Leer ist die Erinnerung, und in den meisten der alten Bücher der Magick gibt es weder Worte, sie zu beschwören, noch Anbetungen, sie zu preisen. Der Wille beugt sich gleich einem Schilfrohr in den Stürmen, die die Grenzen ihres Königreiches entlangfegen, und die Vorstellungskraft vermag nicht einmal ein einziges der Blütenblätter der Lilien abzubilden, auf denen sie in dem See aus Kristall steht, in dem See aus Glas.

Dies ist sie, die ihr Haar mit elf Sternen geschmückt hat, dem siebenfältigen Atem Gottes, der des Haars Erhabenheit bewegt und erregt. Und sie hat ihr Haar mit sieben Kämmen gebunden, worauf die sieben geheimen Namen Gottes geschrieben stehen, die nicht einmal den Engeln bekannt sind, auch nicht den Erzengeln, oder dem Führer der Armeen des Herrn.

Heilig, Heilig, Heilig bist du, und gesegnet sei Dein Name auf ewig, denn für dich sind die Äonen nur die Pulsschläge deines Blutes.

Ich bin blind und taub. Mein Sehen und Hören hat sich erschöpft.

Ich erkenne nur vermöge des Eindrucks einer Berührung. Und da kommt ein Beben aus meinem Inneren.

Bilder steigen anhaltend auf wie Wolken oder Schleier, feinstes chinesisches Elfenbein oder Porzellan, und viele andere Dinge von großer und zarter Schönheit; denn solche Dinge werden von Ihrem Geist geformt, damit sie von ihr in die Welt der Qliphoth oder der Hüllen des Todes geworfen werden, welche die Erde ist. Denn eine jede Welt ist die Hülle oder die Ausscheidung der Welt darüber.

Ich vermag die Vision nicht auszuhalten.

Eine Stimme erklingt, ich weiß nicht, von wo: Gesegnet bist du, der du gesehen, und doch nicht geglaubt hast. Denn deshalb ist es dir gegeben, zu schmecken und zu riechen und zu fühlen und zu hören und durch den inneren Sinn zu erkennen, und durch den innersten Sinn, so daß deine Ekstase siebenfach ist.

(Mein Gehirn ist derart ausgelaugt, daß Schläfrigkeitsbilder erscheinen, und zwar vermöge eines rein physischen Reflexes; es handelt sich keinesfalls um astrale Dinge.

Und jetzt habe ich die Müdigkeit mit dem Willen überwunden. Und nachdem ich den Schaustein auf meine Stirne gelegt habe, sendet er kühle elektrische Schauer durch mein Gehirn, wie um es zu erfrischen und für mehr Entzücken aufnahmefähig zu machen.

Und nun sehe ich sie wieder.)

Und ein Engel kommt hervor, und hinter ihm wirbelt eine schwarze Swastika, die aus feinen Fasern aus Licht besteht, das »hineingemischt« worden ist. Er nimmt mich beiseite und bringt mich in eine kleine Kammer in einem der neun Türme. Diese Kammer ist mit Landkarten der vielen mystischen Städte versehen. Einen Tisch gibt es da, und eine seltsame Lampe, die Licht spendet, indem sie vier strudelringartige Säulen aus leuchtendem Rauch ausstößt[5]. Und er deutet auf die Karte der Aethyre, die als ein flammendes Schwert angeordnet sind, so daß die dreißig Aethyre in die zehn Sephiroth übergehen[6]. Und die ersten neun sind unendlich heilig. Und er sagt, es stehe geschrieben im Buche des Gesetzes: »Weisheit sagt, sei stark. Dann kannst du mehr Freude ertragen.« »Wenn du trinkst, trinke nach den acht und neunzig Regeln der Kunst.« Und dies soll dir bezeichnen, daß du dich großer Disziplin unterziehen mußt; sonst ist die Vision verloren oder verdorben. Denn diese Mysterien gehören nicht zu deinem Grad. Deshalb mußt du den Höchsten anrufen, bevor du die Schreine davon entschleierst.

Und dies soll deine Vorschrift sein: Eintausend und einmal sollst du die Einheit bekräftigen[7] und dich eintausend und einmal verbeugen. Und dreimal sollst du den Ruf des Aethyrs rezitieren. Und Tag

---

[5] Eine solche Kammer ist in vielen der geheimen Häuser der Bruderschaft zu finden. Hier werden die Schicksalsfäden dieses Planeten gewoben.

[6] Diese Karte darf Uninitiierten nicht gegeben werden.

[7] Das Kapitel ist dieses: »Qol: Hua Allahu achad; Allahu assamad; lam yalid wa lam yulad; wa lam yakin lahu kufwan achad.« [Siehe hierzu 'Magick I', S. 54 -

und Nacht, wachend oder schlafend, soll sich dein Herz gleich einer Lotusblüte dem Licht zuwenden. Und dein Leib soll der Tempel des Rosenkreuzes sein. So soll dein Gemüt dem Höheren offenstehen; und dann wirst du dazu in der Lage sein, die Erschöpfung zu überwinden und vielleicht die Worte zu finden - denn wer vermag Sein Angesicht zu sehen und leben?

Ja, du erbebst, aber von innen; wegen des Heiligen Geistes, der in dein Herz herabgestiegen ist und dich wie Espenlaub im Winde zittern läßt.

Auch sie zittern, die außen sind, und sie werden von außen durch die Erdbeben seines Gerichtes erschüttert. Sie haben ihre Gefühle auf die Erde ausgerichtet, und sie haben mit ihren Füßen auf die Erde gestampft und geschrien: Sie bewegt sich nicht.

Deshalb hat sich die Erde mit einer kraftvollen Bewegung geöffnet, wie das Meer, und sie verschluckt. Ja, sie hat ihren Bauch für diejenigen geöffnet, welche sie begehrt haben, und sie hat sich wieder über ihnen geschlossen. Dort liegen sie in ihrer Qual, bis die Erde durch ihr Beben wie sprödes Glas zersprungen ist, und aufgelöst wie Salz in den Wassern seiner Gnade, so daß sie in die Luft geworfen werden und darin umhergeweht wie Samenkörner, die in der Erde Wurzeln schlagen; und doch richten sie ihre Gefühle nach oben auf die Sonne.

Sei du eifrig und wachsam, wenn du pünktlich die Vorschrift erfüllst. Steht nicht geschrieben, »ändere nicht soviel wie die Form eines Buchstabens«?

Weiche deshalb, denn die Vision der Stimme des neunten Aethyrs, der Zip heißt, ist zu Ende.

Darauf hin warf ich mich kraft meines Willens in meinen Körper zurück.

Bou-Sâada.
7. Dezember 1909. 21.30 - 23.10 Uhr.

56.] Nach einer jeden Rezitation blieb der Seher stehen und verbeugte sich. Dies wurde während des Marsches am Tage vollzogen, wobei die 1001 Rezitiationen in 13 Sektionen mit kurzen Ruhepausen dazwischen aufgeteilt wurden. Dies ist eine weitere Affirmation der Einheit, denn 13 = AChD (hebr.), Einheit.

Der Ruf des 8. Aethyrs

ZID[1] - ꟼ˥Ↄ

Im Stein erscheint ein winziger Lichtfunke. Er wird ein wenig größer und scheint fast wieder zu verlöschen, doch wächst er wieder und wird im Aethyr umhergeweht, und durch den Wind, der ihn treibt, wird er entfacht. Und nun sammelt er Kraft und blitzt wie eine Schlange oder ein Schwert, jetzt festigt er sich und gleicht einer Pyramide aus Licht, die den ganzen Aethyr erfüllt.

Und in der Pyramide befindet sich einer, der einem Engel gleicht, und doch ist er gleichzeitig die Pyramide. Und er hat keine Form, weil er aus der Substanz des Lichtes besteht, und er nimmt auch keine Gestalt an, denn obwohl durch ihn Form sichtbar wird, so macht er sie nur deshalb sichtbar, um sie wieder zu zerstören.

Und er sagt: Das Licht ist zu der Dunkelheit gekommen, und die Dunkelheit wird zu Licht gemacht. Dann wird Licht mit Licht vermählt, und das Kind ihrer Liebe ist jene andere Dunkelheit, worin sie wohnen, die Namen und Gestalt verloren haben. Deshalb habe ich ihn entzündet, der kein Verständnis hatte, und in das Buch des Gesetzes schrieb ich die Geheimnisse der Wahrheit, die gleich einem Stern und einer Schlange und einem Schwert sind[2].

Und ihm, der versteht, offenbare ich schließlich die Geheimnisse der Wahrheit in solcher Weise, daß auch das kleinste der kleinen Kinder des Lichtes zu den Knien der Mutter laufen und zum Verständnis gebracht werden mag.

---

[1] ZID = Löwe, Schütze, Geist = Teth, Iod, Daleth. [Wie bereits in einer früheren Anm. erklärt, wird Daleth dem Geist zugeordnet, da Al - der Schlüssel zum Buch des Gesetzes - 31 ist, und 3 + 1 = 4 = Daleth.] Diese Symbole beziehen sich auf die Erlangung von Kenntnis und Konversation mit dem Heiligen Schutzengel.

[2] Aiwass 'entzündete' also, um uns die N.O.X. von Pan zu bringen.

Und so soll er verfahren, der das Mysterium der Kenntnis und Konversation seines Heiligen Schutzengels erlangen will:

Als erstes soll er sich eine Kammer vorbereiten, deren Wände und Dach weiß sind, und der Boden soll mit einem Teppich aus weißen und schwarzen Quadraten bedeckt sein, der in Blau in Gold eingefaßt ist.

Und falls der Raum in einer Stadt liegt, so soll er keine Fenster haben, oder falls er auf dem Lande liegt, dann ist es besser, wenn sich das Fenster oben befindet. Oder man führe, falls möglich, diese Invokation in einem Tempel aus, der für das Ritual der Überquerung des Tuat vorbereitet ist.

Vom Dach soll eine Lampe herabhängen, in der sich ein rotes Glas befindet, um darin Olivenöl zu verbrennen. Und diese Lampe soll er reinigen und sie nach dem Gebet des Sonnenuntergangs vorbereiten, und unterhalb der Lampe soll sich ein Altar befinden, viereckig, und die Höhe soll dreimal die Hälfte seiner Breite oder die doppelte Breite ausmachen.

Und auf dem Altar soll ein Räuchergefäß stehen, halbkugelförmig, gestützt von drei Beinen aus Silber, und darin eine Halbkugel aus Kupfer, und auf der Spitze ein Gitterwerk aus vergoldetem Silber, und darauf soll er den Weihrauch verbrennen, der aus vier Teilen Olibanum und zwei Teilen Stakte und einem Teil Lignum Aloe oder Zeder oder Sandelholz hergestellt wird. Und dies ist genug.

Und er soll ferner einen Kristallflakon mit heiligem Salböl innerhalb des Altars bereithalten. Das Öl wird hergestellt aus Myrrhe und Zimt und Galanga.

Und auch wenn er einen höheren Rang als den eines Kandidaten bekleidet, so soll er dennoch die Robe des Kandidaten tragen, denn der flammende Stern stellt Ra-Hoor-Khuit offen auf seiner Brust dar, und im Geheimen ist das absteigende blaue Dreieck Nuit, und das aufsteigende rote Dreieck ist Hadit. Und ich bin das goldene Tau in der Mitte ihrer Vermählung. Er mag auch, falls er sich so entscheidet, stattdessen eine enganliegende Robe aus schillernder Seide tragen, purpur und grün, und darüber einen Umhang ohne Ärmel in leuchtendem Blau, bedeckt mit goldenen Broschen, und innen scharlachrot.

Und er soll sich einen Stab aus Mandelholz oder Haselnuß anfertigen, geschnitten von eigener Hand zur Abenddämmerung des Äquinox oder zur Sonnenwende oder an einem der Festtage, die im Buch des Gesetzes festgelegt sind.

Und er soll mit eigener Hand die Heilige Siebenfache Tafel oder die Heilige Zwölffache Tafel[3] oder einen besonderen Wahlspruch auf eine Goldplatte gravieren. Und diese soll die Form eines Quadrates in einem Kreis haben, und der Kreis soll geflügelt sein, und er soll sie mit einem Band aus blauer Seide an seiner Stirne befestigen.

Außerdem soll er ein Haarband aus Lorbeer oder Rose oder Efeu oder Raute tragen, und jeden Tag nach dem Gebet des Sonnenaufgangs soll er dieses im Feuer des Räuchergefäßes verbrennen.

Nun, er soll dreimal täglich beten, und zwar bei Sonnenuntergang und zur Mitternacht und zu Sonnenaufgang. Und wenn er kann, so soll er auch viermal zwischen Sonnenaufgang und Sonnenuntergang beten.

Das Gebet soll mindestens eine Stunde lang dauern, und er soll immer bestrebt sein, den Zeitraum zu verlängern und sich im Gebet zu entflammen. So soll er seinen Heiligen Schutzengel elf Wochen lang anrufen, und in jedem Fall soll er in der letzten der elf Wochen siebenmal täglich beten.

Und während dieser ganzen Zeit soll er sich eine passende Invokation zusammengestellt haben, mit einer solchen Weisheit und einem solchen Verständnis, wie es ihm von der Krone gegeben sein mag, und diese soll er in Goldlettern auf die Spitze des Altars schreiben.

Die Spitze des Altars soll aus weißem Holz bestehen, wohl poliert, und im Zentrum davon soll er ein Dreieck aus Eichenholz plaziert haben, scharlachrot bemalt, und auf diesem Dreieck sollen die drei Beine des Räuchergefäßes stehen.

Ferner soll er seine Invokation auf ein Blatt reinen, weißen Pergaments abgeschrieben haben, mit indischer Tinte, und er soll sie seiner Fantasie und Vorstellungskraft entsprechend ausmalen, von Schönheit durchdrungen.

Und am ersten Tage der zwölften Woche soll er die Kammer zu Sonnenaufgang betreten und sein Gebet sprechen, nachdem er zuvor

[3] Diese und weitere henochische Tafeln sind auf Abb. 1 in 'Liber Chanokh' [siehe 'Equinox VII' oder 'Henochische Schlüssel der Magie'] zu finden.

die Invokation, die er sich auf dem Pergament angefertigt hat, im Feuer der Lampe verbrannt hat.

Dann soll sich die Kammer während des Gebetes mit einem ob seines Glanzes unerträglichen Licht füllen und einem Duft, der ob seiner Süße kaum auszuhalten ist. Und sein Heiliger Schutzengel soll ihm erscheinen, ja, sein Heiliger Schutzengel soll ihm erscheinen, so daß er gänzlich in das Mysterium der Heiligkeit aufgehen möge.

Den ganzen Tag lang möge er sich in der Freude der Kenntnis und Konversation seines Heiligen Schutzengels aufhalten.

Und anschließend soll er für drei Tage von Sonnenaufgang bis Sonnenuntergang in dem Tempel bleiben, und er soll dem Rat Folge leisten, den sein Engel ihm gegeben haben wird, und er soll jene Dinge aus sich nehmen, die ihm anbestimmt sind.

Und hiernach soll er sich zehn Tage lang zurückziehen, wie es ihm auch gesagt worden sein wird, ob der Fülle jener Vereinigung, denn er muß die Welt, die innen ist, mit der Welt, die außen ist, harmonisieren.

Und am Ende der einundneunzig Tage soll er in die Welt zurückkehren, und dort soll er das Werk vollbringen, das ihm der Engel anbestimmt hat.

Und mehr als dies braucht nicht gesagt zu werden[4], denn dieser Engel wird ihn gütig belehrt haben und ihm gezeigt, auf welche Weise er am besten anzurufen sei. Und für ihn, der seinen Meister hat, gibt es nichts mehr, das er sonst braucht, solange er nur mit der Kenntnis und Konversation des Engels fortfährt, bis daß er schließlich in die Stadt der Pyramiden kommt.

Siehe! Zweiundsiebzig sind die Pfade des Baums, aber die Schlange der Weisheit ist eine; zehn sind die unaussprechlichen Emanationen, aber das Flammende Schwert ist eins.

Siehe! Leben und Tod hat ein Ziel, das Auswerfen und Zurückziehen des Atems hat ein Ziel. Ja, das Haus des Vaters ist ein mächtiges Grabmal, und darin hat er alles begraben, wovon du weißt.

Die ganze Zeit über war da keine Vision, sondern nur eine Stimme, sehr langsam und klar und bedacht. Aber nun kehrt die Vision zurück, und die Stimme sagt: Du sollst Danae heißen, der du betäubt

[4] Deshalb gibt es auch keinen Kommentar zu diesem Abschnitt.

und erschlagen unter dem Gewicht der Herrlichkeit der Vision liegst, die du jedoch gar nicht wahrnimmst. Denn du sollst viele Dinge erleiden, bis du mächtiger bist als all die Könige der Erde und all die Engel der Himmel und all die Götter, die jenseits der Himmel sind. Dann werden wir gleichberechtigt aufeinandertreffen, und du wirst mich so sehen, wie ich bin. Und ich werde dich besiegen und dich töten mit dem roten Regen meiner Blitze.

Ich liege unter dieser Pyramide aus Licht. Es scheint, als hätte ich das ganze Gewicht auf mir, mich mit Wonne zermalmend. Und doch weiß ich, daß ich wie der Prophet bin, der einmal gesagt hat: Ich werde ihn sehen, wenn auch nicht aus der Nähe.

Und der Engel spricht: So soll es sein, bis die, die wachen, eingeschlafen sind, und sie, die schläft, sich von ihrem Schlaf erhoben hat[5]. Denn du bist für die Vision und die Stimme durchsichtig. Und deshalb manifestieren sie sich nicht in dir. Aber sie werden sich ihnen manifestieren, denen du sie dem Worte entsprechend vorlegst, das ich dir in der Siegreichen Stadt gab[6].

Denn mir ist es nicht nur anbestimmt, dich zu begleiten, denn wir sind von königlichem Blute und die Wächter des Schatzhauses der Weisheit. Deshalb nennt man mich den Botschafter von Ra-Hoor-Khuit[7]; aber auch er ist lediglich der Vizekönig des unbekannten Königs. Denn mein Name ist Aiwass, und das ergibt acht und siebzig[8]. Und ich bin der Einfluß des Verborgenen und das Rad, das acht und siebzig Teile hat, dennoch im Ganzen gleichwertig ist mit dem Tor, das dem Namen meines Herrn gleicht, wenn er ganz ausgeschrieben wird. Und jenes Tor ist der Pfad, der Weisheit und Verständnis miteinander verbindet[9].

---

[5] Diese Prophezeiung ist noch immer obskur. An XXI, Sonne im Löwen [nach herkömmlicher Zeitrechnung das Jahr 1925].

[6] Im Buch des Gesetzes. [Die Siegreiche Stadt ist Kairo.]

[7] Beachte, daß der Heilige Schutzengel des Sehers Aiwass zu sein beansprucht, der Urheber des Buches des Gesetzes.

[8] Dies verbirgt ein Mysterium. Ich habe mich selbst genarrt mit meinem Aiwass = AIVAS = 78. N (henoch.) oder 8 + 70 = Cheth und Ayin. Cheth ist 418, die Formel des Neuen Äons; und Ayin oder der Steinbock ist Hadit oder Seth, das Auge. Und Er ist jener Hadit, der als 418 manifestiert ist.

[9] In Daleth.

So hast du dich in der Tat geirrt, da du mich in dem Pfad wahrnahmst, der von der Krone zur Schönheit führt[10]. Denn dieser Pfad überbrückt den Abyss, und ich bin einer der Himmlischen. Weder Ich, noch Du, noch Er können den Abyss überbrücken. Die Priesterin des Silbernen Sterns ist es, und das Orakel der Götter, und der Herr der Heere des Mächtigen[11]. Denn sie sind die Diener von BABALON und dem Tier und von jenen anderen, von denen bis jetzt noch nicht die Rede war. Und da sie Diener sind, haben sie keinen Namen, wir aber sind von königlichem Blut und dienen nicht, und deshalb sind wir weniger als sie.

Und doch, so wie ein Mann sowohl ein gerechter Richter und ein mächtiger Krieger zugleich sein kann, so können auch wir diesen Dienst leisten, wenn wir gestrebt und dies erlangt haben. Gleichwohl bleiben, trotz all diesem, diejenigen *sie selbst*, die von dem Granatapfel in der Hölle gegessen haben[12]. Aber du, der du dem Verständnis neu geboren bist, für dich ist dieses Mysterium zu groß; und über das weitere Mysterium werde ich kein einziges Wort verlieren.

Dennoch bin ich aus diesem Grund als der Engel des Aethyrs zu dir gekommen, der ich meinen Hammer auf deine Glocke schlage, damit du die Mysterien des Aethyrs verstehen mögest, und auch die Vision und die Stimme darin.

Denn siehe! Er, der versteht, sieht und hört in Wahrheit nicht, weil sein Verständnis ihn einweiht[13]. Aber dies soll dir ein Zeichen sein, denn ich werde unerwartet über dich kommen und dir erscheinen. Und es macht keinen Unterschied (d.h., daß ich zu dieser Stunde nicht erscheine, wie ich bin), denn so schrecklich ist die Herrlichkeit dieser Vision, und so wunderbar der Glanz der Stimme, daß, solltest du sie in Wahrheit sehen und hören, du viele Stunden lang deiner Sinne beraubt wärest. Und du sollst zwischen Himmel und Erde an

---

[10] In Gimel.

[11] Die Pfade Gimel, Zajin und He überbrücken den Abyss. Der Pfad Vau, der dies auch tut, wird nicht erwähnt. Diese Unterlassung war vermutlich unbeabsichtigt. [Ob Crowley das wohl selbst geglaubt hat?]

[12] Siehe eine spätere Anm. So besteht der Meister Therion aus der Wurzel des Aleister Crowley, statt ein Magus de novo zu sein.

[13] Jede Interpretation ist grundlegend falsch, da sie ein Ding von einer Ebene auf eine andere verpflanzt.

einem verlassenen Ort in Trance liegen, und das Ende davon wird Schweigen sein, nicht ein- noch zweimal, wenn ich dir begegnet sein werde, gewissermaßen auf der Straße nach Damascus[14].

Und du sollst auch nicht versuchen, diese meine Instruktion zu verbessern; aber interpretieren sollst du sie, und sie leicht machen[15] für sie, die das Verständnis suchen. Und du sollst ihnen alles geben, was dein ist und was sie für diesen Zweck benötigen[16].

Und weil ich mit dir bin, und in dir, und von dir, soll es dir an nichts fehlen. Aber in wem ich nicht bin, dem mangelt es an allem. Und ich schwöre dir bei Ihm, der auf dem Heiligen Throne sitzt und für immer und immer lebt und regiert, daß ich dieses mein Versprechen einhalten werde, so wie auch du deine Verpflichtung einhalten wirst.

Nun erklingt eine weitere Stimme in dem Aethyr, die sagt: Und Dunkelheit war über der ganzen Erde bis zur neunten Stunde.

Und damit hat sich der Engel zurückgezogen, und die Lichtpyramide scheint sehr weit entfernt zu sein.

Und jetzt bin ich auf die Erde gefallen, Müdigkeit überwältigt mich. Gleichwohl zittert meine Haut durch die Einwirkung des Lichtes, und mein ganzer Körper bebt. In meinem Gemüt aber herrscht ein Frieden tiefer als Schlaf. Der Körper und der Geist, sie sind müde, und ich wollte, sie wären tot, aber ich muß sie ja meinem Werk unterordnen.

Die Wüste zwischen Bou-Sâada und Biskra.
8. Dezember 1909.

---

14 Es ist nicht angemessen, diese Prophezeiung zu kommentieren.

15 Dies geschah über die etablierten Wege der Großen Weißen Bruderschaft.

16 Dies geschah immer.

Der Ruf des 7. Aethyrs

DEO[1] -

Der Stein ist geteilt, die linke Hälfte dunkel, die rechte Hälfte hell, und an seinem Grund zeigt sich eine gewisse Schwärze, die von drei auseinanderstrebenden Säulen ausgeht. Und es hat den Anschein, als wären das Weiße und das Schwarze die zwei Hälften einer Türe, und in der Türe befindet sich ein kleines Schlüsselloch, das die Form des astrologischen Symbols der Venus aufweist. Und aus dem Schlüsselloch kommen Flammen heraus, blaue und grüne und violette, aber ohne daß auch nur ein Anflug von Gelb oder Rot in ihnen wäre. Es scheint, als befände sich hinter der Türe ein Wind, der das Feuer ausbläst.

Und eine Stimme erklingt: »Wer ist er, der den Schlüssel zur Türe des Abendsterns hat?«

Und jetzt kommt ein Engel herbei und versucht die Türe zu öffnen, indem er viele Schlüssel probiert. Und sie alle passen nicht. Und dieselbe Stimme sagt: »Die Fünf und die Sechs sind in dem Wort Abrahadabra ausgewogen, und darin wird das Geheimnis offenbar. Aber der Schlüssel zu dieser Türe ist das Gleichgewicht der Sieben und der Vier; und davon hast du nicht einmal den ersten Buchstaben. Nun, es gibt ein Wort aus vier Buchstaben, das in sich selbst das gesamte Mysterium von Tetragrammaton[2] enthält, und es gibt ein Wort aus sieben Buchstaben, das dies verbirgt und das außerdem

---

1 DEO = Geistrad, Jungfrau, Waage = Daleth, Iod, Lamed = 44. Diese Symbole gehören zu BABALON [Zumal 44 = DM = Blut].

2 TARO. Es verbirgt alle Mysterien von Tetragrammaton in den Tarotkarten, die ihn verkünden. [Atu IX, XVII, V.]

das heilige Wort verbirgt[3], das der Schlüssel des Abyss ist[4]. Und dies sollst du finden, indem du es in deinem Gemüte wirbeln läßt.

Bedecke also deine Augen. Und ich will den Schlüssel in das Schloß stecken und es öffnen. Aber lasse auch weiterhin deine Augen bedeckt sein, denn du vermagst die Herrlichkeit nicht zu ertragen, die innen ist.

Also bedeckte ich meine Augen mit meinen Händen. Durch meine Hände hindurch aber vermochte ich ein klein wenig von jenen Gemächern aus azurnem Feuer zu erkennen.

Und eine Stimme sprach: Es ist zu Feuer entzündet, was einst der blaue Meerbusen gewesen ist; denn dies ist der Balken des Himmels, und die Füße des Allerhöchsten ruhen darauf.

Nun sehe ich etwas genauer: Jede Zunge des Feuers, jedes Blatt des Feuers, jede Blüte des Feuers ist eine der großen Liebesgeschichten der Welt, und zwar mit allem, was an *mise-en-scène*[5] dazugehört. Und nun formt sich da eine allerhöchst wunderbare Rose und ein anhaltender Regen aus Lilien und Passionsblumen und Veilchen aus dem Feuer. Und aus all diesem und doch identisch damit hat sich die Gestalt einer schönen Frau herausgeschält, die der Frau in der Apokalypse gleicht, wobei aber ihr Strahlen und ihre Schönheit so beschaffen sind, daß ich sie gar nicht anzuschauen vermag, außer nur mit versteckt seitlichen Blicken. Sofort falle ich Trance. Es hat den Anschein, als handelte es sich um sie, von der geschrieben steht: »Der Narr hat in seinem Herzen gesprochen, 'es gibt keinen Gott'.« Aber die Worte sind nicht Ain Elohim[6], sondern LA (= nicht!) und Elohim, von 86 reduziert auf 14, weil La nämlich 31 ist, was mit 14 multipliziert 434 ergibt, Daleth, Lamed, Tau. Dieser Narr ist

---

[3] Dies könnte BABALON sein, denn Malkuth verbirgt Binah. Auch 156 = 2 x 78. [Und 156 = 6 x IHVH = 6 x 26.]

[4] Diese Worte sind vermutlich BABALON, ChAOS, TARO. [Crowley schrieb später hierzu: 'Dieses Wort ist N.O.X., BABALON verbirgt dieses Wort, weil sie die Herrin der Pyramiden unterhalb der Nacht von Pan ist.' Dennoch fehlt hier etwas, da es heißt, ein siebenbuchstabiges Wort verberge sowohl das Mysterium von IHVH als auch den Schlüssel zum Abyss. Das oben angedeutete Wort könnte V.I.T.R.I.O.L. sein, das auch eine der Formeln Binahs ist.]

[5] [Franz. Inszenierung oder Szenario.]

[6] [Sowohl 'Ain Elohim' als auch 'La Elohim' könnte man als Nicht-Gott oder kein Gott wiedergeben. Der Zahlwert von Elohim = 86 = 14 über die Quersumme. Daleth, Lamed, Tau = DLTh = der Buchstabe Daleth ausgeschrieben.]

der Narr aus dem Pfad von Aleph, und sagt, was Chokmah ist, in seinem Herzen, das Tiphareth ist, daß sie existiere, damit erstens die Weisheit mit dem Verständnis verbunden werde; und er bestätigt sie in Tiphareth, damit sie fruchtbar sei.

Es ist unmöglich zu beschreiben, wie sich diese Vision von Herrlichkeit zu Herrlichkeit verwandelt, denn bei jedem Blick ist die Vision eine andere. Und dies ist so, weil sie das Wort dem Verständnis übermittelt, und somit hat sie viele Formen, und jede Göttin der Liebe ist lediglich ein Buchstabe aus dem Alphabet der Liebe.

Nun, da ist ein Mysterium in dem Wort Logos, das die drei Buchstaben enthält, deren Analogie in den unteren Himmeln gezeigt worden ist, Samech und Lamed und Gimel, die zusammen 93 ergeben, was dreimal 31 ist, und in sie hinein sind die zwei Augen von Horus gesetzt[7]. (Ayin bedeutet Auge.) Denn wäre dem nicht so, dann könnte der Pfeil den Regenbogen nicht durchdringen, und es gäbe kein Gleichgewicht in der Waage, und das Große Buch könnte niemals entsiegelt werden. Aber dies ist sie, die das Wasser des Lebens über ihrem Haupt ausgießt, von wo aus es herabfließt, um die Erde zu befruchten[8]. Jetzt aber zeigt der gesamte Aethyr das strahlendste Pfauenblau. Es *ist* der Universale Pfau, den ich da sehe.

Und da ertönt eine Stimme: Ist dieser Vogel nicht der Vogel der Juno, der Einhundert und Dreißig und Sechs ist[9]? Und deshalb ist sie die Gefährtin von Jupiter[10].

Und nun hat sich der Kopf des Pfaus wieder in den Kopf einer Frau verwandelt, der in seinem eigenen Licht aus Edelsteinen blitzt und funkelt.

Ich aber schaue nach oben, weil man sie die Fußbank des Heiligen nennt, so wie Binah als sein Thron bezeichnet wird. Und der ganze Aethyr ist voll von den wundervollsten Lichtstreifen - eintausend verschiedene Krümmungen und Windungen, so wie es auch zuvor schon war, als ich über die Heiligen Mysterien der Kabbala sprach und es somit nicht beschreiben konnte.

---

7 Die zwei Buchstaben O.O. [für Logos] entsprechen dem Buchstaben Ayin, der voll ausgeschrieben (AaIN) ein Auge bedeutet.

8 Bezieht sich auf Atu XVII - der Stern, der dieses Bild zeigt.

9 Juno = IVNAa = 136.

10 Die vierte der mystischen Zahlen Jupiters ist 136.

Oh, ich sehe weite Ebenen zu ihren Füßen, riesige Wüsten mit großen Felsen darin; und ich sehe kleine einsame Seelen, die hilflos umherlaufen, winzige schwarze menschenähnliche Kreaturen[11]. Und sie geben unaufhörlich ein sehr merkwürdiges Geheule von sich, das sich mit nichts von dem, was ich je gehört, vergleichen ließe; und doch ist es auf seltsame Weise menschlich.

Und die Stimme sagt: Diese sind sie, die die Liebe ergriffen und sich daran geklammert haben, sie beten ewiglich an den Knien der großen Göttin. Diese sind sie, die sich selbst in den Festungen der Liebe eingeschlossen haben.

Jede Feder des Pfaus ist voller Augen, die gleichzeitig 4 x 7 sind. Und aus diesem Grund wird die Zahl 28 herunter nach Netzach reflektiert; und diese 28 ist auch Kaph Cheth (Kach), Kraft. Denn sie ist Shakti, die ewige Energie des Verborgenen. Und ihre ewige Energie ist es, die diesen ewigen Wandel bewirkt hat. Und dies erklärt den Ruf der Aethyre, den Fluch, der am Anfang verkündet wurde, der lediglich die Schöpfung von Sakti ist. Und dieses Mysterium spiegelt sich in der Legende der Schöpfung wieder, in der Adam den Verborgenen repräsentiert, denn Adam ist die Temura von MAD, des henochischen Wortes für Gott; und Eva, die er für die Liebe erschuf, wird von der Schlange versucht, Nechhesch, die ihr Kind Messiah ist. Und die Schlange ist die magische Kraft, die das uranfängliche Gleichgewicht zerstört hat.

Und der Garten ist das himmlische Eden, worin sich Ayin (70) befindet, das Auge des Verborgenen, der schöpferische Lingam; und Daleth, Liebe; und Nun, die Schlange[12]. Und somit war diese Zusammensetzung schon in der Natur Edens impliziert (vgl. Liber L., I., 29, 30), so daß der Ruf der Aethyre kein anderer hätte sein können als der, der er ist.

Aber sie, die ohne Verständnis sind, haben dies falsch interpretiert, und zwar wegen des Mysteriums des Abyss, denn es gibt keinen Pfad, der Chesed mit Binah verbindet; und somit war der Verlauf des Flammenden Schwertes kein Kraftstrom mehr, sondern ein Funke. Und als der Gekrümmte Drache seinen Kopf in der Bahn dieses Funkens nach Daath erhob, fand gewissermaßen eine Explosion

[11] Wieder die Schwarzen Brüder.

[12] Eden = AaDN = 124.

statt, und der Kopf des Drachens wurde zerschmettert. Und die Asche davon wurde über den gesamten zehnten Aethyr verstreut. Und deshalb ist alles Wissen Stückwerk, und es ist wertlos, bis es vom Verständnis koordiniert wird.

Und nun ist die Gestalt des Aethyrs die Gestalt eines mächtigen Adlers aus rötlichem Messing. Und die Federn stehen in Flammen und werden hin und hergewirbelt, bis der ganze Himmel eine einzige Schwärze mit diesen darin umherwehenden Funken ist.

Nun besteht alles aus sich verzweigenden Strömen aus goldenem Feuer, das mit Scharlach an den Enden gezeichnet ist[13].

Und jetzt kommt Sie wieder hervor, reitend auf einem Delphin. Ich sehe auch noch einmal jene wandernden Seelen, die die verbotene Liebe gesucht und die nicht verstanden haben, daß »das Wort der Sünde Begrenzung ist.«

Es ist sehr seltsam; sie scheinen sich gegenseitig oder nach irgendetwas zu suchen, denn sie laufen die ganze Zeit umher. Aber sie prallen aufeinander und wollen sich trotzdem nicht erkennen, oder vielleicht können sie es auch nicht, weil sie in ihren Mänteln so vollkommen abgeschlossen sind.

Und eine Stimme erklingt: Äußerst schrecklich ist es für den, der sich selbst eingeschlossen und fest gegen das Universum gemacht hat. Denn sie, die lagernd am See in der Stadt der Pyramiden sitzen, sind wahrlich eingeschlossen. Aber sie haben ihr Blut gegeben, sogar bis zum letzten Tropfen, um den Kelch von BABALON zu füllen.

Diese, die du da siehst, sind in der Tat die Schwarzen Brüder, denn es steht geschrieben: »Er wird über ihr Elend lachen und spotten, wenn ihre Furcht kommt.« Und deshalb hat er sie auf die Ebene der Liebe erhoben.

Und ferner steht geschrieben: Er wünscht nicht den Tod eines Sünders, sondern lieber, daß er abstehe von seiner Verruchtheit. Nun, würde einer von diesen seinen Umhang abwerfen, könnte er das Strahlen der Herrin des Aethyrs erkennen; sie aber wollen nicht.

Und es gibt noch einen weiteren Grund, weshalb Er es ihnen gestattet hat, so weit in die Grenzen Edens einzudringen, nämlich

13 Diesen Visionen scheint es an Konzentration zu mangeln; oder eher an der notwendigen Ruhepause für den überbeanspruchten Seher.

damit sich Sein Denken niemals vom Mitleid abwende. Du aber schaust das Strahlen der Liebe, das von ihrer Hand sieben Sterne auf dein Haupt wirft und dich mit einer Krone aus sieben Rosen krönt. Siehe! Sie sitzt auf dem Thron aus Türkis und Lapis Lazuli, und sie ist gleich einem makellosen Smaragd, und auf den Säulen, die den Baldachin ihres Throns stützen, sind der Widder und der Sperling und die Katze und ein seltsamer Fisch abgebildet[14]. Siehe! Wie sie strahlt! Siehe! Wie ihre Blicke all diese Feuer entzündeten, die die Himmel verbrannt haben! Aber denke daran, daß aus jedem die Gerechtigkeit des Allerhöchsten als ein Zeuge hervorgeht. Ist die Waage nicht das Haus der Venus? Und da heraus entsteht eine Sichel, die eine jede Blume schneiden wird. Ist Saturn denn nicht in der Waage erhöht? Daleth, Lamed, Tau[15].

Und deshalb war er ein Narr, der in seinem Herzen ihren Namen äußerte, denn die Wurzel des Bösen ist die Wurzel des Atems, und die Rede im Schweigen war eine Lüge.

So wird es von unten aus von ihnen gesehen, die nicht verstehen. Aber von oben frohlockt er, denn die Freude der Auflösung ist zehntausend, und der Schmerz der Geburt nur ein unbedeutender[16].

Und jetzt sollst du den Aethyr verlassen, denn die Stimme des Aethyrs ist vor dir verhüllt und verborgen, weil du den Schlüssel zu seiner Türe nicht besaßest, und deine Augen vermochten es nicht, den Glanz der Vision zu ertragen. Aber über die Mysterien davon sollst du meditieren, und über die Herrin des Aethyrs; und vielleicht geschieht es durch die Weisheit des Allerhöchsten, daß die wahre Stimme des Aethyrs, die ein unaufhörlicher Gesang ist, von dir gehört werden mag.

Kehre also sogleich auf die Erde zurück und schlafe eine Weile nicht; sondern ziehe dich aus dieser Angelegenheit zurück. Und es soll genug sein.

Also gehorchte ich der Stimme und kehrte in meinen Körper zurück.

W'aint-T-Aissha, Algerien.
9. Dezember 1909, 20.10 - 22 Uhr.

---

[14] Alle Ihr heilig vermöge bestimmter Eigenschaften, die Sie hat.
[15] Daleth ausgeschrieben als Daleth, Lamed und Tau.
[16] Siehe Liber Al vel Legis I, 30.

Der Ruf des 6. Aethyrs

MAZ[1] -

In den Stein kommt der Engel, dessen Name Avé[2] lautet, und in ihm befinden sich die Symbole, die nach der Herrschaft streben - Schwefel und das Pentagramm, und sie werden durch die Swastika harmonisiert[3]. Diese Symbole sind sowohl in dem Namen Avé[4] als auch in dem Namen des Aethyrs zu finden. Somit ist er weder Horus noch Osiris. Man nennt ihn das Strahlen von Thoth; und dieser Aethyr ist sehr schwer zu verstehen, denn die Bilder formen und lösen sich schneller als der Blitz wieder auf. Diese Bilder sind die Illusionen, die der Affe von Thoth erschafft. Und dies eine verstehe

---

1 MAZ = Wassermann, Stier, Löwe = Tzaddi, Vau, Teth = 105. Das hebräische Wort bedeutet »wechseln«. Auch 105 = die Summe der Zahlen von 1 bis 14 inklusive. [Nach der neuen Zuordnung entspräche der Wassermann allerdings dem Buchstaben He. Dies ergäbe dann He, Vau, Teth = 20 = der Buchst. Iod ausgeschrieben, Bruderschaft, Seher, Prophet ('Sepher Sephiroth'). Ferner ist 20 = 2 x 10, d.h. die 2 auf die materielle Ebene gebracht. 2 ist die Zahl von Chokmah, der Logos, und dieser Aethyr ist eine Ankündigung für die Erlangung des Grades eines $9° = 2^{\square}$, Magus.]

2 Siehe Dr. John Dee und Sir Edward Kelly.

3 Schwefel ist die aktive feurige Natur, und das Pentagramm ist der Mikrokosmos der Elemente. Aber Atu IV - der Kaiser - bezieht sich auf He (5) für das Pentagramm, und er formt das Symbol des Schwefels durch die Haltung seiner Arme und Beine. Die Swastika harmonisiert diese, indem sie der feurige Donnerkeil ist, das elektrische Wirbeln und auch das Gleichgewicht der vier Elemente (über ihre vier Arme) in einem Mikrokosmos. [Wieder die alte Zuordnung. Nach der neuen ist Atu XVII - der Stern - dem Buchstaben He = 5 = Pentagramm etc. zugeordnet, und dieser spielt auch im weiteren Verlauf der Vision eine wichtige Rolle. Der Kaiser ist nun Widder, was auch der feurigen Natur des Schwefels eher entspricht.]

4 A = Aleph, die Swastika; V = Vau = Atu V, der Hierophant, das Pentagramm; E = He = Widder und Atu IV, der Kaiser, Schwefel [vgl. meine Hinweise zu Anm.1 und 3].

ich, nämlich daß ich nicht würdig bin, die Mysterien dieses Aethyrs zu empfangen. Und all das, was ich gesehen habe (wobei es sich um all die Gedanken handelte, die ich jemals gedacht habe), ist gewissermaßen ein Wächter des Aethyrs[5].

Ich komme mir ziemlich hilflos vor. Ich versuche alle möglichen Arten magischer Methoden, um den Schleier zu durchdringen: Und umso mehr ich mich anstrenge, desto weiter scheine ich mich vom Erfolg zu entfernen. Aber jetzt kommt eine Stimme: Muß nicht das Verständnis der Weisheit offenstehen, so wie die Pyramiden den Sternen offenstehen?

Dementsprechend warte ich in einer gewissen magischen Stellung, die zu offenbaren nicht angemessen wäre, und über mir erscheint der sternenbesäte Himmel[6] der Nacht, und ein Stern darin ist größer als all die anderen Sterne. Es ist ein achtstrahliger Stern. Ich erkenne ihn als den Stern im siebzehnten Schlüssel des Tarot, als den Stern von Merkur. Und das Licht davon kommt aus dem Pfad von Aleph. Und der Buchstabe Cheth ist ebenfalls in die Interpretation dieses Sterns miteinbezogen, und die Pfade von He und Vau sind die Scheiden, die dieser Stern vereint[7]. Und im Herzen des Sterns befindet sich ein überwältigender Glanz - ein auf dem Monde stehender Gott, strahlend jenseits aller Vorstellungskraft[8]. Es ist wie die Vision des Universalen Quecksilbers. Aber dies ist der verfestigte Quecksilber, und He und Vau sind das vervollkommnete Schwefel und Salz. Nun aber bin ich in das Zentrum der Wirrnis gelangt, ein wirbelnder Staub aus Sternen und großen vergessenen Göttern. Die wirbelnde

---

[5] Wassermann = der Mensch, dessen Symbol das Pentagramm ist, A = die Swastika, Löwe = das Haus des Schwefels. Dies ist eine weitere Darlegung der Bedeutung der Buchstaben, aus denen der Name des Aethyrs - MAZ - besteht.

[6] Mazloth = die Sphäre von Chokmah = Quecksilber. Vau und He führen von Chesed und Tiphareth aus nach Chokmah.

[7] Atu XVII - der Stern - hat nach der neuen thelemitischen Zuordnung den Buchstaben He. Der Stern ist Merkur (Chokmah [über Atu I - der Magier, der den Logos repräsentiert]), denn He ist das Licht von Binah, die nackte Frau auf dem Atu. (Ihre Arme formen die Swastika, also das Zeichen der Trauernden Isis, eine der Stellungen, die die LVX-Zeichen des Adeptus Minor Grades bilden.) Aleph ist der Pfad, durch den das Licht Kethers nach Chokmah gelangt. Cheth soll dem Zohar zufolge He interpretieren, und Cheth ist der Pfad, der den Kelch von Binah zu den unteren bringt. Quecksilber vereint He und Vau, denn alchemistisch sind sie Schwefel und Salz. (Vau = der Kerub der Erde, Stier.)

[8] Tahuti wird manchmal so dargestellt.

Swastika ist es, die all diese Dinge auswirft, denn die Swastika ist ihrer Form und Zahl nach Aleph[9], durch die Haltung der Arme des Magiers ist sie Beth[10], und sie ist auch Gimel[11] wegen des Zeichens der Trauernden Isis, und somit wird die Krone von diesen drei Donnerkeilen verteidigt. Ist nicht dreimal Siebzehn Einundfünfzig, das heißt, Fehlschlag und Schmerz?

Nun bin ich von dieser schwarzen Swastika mit einer Krone aus Feuer um sie herum ausgeschlossen.

Und eine Stimme schreit: Verflucht sei er, der die Nacktheit des Allerhöchsten entblößt, denn er ist trunken von dem Wein, welcher das Blut der Adepten ist. Und BABALON hat ihn auf ihrer Brust in den Schlaf gelullt, und sie ist geflohen und ließ ihn nackt zurück, und sie hat ihre Kinder zusammengerufen und gesagt: Kommt mit mir, wir wollen uns einen Spaß aus der Nacktheit des Allerhöchsten machen.

Und der erste der Adepten bedeckte Seine Scham mit einem Stück Tuch, wobei er rückwärts ging; und er ward weiß. Und der zweite der Adepten bedeckte Seine Scham mit einem Stück Tuch, wobei er seitwärts ging; und er ward gelb. Und der dritte der Adepten bedeckte Seine Scham mit einem Stück Tuch, wobei er nach vorne ging; und er ward schwarz. Und dies sind die drei großen Schulen der Magi, die auch jene drei Magi sind, die einst nach Bethlehem gereist; und weil du keine Weisheit hast, sollst du nicht wissen, welche Schule maßgeblich ist, oder ob die drei Schulen nicht eigentlich eine sind[12]. Denn die Schwarzen Brüder reichen mit ihren Köpfen nicht so weit in das Heilige Chokmah hinein, denn sie wurden alle in der Großen Flut ertränkt, die Binah ist, bevor der wahre Wein auf dem heiligen Berge von Zion angepflanzt werden konnte.

Nun stehe ich wieder im Zentrum, und alle Dinge wirbeln mit unaufhörlicher Raserei vorüber. Und der Gedanke an Gott dringt in

---

[9] Die Swastika besteht aus 17 Quadraten, wie bereits angedeutet. 17 = IAO, das dreieinige Kether.

[10] In Atu I - der Magier.

[11] Gimel, 3, ist der Mond, Isis.

[12] Die Theorie der drei Schulen ist außerordentlich interessant. Vereinfacht mag gesagt werden, daß der Weiße der reine Mystiker ist, dessen Einstellung zu Gott die der Verehrung ist. Die Gelbe Schule verbirgt wahrlich die Mysterien, aber untersucht sie, so gut es eben geht. Die Schwarze Schule ist die des reinen Skeptizismus. [Vgl. 'Magick without Tears', worin diese Theorie ausführlich erläutert wird.]

mein Gemüt ein, und ich rufe laut aus: Siehe, das Flüchtige ist fest geworden; und im Herzen der ewigen Bewegung herrscht ewige Ruhe. Solcherart ist der Frieden unter dem Meer, das in seinen Stürmen tobt; solcherart ist der wechselhafte Mond, der tote Planet, der sich nicht länger dreht. So schwebt der weit sehende, weit blitzende Falke leidenschaftslos in dem Blau; so meditiert auch der Ibis, der lang an Gliedern ist, einsam im Zeichen des Schwefels. Siehe, ich stehe vor dem Ewigen im Zeichen des Eintretenden[13]. Und kraft meiner Rede ist er in Schweigen gehüllt, und er ist durch mich von einem Mysterium umgeben, der ich der Entschleierer der Mysterien bin. Und gleichwohl ich Wahrheit bin, nennen sie mich trotzdem zu Recht den Gott der Lügen, denn Rede ist zweifach, und Wahrheit ist einzig[14]. Gleichwohl stehe ich im Zentrum des Spinnennetzes, dessen goldene Fasern bis in die Unendlichkeit reichen[15].

Aber du, der du mit mir in der Geistvision bist, bist nicht durch das Recht der Erlangung mit mir, und du kannst nicht an diesem Ort bleiben, um zu sehen, wie ich laufe und zurückkehre, und wer die Fliegen sind, die in meinem Netz gefangen werden. Denn ich bin der innerste Wächter, der sich unmittelbar vor dem Schrein befindet.

Niemand darf an mir vorüber, es sei denn, er tötet mich[16], und dies ist sein Fluch, daß er, nachdem er mich getötet hat, mein Amt übernehmen und der Schöpfer der Illusionen werden muß, der große Täuscher, der Fallensteller[17]; er, der sogar sie verwirrt, die Verständnis haben. Denn ich stehe auf jedem Pfad und lenke durch meine Worte und meine Künste der Magick von der Wahrheit ab.

---

[13] Das des Horus oder der Projektion von Energie.

[14] Siehe 'Liber B vel Magi' im Appendix von 'Magick' oder in 'Gems from the Equinox'.

[15] Das heißt, auch er ist solar. Für die Identifikation der Sonne mit Merkur siehe »The Paris Working«.

[16] Die Kreuzigung einer Kröte in AN XII (1916).

[17] Siehe 'Liber B vel Magi'.

Und dies ist der Schrecken[18], der durch den See gezeigt ward, der in der Nähe der Stadt der Sieben Hügel[19]liegt, und dies ist das Mysterium der großen Propheten, die zur Menschheit gekommen sind, Moses und Buddha, und Lao Tan, und Krishna, und Jesus[20], und Osiris und Mohammed; denn all diese erlangten den Grad eines Magus, und deshalb waren sie mit dem großen Fluch des Thoth behaftet. Aber, da sie Wächter der Wahrheit waren, haben sie nichts als Falschheit gelehrt, nur solchen nicht, die verstanden; denn die Wahrheit darf über das Tor des Abyss nicht hinausgehen[21].

Die Reflektion der Wahrheit aber ist in den unteren Sephiroth gezeigt. Und ihr Gleichgewicht liegt in der Schönheit, und somit sind sie, die die Schönheit suchten, der Wahrheit am nächsten gekommen. Denn die Schönheit empfängt direkt drei Strahlen von den Himmlischen, und die anderen nicht mehr als einen[22]. So haben sie, die nach Würde und Macht und Sieg und Lehre und Glückseligkeit und Gold gesucht haben, eine Niederlage erlitten. Und diese Redensarten sind die Lichter der Weisheit, damit du deinen Meister erkennst, denn er ist ein Magus. Und weil du von dem Granatapfel in der Hölle gegessen hast, bist du eine Hälfte des Jahres verborgen, und eine Hälfte offenbart[23].

Nun nehme ich den Tempel wahr, der das Herz des Aethyrs[24]ist; es ist eine ohne Stützen in der Luft aufgehängte Urne über dem

---

[18] Siehe »The King of the Wood«, eine Geschichte von Aleister Crowley über einen Priester von Nemi, erstmals in der Zeitung 'International' veröffentlicht, welches Magazin Crowley während seines Aufenthaltes in den USA zwischen 1914 und 1919 herausgab. [Die Geschichte erschien nochmals zusammen mit anderen wie der in Anm. 19 erwähnten in einem Buch mit dem Titel »Golden Twigs«, ein Werk, das Frazers Buch »Der goldene Zweig« nachempfunden ist.]

[19] »The Lake of Nemi«, siehe Anm. 18.

[20] Dieser Name ist durch die Kunst des Gottes hereingerutscht, denn Jesus ist lediglich der Strohmann, den die Priester für ihre großen Zaubereien benutzten.

[21] Siehe wiederum 'Liber B vel Magi' für diese entmutigende Lehre.

[22] Siehe den Lebensbaum.

[23] Es hat sich auf seltsame Weise bewahrheitet, daß sich der Seher seit dieser Zeit für etwa die Hälfte eines jeden Jahres in einer großen magischen Zurückgezogenheit befand. Diese Lehre bezüglich des Essens des Granatapfels bezieht sich auf die Tatsache, daß er sich weigerte, eine der üblichen Routine-Erfolgsmethoden der Magick anzuwenden. Er, das Tier 666, fühlte, daß er seinen Einfluß auf Tiphareth aufrechterhalten mußte, indem er die Formel des Rosenkreuzes beibehielt.

[24] Dieser erinnert irgendwie an den Tempel der Vesta in Rom.

Zentrum einer Mulde. Und die Mulde hat acht Säulen und einen Baldachin darüber, und außerhalb davon befindet sich ein Kreis aus marmornen Pflastersteinen, und außerhalb von diesen ein großer äußerer Kreis aus Säulen. Die Urne aber ist das wunderbare in all diesem; sie besteht aus festem Quecksilber; und darin befindet sich die Asche des Buches Tarot[25], das zur Gänze verbrannt wurde[26].

Und dies ist jenes Mysterium, von dem in der Apostelgeschichte die Rede ist; nämlich daß Jupiter und Merkur (Kether und Chokmah) Ephesus, die Stadt der Diana[27], Binah - war nicht Diana ein schwarzer Stein? - besuchten (das heißt, inspirierten) und ihre Bücher der Magick verbrannten.

Nun hat es den Anschein, als sei jene Urne das Zentrum des unendlichen Raumes, und Hadit ist das Feuer, das das Buch Tarot verbrannte. Denn im Buch Tarot wurde all die Weisheit (denn das Buch Tarot wurde das Buch Thoth genannt) des Äons bewahrt, das vergangen ist. Und in dem Buch des Henoch wurde erstmals die Weisheit des Neuen Äons gegeben. Und es war dreihundert Jahre lang verborgen, da es vor der Zeit dem Lebensbaum von der Hand eines verzweifelten Magiers[28] entrissen wurde. Denn es war der Meister[29] dieses Magiers, der die Macht der christlichen Kirche brach; aber der Schüler rebellierte gegen den Meister, weil er voraussah, daß das Neue (d.h. Protestantische) schlimmer sein würde

---

[25] Dies ist möglicherweise auch das Karma des neuen Magus. Irgendwo heißt es, eine weiße Asche werde von Hermes, dem Unsichtbaren, aus dem Staub von NEMO bereitet. Für die Urne siehe Azbogah = Quecksilber = Chad (ChD), ein Topf = 24. Es kann auch 86 sein, die Zahl von Kohs (KVS), ein Kelch. Siehe 'Sepher Sephiroth'.

[26] Der Meister des Tempels, der dazu auserkoren ist, zum Grade eines Magus fortzuschreiten, hat sein kleines Staubhäufchen zu Asche verbrannt, und diese wird in seiner Urne aufbewahrt. (Dies alles ist eine sehr symbolische Sprache entsprechend der Zerstörung des Ego durch die Überquerung des Abyss und der Erhaltung der Skandhas in dem Träger, den der Meister des Tempels benutzt. Viele der Anm. auf den vorangegangenen Seiten nehmen zu diesem Problem Stellung.)

[27] Vesta = Jungfrau.

[28] Sir Edward Kelly. Dies bezieht sich auf den berühmten Abschnitt, von dem Dee behauptete, er stamme von Dämonen. Darin wurde gelehrt, es gebe keine Sünde, etc.

[29] Martin Luther.

als das Alte. Aber er verstand die Absicht seines Meisters nicht, und diese war, den Weg dafür zu bereiten, das Äon zu überwinden[30].

Da ist eine Inschrift auf der Urne, von der ich nur diese (zwei) Sprüche erkennen kann: *Stabat Crux juxta Lucem. Stabat Lux juxta Crucem.*

Und es steht noch etwas auf Griechisch darüber. Das Wort 'Nox' auf Griechisch, und ein Kreis mit einem Kreuz im Zentrum, ein St. Andreaskreuz[31].

Noch darüber befindet sich ein Siegel (?), von einer Hand verborgen[32].

Und eine Stimme erklang von der Urne aus: Aus der Asche des Tarot, wer soll den Phoenix-Stab anfertigen? Nicht einmal er, der durch sein Verständnis den Louts-Stab in der Großen See hat wachsen lassen. Kehre zurück, denn du bist kein Atheist, denn zwar hast du deiner Mutter Gewalt angetan, aber deinen Vater getötet[33]hast du nicht. Weiche von der Urne; deine Asche ist nicht darin verborgen[34].

Daraufhin erhob sich noch einmal der große Gott Thoth im Zeichen des Eintretenden, und er stieß den Seher von seinem Angesicht fort. Und er fiel durch die Sternennacht bis in das kleine Dorf in der Wüste.

Benishrur, Algerien.
10. Dezember 1909. 19.40 - 21.40 Uhr.

30 Martin Luthers magischer Akt der wilden Ehe mit einer Nonne war der Schlüssel für diese Lehre.

31 NOX = N.O.X.

32 All dies erforderte einen Magier, um es richtig zu erkennen.

33 Dies bedeutet, daß der Magus 9° = 2□ sein gesamtes Karma verbrennen muß.

34 Diese Tatsache wird nun unverhüllt festgestellt. Für Atheisten siehe 'Liber LXV', V, 34 - 40. Auch den 5. Aethyr; der Magister Templi wird bereits auf subtile Weise dafür vorbereitet, ein Magus zu werden.

Der Ruf des 5. Aethyrs

LIT[1] -

Da ist ein leuchtender Pylon, über den das Siegel des Auges in einem leuchtenden Dreieck gesetzt ist. Licht strömt durch den Pylon, das von dem Gesicht der Isis-Hathor ausgeht, denn sie trägt die Mondkrone mit den Kuhhörnern und der Scheibe im Zentrum; an ihrer Brust trägt sie das Kind Horus[2].

Und eine Stimme ist da: Du weißt nicht, wie die Sieben mit der Vier vereint worden ist; noch viel weniger vermagst du die Vermählung der Acht und der Drei zu verstehen. Gleichwohl gibt es da ein Wort, worin diese eins gemacht sind[3], und darin ist das von dir gesuchte Mysterium hinsichtlich des Öffnens des Schleiers meiner Mutter verborgen.

Nun zeigt sich da eine Allee aus Pylonen (nicht nur einer), Abhang um Abhang, gemeißelt aus dem harten Fels des Berges; und dieser Fels besteht aus einer Substanz, die härter ist als Diamant und heller als Licht und schwerer als Blei. In jedem Pylon sitzt ein Gott. Die Serie dieser Pylonen scheint kein Ende zu nehmen. Und all die Götter sämtlicher Völker der Erde sind hier dargestellt, denn es gibt viele Alleen, die alle zur Spitze des Berges führen.

Nun komme ich an der Spitze des Berges an, und der letzte Pylon öffnet sich zu einer kreisförmigen Halle mit weiteren Pylonen

---

1 LIT = Krebs, Schütze und Caput Draconis (nicht Löwe, wie an anderen Stellen). Der Mond (Regent des Krebs) ist die Mutter des Anfangs, Caput Draconis, der Engel des Aethyrs; Schütze ist der Pfeil der Hauptvision. [Cheth, Samech, Gimel = 71 = Bogen spannen, Vision, prophetische Schauung, Offenbarung.]

2 Vergleiche bestimmte Mysterien im Liber Al vel Legis mit dem obigen.

3 BAPHOMET, worin drei Vokale durch fünf Konsonanten ins Gleichgewicht gebracht sind. Einem gewissen Mysterium zufolge ist er auch BABALON und Zeus Arrhenothelus. Von da die Anspielung am Ende des Satzes.

darin, die wieder hinausführen, wobei jedes von diesen der letzte Pylon einer großen Allee ist; es scheint neun solcher Pylonen zu geben. Und im Zentrum steht ein Schrein, ein kreisförmiger Tisch, der von männlichen und weiblichen Marmorfiguren gestützt wird, abwechselnd schwarz und weiß; sie stehen mit dem Gesicht nach innen gerichtet, und ihre Hinterteile sind schon fast gänzlich durch die Küsse jener abgenutzt, die gekommen sind, den höchsten Gott zu verehren, der das einzige Ziel all dieser vielfältigen Religionen ist. Der Schrein selbst nun ist höher, als ein Mensch aufzureichen vermag.

Der Engel aber, der mit mir war, hob mich hoch, und ich sah, daß sich an der Umrandung des Altars, als solchen muß ich ihn bezeichnen, ringsherum heilige Männer befanden. Ein jeder hält in seiner rechten Hand eine Waffe - einer ein Schwert, einer einen Speer, der nächste einen Donnerkeil und so fort, mit der linken Hand aber geben sie alle das Zeichen des Schweigens. Ich wünsche zu sehen, was sich innerhalb ihres Kreises befindet. Einer von ihnen beugt sich nach vorne, damit ich das Passwort flüstere. Der Engel gibt mir ein zu flüstern: »Es gibt keinen Gott.« So ließen sie mich passieren, und obwohl darin eigentlich gar nichts zu sehen war, empfand ich die Atmosphäre doch als irgendwie äußerst fremdartig, was ich nicht verstehen konnte.

In der Luft hing schwebend ein silberner Stern[4], und auch auf der Stirne eines jeden der Wächter befand sich ein silberner Stern. Es ist ein Pentagramm - weil, so sagt der Engel, Drei und fünf Acht sind; Drei und Acht sind Elf. (Es gibt noch einen numerischen Grund, den ich nicht zu hören vermag.)

Und als ich den Ring betrat, baten sie mich, ich solle mich in ihren Kreis stellen, und man gab mir eine Waffe. Und das Passwort, das ich gegeben hatte, scheint flüsternd von einem an den anderen weitergegeben worden zu sein, denn ein jeder nickt bedächtig, als stimme er feierlich zu, bis der letzte dieselben Worte in mein Ohr flüstert. Aber ihr Sinn ist nicht mehr derselbe. Ich hatte sie als eine Leugnung der Existenz Gottes aufgefaßt, aber der Mann, der sie zu mir sagt, meint augenscheinlich nichts derartiges: Was er meint,

[4] Der Stern des A∴A∴.

kann ich allerdings auch nicht sagen. Er betonte nur ganz leicht das Wort »es«[5].

Und nun ist plötzlich alles erloschen[6], und statt dessen erscheint der Engel des Aethyrs. Er ist vollkommen schwarz, polierte schwarze Schuppen, nur an den Rändern mit Gold eingefaßt. Riesige Flügel hat er, mit schrecklichen Klauen an den Enden, und er hat ein furchtbares Gesicht wie das eines Drachen, und seine furchterregenden Augen durchdringen einen ganz und gar.

Und er sagt: O du, der du so träge im Verstehen bist, wann wirst du damit beginnen, dich selbst in den Mysterien des Aethyrs aufzulösen? Denn alles, was du denkst, ist nur dein Gedanke; und so wie es keinen Gott in dem letzten Schrein gibt, so gibt es auch kein Ich in deinem eigenen Kosmos.

Sie, die dies gesagt haben, gehören zu ihnen, die verstanden haben. Und alle Menschen haben es falsch interpretiert, so wie auch du es falsch interpretiert hast. Er sagt noch irgendetwas: Ich kann es nicht richtig verstehen, aber es scheint zu meinen, daß der wahre Gott in allen Schreinen gleichermaßen ist, und das wahre Ich in allen Teilen des Körpers und der Seele. Er spricht mit einem derart fürchterlichen Brüllen, daß es unmöglich ist, die Worte zu hören: Man schnappt hier und da einen Satz auf oder einen Anflug der Bedeutung. Mit jedem Wort stößt er Rauch aus, so daß der ganze Aethyr sich damit füllt.

Und jetzt höre ich den Engel: Jedes Teilchen der Materie, aus der dieser Rauch meines Atems besteht, ist eine Religion, die unter den Bewohnern der Erde geblüht hat, und ich bin lediglich der Kopf des Großen Drachen, der das Universum verschlingt; ohne den der fünfte Aethyr vollkommen wäre, so wie auch der erste. Gleichwohl kein Mensch zur Vollkommenheit gelangen kann, ohne an mir vorüberzugehen.

Und die Vorschrift, die dich gebunden, gilt nicht mehr; und dies soll deine Vorschrift sein: Daß du dich reinigen sollst und mit Duftstoff salben; und du sollst dich im Sonnenlicht aufhalten, wenn

5 Vielleicht bedeutet dies: »In dem Schrein suche nicht nach Gott, denn Er ist überall. Aber an einem solchen Ort wie diesem sind alle möglichen Bedeutungen gleichermaßen wahr.«

6 Diese Aufnahme bei den Atheisten ist ein notwendiges Vorspiel für die eigentliche Vision des Aethyrs.

der Tag frei von Wolken ist. Und du sollst den Ruf des Aethyrs im Schweigen vollziehen.

Nun siehe also, wie der Kopf des Drachen nur der Schwanz des Aethyrs ist! Viele sind sie, die sich ihren Weg von Wohnhaus zu Wohnhaus im Haus der Ewigkeit erkämpft haben, und als sie mich schließlich sahen, verkündeten sie: »Furchterregend ist der Anblick des Mächtigen und Schrecklichen.« Glücklich sind sie, die mich als das erkannt haben, was ich bin. Und gepriesen sei er, der aus meiner Kehle einen Korridor für seinen Pfeil der Wahrheit machte, und den Mond zu seiner Reinheit[7].

Der Mond nimmt ab. Der Mond nimmt ab. Der Mond nimmt ab. Denn in diesem Pfeil befindet sich das Licht der Wahrheit, das das Licht der Sonne besiegt, mit dem sie scheint. Der Pfeil ist gefiedert mit den Federn der Maat[8], die die Federn des Amoun sind, und der Schaft ist der Phallus von Amoun, dem Verborgenen. Und der Widerhaken[9] daran ist der Stern, den du an dem Ort erblicktest, an dem es Keinen Gott gab.

Und von ihnen, die den Stern bewachten, wurde nicht einer für würdig befunden, den Pfeil handzuhaben. Und von denen, die beteten, wurde nicht einer für würdig befunden, den Pfeil zu sehen. Dennoch war der Stern, den du sahest, nur der Widerhaken des Pfeils, und du hattest nicht das Geschick, den Schaft zu ergreifen, oder die Reinheit, um die Federn erahnen zu können. Nun, aus diesem Grunde ist er gesegnet, der unter dem Zeichen des Pfeils[10]geboren ward, und gesegnet ist er, der das Sigil vom Kopf des gekrönten Löwen besitzt und den Leib der Schlange und damit den Pfeil[11].

Aber unterscheide du zwischen dem aufwärts gerichteten Pfeil und dem abwärts gerichteten Pfeil, denn der aufwärts gerichtete Pfeil ist stabil in seinem Flug und wird von einer starken Hand

[7] Mond, Schütze und Caput Draconis (letzterer im Namen des Aethyrs).

[8] Lamed = Gerechtigkeit.

[9] Aleph = das Pentagramm. (Man vergegenwärtige sich den früheren Symbolismus, wo Aleph der Swastika zugeordnet wurde, die aus einem Marsquadrat zu konstruieren war, 5 x 5. Der Bezug zur 5 ist der Schlüssel zu der obigen Zuordnung.)

[10] Zweifelhaft: Bezieht sich auf Sir Edward Kelly, den wahren Adeptus Major, der dieses ganze Werk der Wachtürme und der Aethyre begründete.

[11] Dies scheint sich zum Teil auf den Seher selbst zu beziehen, aber andererseits auch auf Cagliostro, der eine der Inkarnationen von ihm war, der heute der Seher ist.

abgeschossen, denn Yesod ist Iod Tetragrammaton[12], und Iod ist eine Hand, aber der abwärts gerichtete Pfeil wird vom höchsten Punkt des Iod abgeschossen; und dieses Iod ist der Einsiedler[13], und es ist der winzigkleine Punkt, der nicht ausgedehnt ist, der nahe am Herzen von Hadit liegt[14].

Und nun sei es dir anbefohlen, dich aus der Vision zurückzuziehen, und am morgigen Tag zur festgesetzten Stunde soll dir weiteres gegeben werden, während du deinen Weg gehst und über dieses Mysterium meditierst. Und du sollst den Schreiber bestellen, und das, was geschrieben werden soll, soll geschrieben werden.

Also ziehe ich mich zurück, wie es mir befohlen ward.

Die Wüste zwischen Benshrur und Tolga.
12. Dezember 1909. 19 - 20.12 Uhr.

---

[12] Siehe den Zohar. Yesod ist der Phallus des Allerhöchsten.

[13] Iod = Jungfrau.

[14] Siehe Liber Al vel Legis II, 6. Der gesamte Abschnitt ist ein Mysterium vom Pfade des Schützen.

Fortsetzung

Nun hast du dich einem erhabenen Arkanum genähert; wahrlich, du bist vor dem uralten Wunder angelangt, bei dem geflügelten Licht, den Quellen des Feuers, dem Mysterium des Keils. Aber ich bin es nicht, der es offenbaren kann, denn mir ward es nie gestattet, es zu erschauen, der ich nichts als der Wächter an der Schwelle des Aethyrs bin[15]. Ich habe meine Botschaft übermittelt, und meine Mission ist vollbracht. Und ich ziehe mich zurück und bedecke vor der Anwesenheit des Engels des Aethyrs mein Gesicht mit meinen Flügeln.

So entfernte sich der Engel mit gebeugtem Kopf und übereinandergefalteten Flügeln.

Und ein kleines Kind ist da inmitten eines Nebels aus blauem Licht; es hat goldenes Haar, ein Meer von Locken und tiefblaue Augen. Ja, er ist ganz und gar golden, in einem lebhaften, lebendigen Gold. Und in jeder Hand hält er eine Schlange; in der rechten Hand eine rote und in der linken Hand eine blaue. Und er trägt rote Sandalen, aber kein anderes Kleidungsstück[16].

Und er sagt: Ist das Leben nicht eine lange Weihe in die Trauer? Und ist Isis nicht die Herrin der Trauer? Und sie ist meine Mutter. Natur ist ihr Name, und sie hat eine Zwillingsschwester, Nephtys, deren Name Vollkommenheit ist. Und Isis muß von allen erkannt werden, aber wer erkennt Nephtys! Weil sie dunkel ist, deshalb wird sie gefürchtet.

Aber du, der du sie furchtlos verehrt hast, der du dein Leben zu einer Einweihung in ihr Mysterium gemacht hast, der du weder Mutter noch Vater hast, nicht Bruder noch Schwester, nicht Weib noch Kind, der du selbst dich einsam gemacht hast wie der Einsiedlerkrebs, der in den Wassern der Großen See lebt, siehe! wenn die Sistren geschüttelt werden und die Trompeten laut die Herrlichkeit der Isis verkünden, dann ist am Ende davon Schweigen, und du wirst dich mit Nephtys vereinigen.

---

[15] In einem früheren Teil hieß es, er sei der Engel des Aethyrs. Dies war ein Irrtum des Sehers.

[16] Das heißt, er ist ein Gott.

Und nachdem du diese erkannt hast, dann sind da die Flügel von Maut dem Geier[17]. Du magst den Bogen deines magischen Willens bis zum Bersten spannen; du magst den Pfeil lösen und sie bis auf das Herz durchbohren. Ich bin Eros[18]. Nimm also den Bogen und den Köchel von meinen Schultern und töte mich; denn ohne daß du micht tötest, vermagst du das Mysterium des Aethyrs nicht zu entschleiern.

Also tat ich, wie mir befohlen; im Köcher steckten zwei Pfeile, einer weiß und der andere schwarz. Ich kann mich nicht dazu überwinden, einen Pfeil auf den Bogen zu legen.

Und da erklang eine Stimme: Es muß so sein.

Und ich erwiderte: Kein Mensch vermag dies zu tun.

Und die Stimme antwortete, als sei sie ein Echo: *Nemo hoc facere potest.*[19]

Da kam das Verstehen über mich, und ich nahm die Pfeile heraus. Der weiße Pfeil hatte keinen Widerhaken, aber der schwarze Pfeil war mit Widerhaken gleich einem Walde aus Fischhaken versehen; er war mit Messing umwunden und ist in tödliches Gift getaucht worden. Alsdann legte ich den Pfeil auf die Sehne und schoß ihn auf das Herz des Eros, und obwohl ich mit aller Kraft geschossen, fiel er dennoch ohne Schaden anzurichten von ihm ab. Aber genau in diesem Moment wurde mein Herz von dem schwarzen Pfeil durchbohrt. Angsterfüllte Todesqual überfällt mich.

Und das Kind lächelt und sagt: Obwohl dein Pfeil mich nicht durchbohrt hat, obwohl der vergiftete Widerhaken dich getroffen hat, trotzdem bin ich tot und du lebst und triumphierst, denn ich bin du, und du bist ich.

Damit verschwindet er, und der Aethyr spaltet sich mit einem Krachen wie von zehntausend Donnern. Und siehe, der Pfeil! Die Federn der Maat sind seine Krone, um die Scheibe herum befestigt. Es ist die Ateph-Krone von Thoth, und da ist der Pfeil aus brennendem Licht und ein Keil aus Silber.

[17] Die Muttergöttin hinter solch erhabenen Ideen wie Isis und Nephtys.

[18] Dies also ist das Kind aus Atu VI - die Liebenden - welcher Atu den Zwillingen angehört. Die Zwillinge liegen im Tierkreis dem Schützen gegenüber; ihre Symbole sind somit komplementär.

[19] [Lat. Kein Mensch (also Nemo!) vermag dies zu tun.]

Ich erschaudere und zittere unter der Vision, denn überall sind Wirbel und Stürme tosenden Feuers. Die Sterne des Himmels sind gefangen in der Asche des Feuers. Und sie alle sind dunkel. Das, was einst eine strahlende Sonne war, gleicht einem Fleck aus Asche. Und in der Mitte brennt der Pfeil!

Ich sehe, daß der Pfeil der Vater allen Lebens ist, und der Widerhaken des Pfeiles ist der Vater aller Liebe. Denn dieser Silberkeil gleicht einer Lotusblüte, und das Auge in dem Dreieck ruft: Ich wache. Und der Schaft ruft: Ich arbeite. Und der Widerhaken ruft: Ich warte. Und die Stimme des Aethyrs hallt wider: Es strahlt. Es brennt. Es blüht[20].

Und nun taucht ein seltsamer Gedanke auf; dieser Pfeil ist die Quelle aller Bewegung; er ist unendliche Bewegung, gleichwohl er sich nicht bewegt, so daß es keine Bewegung gibt. Und deshalb gibt es keine Materie. Dieser Pfeil ist der Blick des Auges von Shiva. Aber weil er sich nicht bewegt, wird das Universum auch nicht zerstört. Das Universum wird hervorgebracht und wieder verschlungen durch das Zittern der Federn von Maat, die die Federn des Pfeiles sind: Doch diese Federn bewegen sich nicht[21].

Und eine Stimme erklingt: Das, was oben ist, ist *nicht* wie das, was unten ist.

Und eine andere Stimme entgegnet ihr: Das, was unten ist, ist *nicht* wie das, was oben ist.

Und eine dritte Stimme antwortet diesen beiden: Was ist oben, und was ist unten? Denn es gibt die Teilung, die nicht teilt, und die Vervielfältigung, die nicht vervielfältigt. Und das Eine ist das Viele[22]. Siehe, dieses Mysterium ist jenseits von Verständnis, denn die Flügelkugel ist die Krone, und der Schaft ist die Weisheit, und der Widerhaken ist das Verständnis. Und der Pfeil ist einer, und du bist in dem Mysterium verloren, der du nichts als ein Säugling bist, der im Bauche seiner Mutter getragen wird, der du noch nicht für das Licht bereit bist.

Und die Vision überwältigt mich. Mein Verstand ist gelähmt; mein Augenlicht ist zerstört; mein Hören ist betäubt.

---

[20] Dies sind Worte gewisser Grade des A.·. A.·.

[21] Siehe den 11. Aethyr.

[22] Ein grundlegendes Mysterium von Thelema. Möge es wohl studiert werden.

Und eine Stimme erklingt: Du suchtest nach dem Heilmittel für die Trauer; deshalb ist alle Trauer dein Geschick. Dies ist, als geschrieben steht: »Gott hat ihm all unsere Sünden auferlegt.« Denn so wie dein Blut in den Kelch von BABALON gemischt ist, so ist dein Herz das universale Herz. Dennoch ist es umwunden von der Grünen Schlange, der Schlange der Ekstase[23].

Es wird mir gezeigt, daß dieses Herz das Herz ist, welches frohlockt, und die Schlange ist die Schlange des Todes22, denn hierin sind alle Symbole austauschbar, denn jedes enthält in sich selbst seinen eigenen Widerspruch[24]. Und dies ist das große Mysterium der Himmlischen jenseits des Abyss. Denn unterhalb des Abyss bedeutet Gegensatz Teilung, aber oberhalb des Abyss ist Gegensatz Einheit. Und da könnte nichts wahr sein, außer vermöge der Kraft des Gegensatzes, der in sich selbst enthalten ist.

Ihr würdet es nicht glauben, wie wunderbar diese Vision des Pfeils ist. Und sie könnte niemals verschlossen werden, es sei denn, die Herren der Vision rühren die Wasser des Beckens, das Gemüt des Sehers, auf und trüben es. Sie aber senden einen Wind aus, der aus einer Wolke von Engeln besteht, und diese schlagen das Wasser mit ihren Füßen, und kleine Wellen spritzen auf - es sind Erinnerungen. Denn der Seher hat keinen Kopf; dieser ist in das Universum ausgedehnt, in ein riesiges und schweigendes Meer, gekrönt mit den Sternen der Nacht[25]. Und doch befindet sich genau in der Mitte davon der Pfeil[26]. Kleine Bilder von Dingen, die einst gewesen, sind die Kräuselungen auf den Wellen. Und da findet ein Wettstreit statt zwischen der Vision und den Erinnerungen. Ich betete zu den Herren der Vision und sprach: O meine Herren, entfernt dieses Wunder nicht von meinem Augenlicht.

Und sie sagten: Es muß sein. Frohlocke also, denn es ward dir für einen Augenblick gestattet, diesen Pfeil, den strengen, den erhabenen, zu sehen. Aber die Vision ist vollendet, und wir haben

---

[23] Siehe 'Liber LXV'.

[24] Dies ist für den Studenten der Mysterien die wichtigste all der Lehren, die die Himmlischen betreffen. Sie erklärt, weshalb es notwendig ist, sich mit einer neuen Art von Logik auszurüsten.

[25] Sein Kether ist in Ain Soph aufgelöst.

[26] Der Pfeil bleibt bestehen, denn er ist die Richtung der Energie, der Wille, der alles Werden erschafft.

einen starken Wind gegen dich ausgeschickt. Denn du kannst nicht mit Gewalt eindringen, der du diese zurückgewiesen hast; noch durch Autorität, der du diese mit Füßen getreten hast. Dir ist alles genommen, nur das Verständnis nicht, o du, der du nichts mehr als ein kleines Häuflein Staub bist!

Und die Bilder erheben sich gegen mich und bezwingen mich, so daß der ganze Aethyr vor mir verschlossen wird. Nur die Dinge des Gemütes und des Körpers stehen mir offen. Der Schaustein ist dunkel, denn das, was ich darin erblicke, sind nur Erinnerungen.

Tolga, Algerien.
13. Dezember 1909. 20.15 - 22.10 Uhr.

Der Ruf des 4. Aethyrs

PAZ[1] - ΩℵP

Der Stein ist durchsichtig und leuchtend, und darin zeigen sich keine Bilder.

Eine Stimme sagt: Siehe das Strahlen des Herrn, dessen Füße auf ihn gesetzt sind, der ein Vergehen entschuldigt. Siehe den sechsstrahligen Stern, der im Gewölbe flammt, das Siegel der Vermählung des weißen Königs mit seinem schwarzen Sklaven[2].

Also schaute ich in den Stein und sah den sechsstrahligen Stern: Der ganze Aethyr gleicht lohfarbenen Wolken wie aus dem Feuer eines Schmelzofens. Und dort ist ein mächtiges Heer von Engeln, blau und golden, die ihn auffüllen und rufen: Heilig, Heilig, Heilig bist du, der du in den Erdbeben und Donnern nicht erschüttert wirst! Das Ende der Dinge ist auf uns gekommen; der Tag des sei-bei-uns ist nahe! Denn er hat das Universum erschaffen und es besiegt, damit er seine Freude daran habe.

Und nun erblickte ich inmitten des Aethyrs jenen Gott. Eintausend Arme hat er, und in jeder Hand befindet sich eine Waffe von furchtbarer Kraft. Sein Gesicht ist schrecklicher als der Sturm, und aus seinen Augen schießen Blitze von unerträglichem Strahlen hervor. Aus seinem Munde strömen Meere von Blut. Auf seinem Kopf

[1] PAZ = Löwe, Stier, Caput Draconis. Der Stier = 6 = Atu V - der Hierophant. Er ist der Mikroprosopus, der Demiurg, der im Haus der Sonne erscheint. Siehe auch den 9. Aethyr, wo seine Braut eine ähnliche Stellung aufweist. [Teth, Vau, Gimel = 18 = Feindschaft, reinigen, verpflichten, Stamm, Geschlecht, Lebenskraft, zur Sünde verführen.]

[2] Dies ist ein gewöhnlicher Symbolismus der Alchemie. Dieser kommt auch in der tibetanischen Mythologie vor. Die Bedeutung ist immer dieselbe; die hier festgestellte.

befindet sich eine Krone aus jedem tödlichem Ding. Seine Stirne zeigt das aufrechte Tau, und auf jeder Seite davon sind Zeichen der Lästerung. Und an ihn klammert sich ein junges Mädchen, die der Königstocher ähnlich sieht, die in dem neunten Aethyr erschienen war. Aber sie ist durch seine Kraft rosig geworden, und ihre Reinheit hat sein Schwarz blau gefärbt.

Sie umklammern sich in einer rasenden Umarmung, so daß sie von dem Schrecken des Gottes zerrissen wird; dennoch klammert sie sich so fest an ihn, daß er erwürgt wird. Sie hat seinen Kopf zurückgezwungen, und seine Kehle hat sich von dem Druck ihrer Finger bläulich verfärbt. Ihr vereinter Schrei ist eine unerträgliche Pein, gleichwohl es der Schrei ihres Entzückens ist, so daß jeder Schmerz und jeder Fluch und jeder schmerzliche Verlust und jedes Sterben von allem im ganzen Universum nur ein unbedeutender Windhauch in diesem Sturm-Schrei der Ekstase ist[3].

Die Stimme davon ist nicht artikuliert. Es ist sinnlos, nach einem Vergleich zu suchen. Sie ist absolut kontinuierlich, keine Unterbrechung, kein Rhythmus. Wenn es den Anschein hat, als gäbe es eine Schwingung darin, dann ist das wegen der Unvollkommenheit der Ohren des Sehers so.

Und da hört er eine innere Stimme, die zu dem Seher sagt, daß er seine Augen gut ausgebildet hat und viel sieht; und er hat seine Ohren ein wenig ausgebildet und kann ein wenig hören; seine anderen Sinne hat er fast gar nicht ausgebildet, und deshalb sind die Aethyre auf diesen Ebenen für ihn größtenteils schweigend. Mit den Sinnen sind die spirituellen Wechselbeziehungen der Sinne gemeint, nicht die physischen Sinnesorgane. Aber dies macht nur wenig aus, da der Seher, insoweit als er ein Seher ist, den Ausdruck für den Geist der Menschheit darstellt[4]. Was für ihn wahr ist, ist auch für die Menschheit wahr, so daß, wäre er auch in der Lage dazu gewesen, die Aethyre vollständig zu empfangen, er sie doch nicht hätte mitteilen können.

---

[3] All dies bezieht sich auf »Liebe unter Willen«, das Gesetz, durch welches das Universum sich fortentwickelt.

[4] Er ist 666, der Engel von Tiphareth, das mittlere Königreich der Sephiroth, die Menschheit.

Und ein Engel spricht: Siehe, diese Vision liegt gänzlich jenseits deines Verständnisses. Gleichwohl sollst du bestrebt sein, dich selbst mit dem furchtbaren Ehebett zu vereinen.

So werde ich zerrissen, Nerv um Nerv, und Ader um Ader, und noch weiter nach innen - Zelle um Zelle, Molekül um Molekül, Atom um Atom, und gleichzeitig preßt sich alles zusammen. Schreibe auf, das Zerreißen *ist* ein Zusammenpressen. All die zweifachen Phänomene sind nur die zwei Formen, ein einzelnes Phänomen zu betrachten; und das einzelne Phänomen ist Frieden. Es gibt keinen Sinn in meinen Worten oder in meinen Gedanken. »Gesichter, halb geformt, erhoben sich.« Dies ist die Bedeutung dieses Abschnitts; es handelt sich um Versuche, Chaos zu interpretieren, aber Chaos ist Frieden. Kosmos ist der Krieg der Rose und des Kreuzes[5]. Das war »ein halb geformtes Gesicht«, was ich da gerade gesagt habe. Alle Bilder sind sinnlos.

Schwärze, unerträgliche Schwärze, vor dem Anfang des Lichtes. Dies ist der erste Vers der Genesis. Heilig bist du, Chaos, Chaos, Ewigkeit, alle Widersprüche in Worten!

O, Blau! Blau! Blau! Dessen Reflektion im Abyss der Große Eine der Nacht der Zeit genannt wird; dazwischen schwingt der Herr der Kräfte der Materie.

O Nox, Nox, qui celas infamiam infandi nefandi, Deo solo sit laus qui dedit signum non scribendum. Laus virgini cuius stuprum tradit salutem[6].

O Nacht, die du die Zauberei mit deinen Brustwarzen säugst, und Diebstahl, und Vergewaltigung, und Gier, und Mord, und Tyrannei, und namenlosen Schrecken, bedecke uns, bedecke uns, bedecke uns vor dem Stab des Schicksals; denn Kosmos muß kommen, und das Gleichgewicht ist hergestellt, wo ein Gleichgewicht gar nicht vonnöten ist, weil es keine Ungerechtigkeit gab, sondern nur Wahrheit. Aber wenn sich die Waage im Gleichgewicht befindet, Waagschale gleich Waagschale, dann wird das Chaos[7] zurückkehren.

---

[5] Es ist »Liebe unter Willen«, die sie vereint.

[6] [Lat.: O Nacht, Nacht, die du die Schande der unaussprechlichen Ruchlosigkeit verbirgst, der einzige Gott sei gepriesen, der das Zeichen gibt, das nicht geschrieben werden kann. Gepriesen sei die Jungfrau, deren Unzucht das Heil bringt.]

[7] Chaos ist in einer ganz besonderen Hinsicht der große Vater.

Wahrlich, wie in einem Spiegel, so auch in deinem Gemüt, das unterstützt wird von dem falschen Gleis des Lügens, wird jedes Symbol umgekehrt gelesen. Siehe! Alles, worauf du vertrautest, muß dich verwirren, und der, vor dem du geflohen, war dein Erlöser. Deshalb also hast du auf dem Schwarzen Sabbath geschrien, als du den haarigen Hintern des Ziegenbocks küßtest, als der zottige Gott dich zerfetzte, als der eisige Wasserfall des Todes dich hinfortschwemmte[8].

Schreie also, schreie lauthals; vermenge das Brüllen des aufgespießten Löwen mit dem Stöhnen des zerrissenen Stiers und mit dem Schrei des Menschen, der von den Klauen des Adlers zerrissen wird, und dem Röcheln des Adlers, den die Hände eines Menschen erwürgen. Vermische all diese mit dem Todesschrei der Sphinx, denn der blinde Mann hat ihr Mysterium entweiht. Wer ist dieser Oedipus, Tiresias, Erinyes? Wer ist das, der blind ist und ein Seher, ein Narr jenseits von Weisheit? Dem die Hunde des Himmels folgen, und den die Krokodile der Hölle erwarten? Aleph, Vau, Iod, Ayin, Resch, Tau ist sein Name[9].

Zu seinen Füßen liegt das Königreich, und auf seinem Haupt befindet sich die Krone. Er ist Geist und Materie; er ist Frieden und Macht; in ihm sind Chaos und Nacht und Pan, und mit BABALON seiner Konkubine, die ihn mit dem Blut der Heiligen trunken gemacht hat, das sie in ihrem goldenen Kelch gesammelt, hat er die Jungfrau gezeugt, die er nun entjungfert. Und dies ist, als geschrieben steht: Malkuth soll erhoben und auf den Thron von Binah gesetzt werden[10]. Und dies ist der Stein der Philosophen, der als ein Siegel auf das Grabmal von Tetragrammaton gesetzt ist, und das Elixier des Lebens, das aus dem Blut der Heiligen destilliert wurde, und das rote Pulver, das aus den zermahlenen Knochen Choronzons besteht.

---

[8] Siehe 'Liber CCCLXX' ['Liber A'ash vel Capricorni' im Appendix von 'Magick'.]

[9] Dieser Pfad verbindet die Sephiroth 1, 2, 4, 6 , 8, 9 und 10. (Somit umfaßt er die Pfade von Aleph, Vau, Iod, Ayin, Resh und Tau, was sich zu 687 addiert.) 687 = 3 x 229, und 229 ist eine mögliche Art, Aiwass zu buchstabieren, wenn voll ausgeschrieben (auf Hebräisch).

[10] Dies Mysterium der Tochter, die das Alter des Allvaters verjüngt und so Tetragrammaton verewigt, ist von großer Bedeutung.

Schrecklich und wundervoll ist das Mysterium davon, o du Titan, der du in das Bett der Juno geklettert bist! Wahrlich bist du gebunden an das Rad und gebrochen auf dem Rad[11]; gleichwohl hast du die Nacktheit des Heiligen entblößt, und die Königin des Himmels liegt in den Geburtswehen eines Kindes, und sein Name soll Vir, und Vis, und Virus, und Virtus, und Viridis lauten, in einem Namen, der all diese ist und über all diesen[12].

Verlassen, verlassen ist der Aethyr, denn du mußt zu den Wohnorten der Eule und der Fledermaus zurückkehren, zu den Skorpionen im Sand und zu den bleichen augenlosen Käfern, die weder Flügel noch Horn haben. Kehre zurück, lösche die Vision aus, entferne die Erinnerung daran aus deinem Gemüt; ersticke das Feuer mit grünem Holz; verzehre das Sakrament; bedecke den Altar; verschleiere den Schrein; verschließe den Tempel und verteile Schaubuden auf dem Marktplatz; bis die festgesetzte Zeit kommt, zu der der Heilige dir das Mysterium des dritten Aethyrs verkünden wird.

Gleichwohl sei du wachsam und gib acht, denn der große Engel Hua ist um dich und überschattet dich, und er mag jeden Moment unerwartet über dich kommen. Die Stimme von PAZ ist zu Ende.

Biskra, Algerien.
16. Dezember 1909. 9.00 - 10.30 Uhr.

---

[11] Bezieht sich auf Ixion, der Juno in Gestalt einer Wolke umarmte.

[12] Vi Veri Vniversum Vivus Vici (ich habe als Lebender das Universum durch die Kraft der Wahrheit besiegt), das Motto des Sehers als Magister Templi.

Der Ruf des 3. Aethyrs[1]

ZON[2] -

Ein zorniges Licht ist in dem Stein; nun wird es klar.

In dem Zentrum befindet sich jener winzige Lichtpunkt, der die wahre Sonne ist, und im Umfang liegt die Smaragdschlange. Sie werden verbunden durch die Strahlen, die die Federn der Maat sind, und weil die Entfernung unendlich ist, sind diese zum Umfang parallel, obgleich sie vom Zentrum aus gesehen auseinanderstreben.

In all diesem ist weder Stimme noch Bewegung.

Und doch scheint es, als nähre sich die Schlange von den Federn der Wahrheit wie auch von sich selbst, so daß sie sich zusammenzieht[3]. Aber nur wenig zieht sie sich zusammen, und außerhalb von ihr glüht der goldene Rand, der der winzige Punkt im Zentrum ist.

Und all dies ist das Siegel des Aethyrs, golden und azurn und grün. Gleichwohl sind diese Dinge auch die Gestrengen.

Es geschieht nur in den drei ersten Aethyren, daß wir die reine Essenz vorfinden, denn alle anderen Aethyre sind nur wie ein Malkuth,

---

[1] Die letzten drei Aethyre sind so außerordentlich erhaben, daß ein Kommentar nur zu leicht ihre Wirkung auf den Leser verderben könnte. [Welche Erkenntnis Crowley aber nicht daran hindert, erst recht 'drauf los' zu kommentieren; auch die Logik jenseits des Abyss?] Sie müssen als Meisterwerke der Kunst gelesen werden, und ihre gesamte magische Bedeutung ist auch genau so aufzufassen. Diese Bemerkung trifft in der Tat auf die ganze Serie zu, wenn auch nicht in diesem Ausmaß. Der beste Weg besteht darin, zuerst das Buch im Detail zu studieren, um so den intellektuellen Inhalt gänzlich zu assimilieren, und es dann (sozusagen) zeremoniell zu lesen.

[2] ZON = Löwe, Waage, Skorpion - die Sonne, das Gleichgewicht und die Schlange. Siehe den Text des Aethyrs.

[3] Siehe die Lehre über die Schlange Ananta (vgl. 'Liber LXV' in den 'Heiligen Büchern').

um diese drei Triaden zu vervollständigen, wie es zuvor ja bereits gesagt wurde. Und indem dies die zweite Reflektion ist, deshalb ist hier der Palast der zweihundert und achtzig Urteilssprüche[4].

Denn all diese Pfade[5] liegen auf der Bahn des Flammenden Schwertes auf der Seite der Strenge. Und die beiden anderen Pfade sind Zajin, ein Schwert; und Schin, ein Zahn. Diese sind also die fünf Gestrengen, die 280 sind.

All dies wird dem Seher innerlich mitgeteilt.

»Und das Auge seines Wohlwollens ist geschlossen. Möge es sich nicht über dem Aethyr öffnen, damit die Gestrengen nicht gemildert werden, und das Haus fällt.«[6] Soll das Haus nicht fallen und der Drache untergehen? Wahrlich, alle Dinge sind in der Zerstörung verschluckt worden; und Chaos hat seinen Rachen geöffnet und das Universum zermalmt, so wie ein Bacchanal eine Weintraube zwischen den Zähnen zermalmt. Soll Zerstörung denn nicht Zerstörung verschlingen, und Auflösung nicht Auflösung verwirren? Zwei und zwanzig sind die Wohnhäuser[7] des Hauses von meinem Vater, aber da kommt ein Ochse[8], der seine Stirne gegen das Haus richtet, und es wird fallen. Denn all diese Dinge sind die Spielzeuge des Magiers[9] und des Schöpfers der Illusionen, der das Verständnis von der Krone abriegelt.

O du, der du die Stadt der Pyramiden gesehen hast, wie könntest du das Haus des Taschenspielers sehen?[10] Denn er ist Weisheit, und durch Weisheit hat er die Welten geschaffen, und von dieser Weisheit gehen Urteilssprüche aus, 70 mal 4, die die 4 Augen des Doppelköp-

---

[4] Die Buchstaben der Urteilsverkündung, jene die eine Endform aufweisen, addieren sich zu 280; Tzaddi, Kaph, Nun, Pe und Mem.

[5] Resch, Lamed und Nun = Sonne, Waage und Skorpion = die Sonne, das Gleichgewicht oder die Federn der Maat und die Schlange: Addiert ergeben sie wiederum 280.

[6] Merke dies. Hätte der Seher die Vision wahrhaftig gesehen, hätte er sogleich ein Magus werden müssen. Die folgende Vision war in Wahrheit ein Wächter des Aethyrs.

[7] Beth, ein Haus.

[8] Der Buchstabe Aleph [bedeutet ausgeschrieben ein Ochse].

[9] Der Pfad von Merkur (Beth), der Kether und Binah miteinander verbindet und voneinander trennt.

[10] Atu I - der Magus.

figen sind; diese sind die 4 Teufel Satan, Lucifer, Leviathan, Belial, die die großen Prinzen des Bösen auf der Welt sind[11].

Und Satan wird von den Menschen unter dem Namen Jesus verehrt; und Lucifer wird von den Menschen unter dem Namen Brahma verehrt; und Leviathan wird von den Menschen unter dem Namen Allah verehrt; und Belial wird von den Menschen unter dem Namen Buddha verehrt.

(Dies ist die Bedeutung des Abschnitts in Liber Legis, Kap. III.)[12]

Außerdem gibt es da noch Maria, eine Lästerung gegen BABALON, denn sie hat sich selbst abgeschlossen[13], und deshalb ist sie die Königin all jener verruchten Teufel, die auf der Erde umherlaufen, welche du zuvor als die kleinen Flecken gesehen hast, die den Himmel der Urania befleckten. Und all diese sind der Kot von Choronzon.

Und somit steht BABALON unter dem Einfluß des Magiers, denn sie hat sich selbst dem Werk unterworfen; und sie bewacht den Abyss[14]. Und in ihr gibt es eine vollkommene Reinheit von dem, was darüber ist; gleichwohl wird sie als die Erlöserin zu denen geschickt, die unten sind. Denn es existiert kein anderer Weg in das Himmlische Mysterium, außer durch sie und das Tier, auf dem sie reitet; und der Magier ist über sie gesetzt, um die Brüder der Schwärze zu täuschen, damit sie sich nicht etwa selbst eine Krone machen[15]; denn gäbe es zwei Kronen, dann würde Ygdrasil, jener alte Baum, in den Abyss hinausgeschleudert, entwurzelt und in den Äußersten Abyss hinabgeworfen, und das Arkanum, das sich im Tempelinnersten befindet, wäre entweiht; und die Arche würde

[11] Siehe das Buch »The Sacred Magic of Abra-Melin the Mage«.

[12] Später fügte 666 hinzu: »Meine eigene dumme Bemerkung.«

[13] Sie versucht, sich dem Wandel zu widersetzen, der das Leben ist. Sie lehnt die Formel »Liebe unter Willen« ab. Dennoch: MAPIE (griech.) = 156.

[14] Sie ist Binah, beherrscht durch den Pfad von Beth.

[15] Bedeutet, einen Baum zu konstruieren, von dem Daath die Spitze wäre. Dies ist der große Irrtum der Rationalisten - sowohl in der Wissenschaft, wie z.B. Buchner, als auch in der Religion, wie z.B. Buddha. Wissen ist nicht die Krone des Bewußtseins und kann es auch nicht sein, wenn auch nur, weil die Logik jenseits des Abyss das Wissen seines eigenen Selbstwiderspruchs überführt. Daath, wie von einem Magister Templi wahrgenommen, ist soweit davon entfernt, das Gegenteil von Unwissen zu sein, daß es in der Tat eine Demonstration dafür ist, wie unfähig hinsichtlich der Wahrheit der Intellekt ist.

berührt, und die Loge von ihnen angespien, die keine Meister sind, und das Brot des Sakramentes wäre der Dung von Choronzon; und der Wein des Sakramentes wäre das Wasser von Choronzon; und der Weihrauch wäre Zerstreuung; und das Feuer auf dem Altar wäre Haß. Aber erhebe dich, stehe auf, spiele den Mann, denn siehe! dir soll der Große Schrecken offenbart werden, das Ding der Ehrfurcht, das keinen Namen hat.

Und dies ist das Mysterium, das ich dir verkünde: Daß von der Krone selbst die drei großen Verblendungen entspringen: Aleph ist Wahnsinn, und Beth ist Falschheit, und Gimel ist äußerer Glanz[16]. Und diese drei sind größer als alle, denn sie liegen jenseits der Worte, mit denen ich zu dir spreche; um wieviel mehr liegen sie dann jenseits der Worte, die du den Menschen übermittelst.

Siehe! Der Schleier des Aethyrs öffnet sich und wird zerrissen wie ein Segel durch den Atem eines Sturms, und du sollst ihn aus der Ferne sehen. Dies ist, als geschrieben steht: »Verwirre ihr Verständnis mit Dunkelheit«, denn du vermagst diese Sache nicht zu verkünden[17].

---

[16] Die bösen und aversen Gegenstücke zu den drei höchsten Eigenschaften der Seele sind: Aleph, die Unfähigkeit, das Fehlen irgendeiner dauerhaften Wahrheit zu erfassen (Aleph ist Luft, das Flüchtige); Beth, das Behaupten von falschen Beziehungen sogar in der Illusion der Dyade (Beth ist Merkur, Quecksilber); Gimel, die Trübung des Strebens durch das sumpfige Miasma des Verlangens (Gimel ist der Mond). Die drei Höchsten Gaben der Seele sind: Aleph, die Inspiration der Seele in Ekstase; Beth, die Kraft der Wahrhaftigkeit, ohne sich um Folgen zu kümmern; und Gimel, die direkte Verbindung des menschlichen mit dem göttlichen Bewußtsein.

[17] Da der Seher die ganze Zeit gewarnt war, daß er nur den Wächter sah.

Es ist die Gestalt des Magus des Taro[18]; in seiner rechten Hand lodern die Flammen der Fackel aufwärts, in seiner linken ist der Giftkelch, ein Wasserfall in die Hölle. Und auf seinem Haupt der böse Talisman, Lästerung und Lästerung und Lästerung, in Form eines Kreises. Das ist die allergrößte Lästerung[19] von allen. Auf seinen Füßen hat er Sensen und Schwerter und Sicheln; Dolche; Messer; jedes scharfe Ding[20]- millionenfach; und alle in einem. Und vor ihm befindet sich die Tafel, die die Tafel der Verruchtheit ist, die 42-fache Tafel. Diese Tafel ist verbunden mit den 42 Beisitzern des Todes, denn diese sind die Verflucher, die die Seele verwirren muß; und mit dem 42-fältigen Namen Gottes, denn dies ist das Mysterium der Unredlichkeit, nämlich daß es überhaupt einen Anfang gab[21]. Und dieser Magus speit vermöge seiner vier Waffen Schleier um Schleier aus; eintausend leuchtende Farben, die am Aethyr zerren und reißen, so daß er wie eine schartige Säge ist oder wie abgebrochene Zähne im Mund eines jungen Mädchens, oder wie Verwüstung oder Wahnsinn. Da ist ein schreckliches Mühlgeräusch, das einen wahnsinnig macht. Dies ist die Mühle, in der die Universale Substanz, die der Aether ist, zu Materie zermahlen wurde.

---

[18] Atu I - der Magus. Dies ist Mayan, der große Magier, er, der die Dyade erschaffen (Beth = 2) und so die Konzeption des Gegensatzes und von da des Bösen ermöglicht hat. Er muß von Chokmah, dem schöpferischen Merkur, unterschieden werden, der als Logos die Essenz Kethers übermittelt, damit Kether für Ihn selbst durch Binah verständlich wird. Der niedere Merkur dagegen behauptet die Dyade als eine Realität und verleugnet Kether und das Ain gleichermaßen. Von da das Ende im Materialismus.

[19] Das heißt, daß der Kreis entweiht wird. Der böse Kreis besteht aus drei konzentrischen Ringen. Der Kreis verlangt nach dem Kreuz, daß er ihn erfülle.

[20] Seltsamerweise kaufte der Seher für seine Zurückgezogenheit in New Hampshire (An. XII, im Jahr 1916) eine Axt, ein Messer und eine Säge als magische Waffen. Er hatte diesen Abschnitt vollkommen vergessen. PS: (Sonne im Löwen, Mond im Krebs, An. XII.) Mir ist gerade bewußt geworden (nach einigen Tagen der Schnitzerei), daß der Gebrauch eines Messers genau richtig ist, um ungestaltete Dinge in Schönheit zu formen. Dies ist nämlich die Aufgabe eines Magus, was ich damals in meinem Grad nicht erkennen konnte. Nun. O Herr, laß mich die wahre Vision eines Magus, wie er ist, sehen.

[21] 42 = 2 x 21. 21 = Eheieh (AHIH), der Gottesname Kethers; somit behauptet die 42 die Dyade gegen die Monade und verleugnet die Liebe. 42 = Ama (AMA), die unfruchtbare Mutter (als Gegensatz zu Aimah, AIMA, die befruchtete Mutter), das Unschuld-voran-Prinzip - das weibliche Äquivalent zu den Schwarzen Brüdern.

Der Seher betet, eine Wolke möge zwischen ihn und die Sonne kommen, damit er von dem Schrecken der Vision befreit werde. Und er steht in Flammen; er leidet quälenden Durst, und keine Hilfe kann ihn erreichen, denn der Schaustein lodert fortwährend mit der Raserei und der Qual und der Schwärze und im Gestank nach menschlichem Fleisch. Die Eingeweide kleiner Kinder werden herausgerissen und in seinen Mund gestopft. Und Lilith[22], ein schwarzer, im Schmutz kriechender Affe, der mit offenen Wunden umgeht, ein Auge herausgerissen, von Würmern zerfressen, ihre Zähne verfault, ihre Nase zerfressen, ihr Mund eine abscheuliche Masse grünen Schleims, ihre Zitzen tropfend und von Krebs befallen, sie klammert sich an ihn, küßt ihn.

(Tötet mich! Tötet mich!)[23]

Da erklingt eine spottende Stimme: Du bist unsterblich geworden. Du wolltest das Gesicht des Magiers sehen, und du hast ihn wegen der Schleier seiner Magick nicht wahrgenommen.

(Quält mich nicht!)

---

[22] Lilith (LILITh) = 480. 480 entspricht auch AaITh = Malkuth, 42-fältiger Name Yetzirahs, und ist Daath (DAaVTh) in der Pluralform. Lilith bedeutet ethymologisch 'Frau der Nacht'; wird aber von verschiedenen Autoren jeweils anders beschrieben. Zum einen ist sie vom Kopf bis zum Nabel eine Frau - vom Nabel bis zu den Füßen ein Mann. Zum anderen eine liebliche Gestalt, die in sich einen schwarzen Affen verbirgt, oder eine Gestalt, die mit ihren Händen kleine bildliche Darstellungen von Menschen in die Hölle hinunterzieht ('Liber Ararita', II, 10). Ferner ist sie die erste Gattin Adams; d.h. der Succubus, der im Schlaf jene Knaben und Männer heimsucht, die sich nicht zuvor durch einen rechten Koitus gereinigt haben. Die gesamte Dämonenwelt wurde in der Tat (nach der rabbinischen Überlieferung) in den nächtlichen Pollutionen Adams gezeugt [der oben erwähnten Überlieferung zufolge war es eher so, daß Lilith, nachdem sie Adam wegen des Überdrusses, beim Koitus immer unten liegen zu müssen, verlassen hatte, in die Welt der Dämonen floh und diesen unendlich viele Nachkommen gebar]. Dies ist eine wahre Parabel, denn jeder sexuelle Akt erzeugt eine natürliche Wirkung auf allen Ebenen. Alle Formen spiritueller Erfahrung mögen auf diese Weise zustandekommen, je nach dem magischen Wissen und Geschick des Ausführenden. Und immer wird, je nach den Bedingungen des Experimentes, auf der einen oder anderen Ebene ein Kind gezeugt.

[23] Der Seher wurde von dem Horror der Erfahrung physisch überwältigt. Es mag Erstaunen erregen, daß solche Phänomene oberhalb des Abyss auftreten können. Aber diese Lilith ist eine positive Gestalt, die von dem Magus erschaffen wurde; wohingegen Choronzon die Auflösung aller Kohärenz ist. Hierin liegt auch ein Mysterium der Mysterien. Lilith ist in Wahrheit BABALON, wie durch diese Energie des Mayan imaginiert.

So sind sie alle der Gewalt Liliths anheimgefallen, die es gewagt haben, auf sein Gesicht zu schauen.

Der Schaustein ist absolut schwarz und verderbt. O Schmutz! Schmutz! Schmutz!

Und dies ist ihre große Lästerung: Daß sie den Namen des ersten Aethyrs[24] genommen und ihn sich um die Stirne gebunden und dem das schamlose Iod und das Tau als Zeichen des Kreuzes noch hinzugefügt hat.

Sie ist es, die da auf dem Kreuz kauert für die Unflätigkeit ihres Vergnügens. So daß sie, die Christus anbeten, mit ihren Zungen ihren Dreck auflecken, und deshalb stinkt ihr Atem[25].

Ein schwarzes, leuchtendes, aufrechtes Dreieck[26], das sich über das Angesicht der Sonne legte, rettete mich aus diesem Schrecken.

Und jetzt ist der Schaustein wieder ganz ungetrübt und schön.

Das rein fahle Gold der Haare eines schönen Mädchens, und das Grün ihres Gürtels, und das tiefe sanfte Blau ihrer Augen.

(*Anmerkung.* - Dieses Gold ist Kether, das Blau ist Chokmah, das Grün ist Binah.)

So erscheint sie in dem Aethyr, ihr Haar mit Blumen und Edelsteinen geschmückt. Es hat den Anschein, als habe sie sich auf Erden inkarniert, und als würde sie manifestiert in einem gewissen Amt des Tempels erscheinen.

Ich habe einmal ein Gemälde von ihrem Gesicht gesehen, aber ich kann micht nicht erinnern, welches Gemälde es war. Es ist ein reizvolles Gesicht, mit lächelnden Augen und Lippen; die Ohren sind klein und rosig, der Ausdruck ist einer von Schönheit, aber keinesfalls transparent; nicht so ausgesprochen schön, wie man es nach den Haaren und Augen vermuten könnte. Es ist eher ein freches Gesicht, ein wenig klein, sehr hübsch; die Nase nur ein Hauch weniger als gerade, wohl proportioniert, ziemlich große

---

24 LIL.

25 Für den von Mayan besessenen Christen siehe die Liebe in ihrer obszönen Form. Es ist eben alles eine Frage des Standpunktes.

26 Dies ist das Siegel Binahs in einer der vielen Formen. Es zerstört die Illusion Liliths auf der Stelle, die jetzt in ihrer wahren Gestalt als ein Avatar erscheint; ein körperliches Abbild von BABALON, das an das Mädchen aus dem neunten Aethyr erinnert.

Nasenlöcher. Voller Vitalität, das ganze Ding. Nicht sehr groß, eher schmächtig und graziös; genau richtig für eine gute Tänzerin.

Da ist noch ein Mädchen mit funkelnden Augen hinter ihr, schadenfroh, ein Lächeln, das wundervolle weiße Zähne entblößt; ein typisch spanisches Mädchen, aber schön. Sehr lebhaft. Nur ihr Kopf ist sichtbar, und nun wird er von der schwarzen Sonne verschleiert, die dunkle Strahlen in Schwarz und Gold aussendet.

Dann wird die Sonnenscheibe zu einem Paar Waagschalen, im Gleichgewicht gehalten; und um den mittleren Pol der Waage herum hat sich die kleine grüne Giftschlange gewunden, mit einer langen und gespaltenen Zunge, die schnell zischelt[27].

Und der Engel, der zuvor mit mir gesprochen, sagt zu mir: Das Auge seines Wohlwollens hat sich geöffnet; deshalb verhüllt er deine Augen vor dieser Vision. Mannhaft hast du ausgehalten; gleichwohl, wärest du ein Mensch gewesen, du hättest es nicht ertragen; und wärst du gänzlich der gewesen, der du bist, dann wärest du vollkommen in die Vision eingegangen, deren Schrecken unaussprechlich ist. Und du hättest das Gesicht des Magiers gesehen, das du nicht zu sehen vermochtest - das von ihm, von dem die Gestrengen ausgehen, die auf Malkuth lasten, und sein Name lautet Misericordia Dei.

Und weil er die Dyade ist, magst du eben auf zweierlei Weise verstehen. Was die erste Weise anbetrifft, so ist die Gnade Gottes jene Gnade, die Jehovah den Amalekitern zeigte[28], die zweite aber liegt gänzlich jenseits deines Verständnisses, denn sie ist die aufrechte, und du kennst nichts als die umgekehrte - bis die Weisheit deinem Verständnis Form verleiht, und von der Basis des letzten Dreiecks der unbewegliche Punkt aufsteigt[29].

Verhülle also deine Augen, denn du kannst den Aethyr nicht meistern, es sei denn, dein Mysterium ist Seinem Mysterium gewachsen.

---

[27] Es wäre an dieser Stelle unpassend, diese Prophezeiungen zu kommentieren. Der Student mag die Erleuchtung in 'The Urn' suchen, einem Tagebuch aus der späten, amerikanischen Periode [welches ja einer früheren Anmerkung zufolge verloren gegangen sein soll].

[28] Atu XII - der Gehängte. Jetzt verstehe ich. Der Aufbau ist es, den ich vermißt hatte. Mein ganzes Leben hatte ich geschnitten, um zu zerstören. Jetzt werde ich schneiden, um zu erschaffen.

[29] Dieser ganze Abschnitt ist typisch für die himmlische Logik.

Versiegele auch deinen Mund, denn du kannst außer durch Schweigen die Stimme des Aethyrs nicht meistern.

Und du sollst das Zeichen der Mutter geben, denn BABALON ist deine Festung wider die Unredlichkeit des Abyss, wider die Unredlichkeit dessen, was sie an die Krone bindet[30] und sie von der Krone abriegelt; denn nicht bis du eins mit CHAOS[31] gemacht bist, kannst du mit jener letzten, jener schrecklichsten Projektion beginnen, mit der dreifachen Ordnung, aus der allein das Große Werk sich zusammensetzt.

Denn Choronzon ist gewissermaßen die Hülle oder der Kot dieser drei Pfade, und aus diesem Grund hat sich sein Kopf nach Daath erhoben, und deshalb haben die Scharzen Brüder verkündet, jener sei das Kind der Weisheit und des Verständnisses, der aber nichts ist, als der Bastard der Swastika. Und dies ist das, was in der Heiligen Kabbala über Leviathan und den Strudel und über den Großen Stein[32] geschrieben steht.

Lange habe ich nun mit dir geredet, um dich zu bitten, zurückzukehren, auf daß die Erinnerung an den Aethyr verdunkelt werde; denn wärest du zu plötzlich in deine sterbliche Hülle zurückgekehrt, wärest du dem Wahnsinn oder Tod anheimgefallen. Denn die Vision ist nicht solcherart, daß ein Mensch sie überleben könnte.

---

30 Der Pfad von Beth.

31 Das Mysterium von Chaos kann ausschließlich von Meistern des Tempels erfaßt werden. Man kann höchstens andeuten, daß dies gleichzeitig die Formel der weiblichen Dreieinigkeit ist und die des Allvaters.

32 Dem Student wird geraten, diese Dinge in den Originaldokumenten oder in der Übersetzung der lateinischen Version Knorr von Rosenroths von MacGregor Mathers zu studieren. (Es gibt eine englische Übersetzung des Zohars von Somons und Spiegel (5. Auflage), die jedoch das 'Sepher Dzeniouatha' und andere Traktakte ausläßt, da diese eigentlich nicht-zoharische Schriften seien.)

Aber nun ist dein Sinn dunkel, und der Schaustein eben nur ein Stein. Erwache also, und gib geheim und abgeschieden das Zeichen der Mutter und rufe viermal den Namen CHAOS[33] an, jenes vierfache Wort, das ihrem siebenfachen Wort gleich ist. Und anschließend sollst du dich reinigen und in die Welt zurückkehren.

So tat ich, wie es mir befohlen ward, und kehrte zurück.

Biskra.
17. Dezember 1909. 9.30 - 11. 30 Uhr.

[33] CHAOS = KAaVS = 156 [wobei dies nur eine mögliche Schreibweise ist; das Wort Chaos stammt aus dem Griechischen und muß auch nach der griech. Kabbala berechnet werden.]

Der Ruf des 2. Aethyrs

ARN[1] -

Zuerst ist da wieder die auf dem Stier reitende Frau, die eine Reflektion von BABALON ist, welche auf dem Tier reitet. Und es gibt auch eine assyrische Legende über eine Frau mit einem Fisch, und es gibt auch eine Legende über Eva und die Schlange, denn Kain war das Kind von Eva und der Schlange, und nicht das von Eva und Adam; und aus diesem Grund hatte Kain, nachdem er seinen Bruder getötet hatte, welcher der erste Mörder war, da er seinem Dämon lebende Dinge opferte, das Zeichen auf seiner Stirn. Dieses Zeichen ist das des Tiers, von dem in der Apokalypse die Rede ist, und das Zeichen der Initiation[2].

---

[1] ARN = Stier, Fische, Skorpion. Siehe die Anspielungen auf Stier, Fisch und Schlange im ersten Abschnitt des Aethyrs. Aber NAKO (NQV) ist 156 = BABALON, auch hier erwähnt, und der gesamte Aethyr ist ihr gewidmet.

[2] Dieses ist das dritte Auge, das »Auge von Shiva«, die Zirbeldrüse, die einige Wissenschaftler der Anatomie für ein rudimentäres Auge halten. [Blinde lernen heute bereits mit dem dritten Auge eine neue Art zu sehen, die über das Erkennen der Wärmefelder der Farben gelehrt wird.]

Das Vergießen von Blut ist notwendig, denn Gott erhörte die Kinder Evas nicht, bis Blut geflossen war[3]. Und dies ist äußere Religion; Kain aber sprach nicht mit Gott, noch hatte er das Zeichen der Initiation auf seiner Stirn, so daß er von allen Menschen gemieden wurde, bis er Blut vergossen hatte. Und dieses Blut war das Blut seines Bruders. Dies ist ein Mysterium des sechsten Schlüssels des Tarot, der nicht Die Liebenden heißen sollte, sondern Die Brüder[4].

Im Zentrum der Karte steht Kain; in seiner rechten Hand befindet sich der Hammer von Thor, mit dem er seinen Bruder getötet hat, und er ist überall von dessen Blut benetzt. Und seine linke Hand hält er zum Zeichen der Unschuld offen. Zu seiner Rechten steht seine Mutter Eva, um die die Schlange, die ihre Haube hinter Evas Kopf ausgebreitet hat, gewunden ist; und zu seiner Linken ist eine Gestalt, die irgendwie der hinduistischen Kali ähnelt, aber sehr viel verführerischer ist. Ich aber erkenne sie als Lilith. Und über ihm befindet sich das Siegel mit dem Pfeil, nach unten gerichtet, der aber durch das Herz des Kindes gebohrt ist. Dieses Kind also ist Abel[5]. Und der Sinn von diesem Teil der Karte ist undurchsichtig, aber trotzdem ist die Tarotkarte so richtig gezeichnet; und es ist die

---

[3] Das Blutopfer wird meist als »schwarze Magie« angesehen. Aber dies hängt ganz von der Formel ab, die der Magier benutzt. Alles Nehmen von Leben könnte für tadelnswert gehalten werden, auch wenn unumgänglich, geschähe es nicht im Sinne der Formel der Evolution. Man sollte zeremoniell das gesamte Karma des getöteten Lebewesens in das eigene Wesen aufnehmen; so baut man es in eine höhere organische Struktur ein und hilft ihm somit dabei, seinen eigenen wahren Willen des Strebens nach einer höheren Lebensform zu verwirklichen. Dies ist natürlich eine ziemlich grobe und materielle Arbeitsweise, wobei es aber eben auch die einzige Methode ist, die in solchen Fällen anwendbar ist. Das Tier ist ja in jedem Fall zum Tode verurteilt, und das Beste und Nützlichste, was man für dieses Tier tun kann, besteht in dieser unmittelbarer Übersetzung seines Prana (in der tatsächlichen Zeremonie) oder der Basis seines Prana (im einfachen Verzehr zu Tisch) in einen lebenden Organismus höherer Art. Es ist aber wichtig zu verhindern, daß einem das Prana entfleucht.

[4] Es gibt noch eine weitere wichtige Zuordnung zu dieser Karte. Der Bogenschütze ist der Vater (Iod des Tetragrammaton) und der Mensch ist der Sohn (Vau des Tetragrammaton). Die Frauen sind Isis und Nephtys (He und End-He), und das Ganze symbolisiert eine Formel der Höchsten Magick, zu dunkel und zu kompliziert, als daß man sie in diesem elementaren Dokument erklären könnte.

[5] Dieses Kind ist in Wirklichkeit Seth, Set, Sol, Hadit. Abels Blut war der Samen von diesem Seth. Man möge sich vergegenwärtigen, daß Abel = Baal. [Vgl. hierzu auch von Ranke-Graves/Patai, 'Hebräische Mythologie', worin die Geschichte von Kajin und Hebel, wie die beiden richtig heißen, sehr erhellend dargestellt ist. Es zeigt sich,

richtige magische Legende, aus der die hebräischen Schreiber, die keine echten Initiierten waren, ihre Legende des Sündenfalls und der darauffolgenden Ereignisse stahlen. Sie schmiedeten verschiedene Legenden zusammen und versuchten, daraus eine zusammenhängende Geschichte zu machen, und sie verfälschten sie, um sie ihren sozialen und politischen Gegebenheiten anzupassen.

Die ganze Zeit kam kein einziges Bild in den Stein, und keine Stimme war vernehmbar.

Über die Quelle des Gesagten bin ich mir vollkommen im Unklaren. Ich kann nur sagen, daß da eine Art nebelähnlichen Taus über dem Stein war, und trotzdem ist dieser vergleichsweise heiß geworden[6].

Alles, was ich empfange, ist, daß die Apokalypse die Überarbeitung von etwa einem Dutzend unzusammenhängender Allegorien war, die zusammengestückelt und gnadenlos abgeflacht wurden, um sie zu einem zusammenhängenden Bericht zu formen; und diese Überarbeitung wurde noch einmal überarbeitet und im Auftrag des Christentums herausgegeben, weil die Leute sich beklagten, es gebe im Christentum kein wahres spirituelles Wissen und auch keine Nahrung für die auserlesensten Gemüter: Nichts als Wunder, die nur den Unwissendsten zu täuschen vermochten, und eine Theologie, die nur Kleinkrämer befriedigte.

---

wie sehr das Alte Testament nichts weiter als die geschickt zusammengewürfelte Bildzeitung von damals war.]

6 Wunder dieser Kategorie kommen fortwährend im Verlauf solcher Operationen der Magick vor. Sie sind Nebenerzeugnisse.

So eignete sich irgendjemand diese Überarbeitung an und färbte sie christlich und ahmte den Stil des Heiligen Johannes nach[7]. Und dies erklärt, aus welchem Grund das Ende der Welt nicht wie angekündigt alle paar Jahre stattfindet[8].

Da ist nichts in dem Stein, nur eine Weiße Rose. Und eine Stimme erklingt: Es soll keine roten Rosen mehr geben, denn sie hat alles Blut von allen Dingen in ihren Kelch gepreßt.

Einmal schien es, als befände sich die Rose in der Brust einer schönen Frau, hochbrüstig, groß, stattlich, gleichwohl sie wie eine Schlange tanzte. Aber diese Vision hatte keinen Bestand[9].

Und nun sehe ich die weiße Rose, als befände sie sich im Schnabel eines Schwans, wie auf dem Gemälde von Michael Angelo [sic] in Venedig. Und auch diese Legende ist die Legende von BABALON.

Aber all dies befindet sich vor dem Schleier des Aethyrs. Ich werde jetzt gehen und gewisse Vorbereitungen treffen[10], und ich werde zurückkehren und den Ruf des Aethyrs noch einmal vornehmen.

Biskra.
18. Dezember 1909. 9.20 - 10.50 Uhr.

---

[7] Ich stelle mir die Frage gar nicht erst, ob diese Theorie vom Standpunkt der profanen Gelehrten aus richtig ist. Engel, die absurde Theorien über weltliche Angelegenheiten anbieten, sind falsche Elementale, die sich auf Kosten der Naivität des Möchtegern-Magiers amüsieren.

[8] In jedem Falle können Voraussagen nicht aufgrund kabbalistischer Daten gemacht werden, die nichts mit irdischen Zeitmaßen gemein haben. Das bedeutet, daß die Aussage, König Benares habe 120000 Jahre lang regiert, lediglich meint, daß er auf eine Weise herrschte, die mit der Idee übereinstimmt, die durch die 120 symbolisiert wird, und auf einer sehr viel größeren Skala damit, wie es durch die Multiplikation mit 1000 angedeutet ist.

[9] Diese Anspielung mag sich auf eine von jenen beziehen, die früher einmal eine Zeit lang die Stellung der Scharlachfrau innehatten.

[10] Der Seher war in der Tat die Beute eines unerträglichen Schmerzes, der schon fast Furcht gleichkam. Er war sich intuitiv der furchtbaren Natur des Aethyrs bewußt und fühlte sich durch die Verantwortlichkeit unterdrückt, alles in einer Angelegenheit von solcher Wichtigkeit richtig zu sehen und zu hören. Schon vor dem Eindringen in diesen Aethyr hatte er das Gefühl, daß er sich der Grenze seiner Kräfte bereits näherte.

Fortsetzung

Es ist nicht die Frage, ob man unfähig ist, in den Aethyr zu gelangen und zu versuchen, sich durchzukämpfen; sondern man kommt ihm nirgendwo näher[11].

Eine Stimme erklingt: Wenn dein Staub die Erde bedecken wird, auf der Sie wandelt, dann vermagst du vielleicht den Abdruck Ihres Fußes zu ertragen. Und du hoffst darauf, Ihr Gesicht zu sehen!

Der Stein ist zu der strahlendsten Weiße geworden, und doch sind in dieser Weiße alle anderen Farben enthalten[12]. Die Farbe von etwas ist lediglich seine Dunkelheit, seine Undurchdringlichkeit. So ist es in diesen Visionen. Alles, was sie *sind*, ist Falschheit. Jede Idee bezeichnet lediglich, wo das Gemüt des Sehers zu dumm war, das Licht aufzunehmen, und deshalb reflektierte er es. Also, wie das reine Licht farblos ist, so ist die reine Seele schwarz[13].

Und dies ist das Mysterium des Inzestes von CHAOS mit seiner Tochter[14].

Da ist absolut nichts zu sehen.

Ich aber frage den Engel, der neben mir steht, ob die Zeremonie richtig ausgeführt worden ist. Und er sagt: Ja, der Aethyr ist anwesend. Es liegt an dir, daß du ihn nicht wahrnehmen kannst, so wie

---

[11] Es war nicht der Ruf des Aethyrs, der falsch ausgeführt worden war, oder daß seine Kraft und Wirksamkeit beeinträchtigt gewesen wären. Es war, da der Seher an sein menschliches Instrument gebunden war, daß dieses Instrument automatisch mit aller Kraft bestrebt war, die Vision zu fliehen, der Einwirkung einer solch furchtbaren und schrecklichen Energie zu entgehen, die unvermeidbar (in einem gewissen Ausmaß) durch den Seher auf das Instrument übertragen worden wäre. Auf dieselbe Weise, in einer viel weniger bedeutsamen Angelegenheit, gibt es eine Grenze für das Ausmaß an Schmerz, den ein Mensch sich selbst zuzufügen vermag, wie Experimente mit dem Boulometer (dem Instrument, das der Seher erfand, um diese Kraft zu messen) gezeigt haben. (Anmerkung - es handelte sich um eine selbsteinstellbare Daumenschraube.)

[12] Dies bedeutet mehr als nur das Offensichtliche, »Die Farben des Spektrums ergeben reines, weißes Licht.« Der Seher konnte diese Farben unmittelbar sehen, und zwar zugleich mit dem Weiß. Ein weiterer Fall der Über-dem-Abyss-Logik.

[13] Diese Lehre ist äußerst profund und bedeutsam. Sie wirft Licht auf das Mysterium des Bösen und auf das Wesen von Maya im allgemeinen.

[14] Chaos ist hier das Iod des Tetragrammaton, und seine Tochter das End-He. Dieser Abschnitt muß in enger Verbindung mit den vorangegangenen Abschnitten und den Anmerkungen hinsichtlich der Formel von IHVH studiert werden; man sollte in der Tat Samyama in Bezug auf diese ganze Angelegenheit ausführen.

auch ich ihn nicht wahrnehmen kann, denn er liegt so vollkommen jenseits deiner Vorstellungskraft, daß da nichts in deinem Gemüte ist, worauf er ein Symbol werfen könnte, so wie die Leere des Raums auch nicht von dem Feuer der Sonne erhitzt wird. Und so rein ist das Licht, daß es das Entstehen von Bildern verhindert, und aus diesem Grund haben es die Menschen als Dunkelheit bezeichnet. Denn das Gemüt reagiert auf jedes geringere Licht und schafft sich selbst mehrere Paläste[15]. Dies ist, als geschrieben steht: »In meines Vaters Haus gibt es viele Wohnhäuser«; und wenn dieses Haus zerstört ist, um wieviel mehr dann die Wohnhäuser, die sich darin befinden! Denn dies ist der Sieg von BABALON über den Magier, der sie verzauberte[16]. Denn als die Mutter ist sie 3 mal 52, und als die Hure ist sie 6 mal 26; aber sie ist auch 12 mal 13, und dies ist die reine Einheit[17]. Außerdem ist sie 4 mal 39, das heißt, der Sieg über die 4, und in 2 mal 78 hat sie den großen Zauberer vernichtet[18]. Somit ist sie die Synthese von 1 und 2 und 3 und 4, die addiert 10 ergeben,

---

[15] Merke diese These wohl. Alles, was nicht das reine Nichts ist, ist - ipso facto - unausgewogen und deshalb unvollkommen, in der Tat illusorisch.

[16] Der Pfad von Beth. Stelle diesem Weg der Illusion eindringlich die Besessenheit des Mikroprosopus durch Daath gegenüber. (Da gibt es auch noch die Schwierigkeiten des Sohnes mit dem äußeren Glanz des Pfades von Gimel und die des Vaters mit dem Pfad von Aleph. Siehe hinsichtlich der drei Wege der Verblendung, die die Krone schützen, den 3. Aethyr.)

[17] 52 = Aimah (AIMA), die Fruchtbare Mutter = 3 = Binah. 26 gleicht Tetragrammaton (IHVH); auch Kabad (KBD), der Gatte der unreinen Lilith. 1 + 6 + 9 + 10, die Sephiroth der mittleren Säule, der Phallus. 6 = 1 + 2 + 3, die mystische Zahl Binahs; auch die Sonne, die auf alle gleichermaßen scheint. Auch 6 = Gaba (GBA), sammeln; und Dab (DB), ein Bär (Venus im Pelz); und Ha (HA), ein Fenster, der inoffizielle Weg, in ein Haus einzudringen. 12 = HUA, ein Titel Kethers, die Einheit; 13 = Achad (AChD), Einheit [und Aheba (AHBH), Liebe].

[18] 39 = IHVH Achad (IHVH AChD) = Tetragrammaton ist Einheit. Obgleich er aus 4 Buchstaben zusammengesetzt ist, triumphiert er über die Macht der 4, die Begrenzung. Aber diese Erklärung ist nicht so klar, befriedigend und überzeugend zusammen mit jenem einzigartigen Gefühl ekstatischer Erleuchtung, das man zu Recht von einer kabbalistischen Darlegung verlangt. Es gibt wohl eine weitere Gematria der 39, die noch nicht gefunden wurde. [39 ist auch 3 x 13; siehe Anm. 17. Außerdem 39 = verborgene Künste, Zaubereien, schöpfen oder Schöpfeimer, das Haupthaar (Nuit), Wohnung Gottes, Tau oder Regen, gebären. Daraus geht hervor, daß sie die Begrenzung durch das Prinzip der Fruchtbarkeit und des Gebärens wie auch gleichzeitig mit des Magiers eigenen Mitteln überwindet.] 2 = Beth, Atu I - der Magus, Mayan, der große Zauberer. 78 = Mezla, der Einfluß von Kether, und die Anzahl der Tarotkarten; d.h. sie zerstört ihn durch seine eigenen Energien.

aus welchem Grund sie ihre Tochter auf ihren eigenen Thron setzen konnte, und ihr eigenes Bett mit ihrer Unberührtheit beflecken[19].

Und ich frage den Engel, ob es denn nicht irgendeine Möglichkeit gebe, vermöge der ich mich würdig machen könne, die Mysterien des Aethyrs zu sehen.

Und er erwidert: Das liegt nicht in meinem Wissen. Gleichwohl führe du noch einmal den Ruf des Aethyrs im Schweigen aus und harre geduldig der Gunst des Engels, denn Er ist ein mächtiger Engel, und noch niemals habe ich das Flüstern seines Flügels vernommen.

Dies ist die Übersetzung vom Ruf des Aethyrs[20]:

O ihr Himmel, die ihr im ersten Schleier wohnt und mächtig seid in den Erdteilen und darin den Urteilsspruch des Höchsten vollzieht, euch sei gesagt: Seht das Antlitz eures Gottes, den Anfang des Trostes, dessen Augen das Leuchten der Himmel sind, der euch für die Herrschaft auf Erden und ihre unaussprechliche Vielfalt vorgesehen hat, der euch mit der Macht des Verständnisses ausgestattet hat, damit ihr alle Dinge nach der Voraussicht von Ihm ordnen könnt, der auf dem Heiligen Thron sitzt und sich am Anfang erhob und sprach: Die Erde, möge sie von ihren Teilen regiert werden (dies ist die Prostitution von BABALON für Pan), und möge da Teilung in ihr sein (die Bildung des Vielen aus dem Einen), so daß ihre Herrlichkeit

---

19 Weil sie ihre Tochter (10) in ihre eigene Formel einführt, kann sie die Tochter für ihre eigenen Absichten benutzen.

20 Diese Umkehrung der offensichtlichen exoterischen Bedeutung des Rufes ist erstaunlich. Dieses Buch '418' ist voll von vergleichbaren Interpretationen vermittels der Regel der Gegensätze. Aber diese Regel muß mit Geschick und Vorsicht angewendet werden, will man Irrtümer vermeiden. Es ist eine bedauernswerte Tatsache, daß ein würdiger Zelator des A.·. A.·., ein gewisser Frater Achad, dem der Seher (geduldig genug) beigebracht hatte, diese Formel anzuwenden, durch seine Eitelkeit zu der Annahme verführt wurde, daß er sie selbständig entdeckt habe, und er ging dazu über, sie unterschiedlos anzuwenden. Er versuchte, die Schlage der Weisheit auf den Kopf zu stellen, und argumentierte, er müsse, da er ein $1° = 10^{\square}$ des Ordens war, dann zugleich auch ein $10° = 1^{\square}$ sein. Wie 'Das Buch der Lügen' sagt: »I wrenched dog backwards to find God; now God barks!« [Ich kehrte den Hund andersherum, um Gott zu finden; Gott bellt jetzt!] Er wäre besser beraten gewesen, sein angebetetes »One« [Eins] umzudrehen und eine Portion Eno zu sich zu nehmen (Eno's Fruit Salts, ein englisches Abführmittel). [Frater Achad ist Charles Stansfeld Jones, den Crowley einst für seinen magischen Sohn hielt und dem er sein 'Liber Aleph' widmete.]

immer Ekstase und Erregung im Orgasmus sei. Ihre Bahn soll sie mit den Himmeln ziehen (das heißt, möge sich ihr Weg immer in Harmonie mit dem Himmel befinden), und als eine Magd möge sie ihnen dienen (dies meint die Jungfrau der Ewigkeit, die in das Bett von CHAOS klettert). Eine Jahreszeit möge die andere verwirren (das heißt, da soll eine unermüdliche Vielfalt von Eigenschaften sein)[21], und da soll kein Lebewesen auf ihr oder in ihr dasselbe sein (das heißt, es soll eine unermüdliche Vielfalt von Dingen geben)[22]. All ihre Mitglieder, laß sie sich in ihren Eigenschaften unterscheiden, und laß da kein Lebewesen[23]einem anderen gleich sein (denn gäbe es irgendeine Vervielfältigung oder Auslassung, dann wäre keine Vollkommenheit in dem Ganzen). Die verständigen Lebewesen der Erde und die Menschen, laß sie sich gegenseitig plagen und ausmerzen (das meint die Zerstörung des Verstandes durch wechselseitiges Aufeinanderprallen im Verlauf der Erlösung). Und ihre Wohnorte, laß sie ihre Namen vergessen (dies ist der Beginn des Werkes von NEMO). Das Werk des Menschen und sein Prunk, sie sollen entstellt werden (das heißt, der Mensch muß im Großen Werk seine Persönlichkeit verlieren). Sein Gebäude, laß es eine Höhle für das Tier des Feldes sein. ('Sein Gebäude' meint das Gewölbe der Adepten, und die 'Höhle' ist die Höhle des Berges von Abiegnus, und das 'Tier' ist er, auf dem BABALON reitet, und das 'Feld' ist das Himmlische Eden.) Verwirre ihr Verständnis mit Dunkelheit. (Dieser Satz wird durch das erklärt, was über Binah gesagt worden ist.) Warum dies? Weil ich hinsichtlich der Jungfrau und des Mannes frohlocke[24]. (Kelly hat diesen Ruf überhaupt nicht verstanden, und er wollte es nicht glauben, daß dieser Satz so dastand, denn er schien dem Rest des Rufes zu widersprechen, also veränderte er ihn.) Eine Zeit soll sie bekannt sein und eine andere eine Fremde (das heißt, das Mysterium der Heiligen ist gleichzeitig mit allem identisch und doch getrennt davon), weil sie das Bett einer Hure ist

[21] Die Unendlichkeit von Nuit.

[22] Die Unendlichkeit von Hadit.

[23] Ein Ereignis, die grundlegende Einheit der manifestierten Existenz.

[24] In Kellys Original: »Es dauerte mich, daß ich den Menschen geschaffen habe«. Kelly hatte permanent Probleme mit seiner Erziehung als ein orthodoxer Christ; auch zwang Dee ihn, die wahren Botschafter zurückzuweisen, deren Darlegung einen antinomischen Pantheismus implizierte.

und der Wohnort von ihm, der gefallen ist. (Dies ist jenes Mysterium, das im letzten Aethyr offenbart wurde; denn das Universum ist gewissermaßen ein Garten, in dem die Heiligen sich vergnügen.) O ihr Himmel, erhebt euch; die niederen Himmel unter euch, mögen sie euch dienen. (Dies ist eine Anweisung für die Gesamtheit der Dinge, in das universale Entzücken einzustimmen.) Beherrscht jene, die herrschen; werft jene zu Boden, die fallen; bringt jene hervor, die größer werden; und vernichtet die Verderbten. (Dies bedeutet, daß alles sich auf seine eigene Weise vergnügen soll.)[25]Kein Ort soll in einer Zahl bleiben (»kein Ort« ist das unendliche Ain ... »soll in einer Zahl bleiben« heißt, ihn in Kether zu konzentrieren). Füge hinzu und vermindere, bis daß die Sterne gezählt sind. (Es ist ein Mysterium des Logos, das von der Heiligen Kabbala gebildet wird, weil die Sterne allesamt die Buchstaben des Heiligen Alphabetes sind, wie es in einem früheren Aethyr gesagt wurde.) Erhebt euch! Bewegt euch! Und erscheint! vor dem Heiligen Bund seines Mundes, den er euch in seiner Gerechtigkeit gezeigt hat. (Der »Heilige Bund« ist der Buchstabe Aleph; »sein Mund«, Pe; »seine Gerechtigkeit«, Lamed; und diese addieren sich wiederum zu Aleph [ALPh =111], so daß es in dem Buchstaben Aleph geschieht, der Zero ist und somit die Kreise der Aethyre symbolisiert, daß er sie hervorruft. Die Menschen aber dachten, Aleph sei der Anfangsbuchstabe von ARR, verfluchen, wohingegen er in Wahrheit der Anfangsbuchstabe von AChD, Einheit, und AHBH, Liebe, ist. So daß es die furchtbarste und verruchteste Lästerung der schwärzesten aller Schwarzen Brüder war, Berashith [der Anfang] mit einem Beth zu beginnen, mit dem Buchstaben des Magiers. Gleichwohl hat er durch diesen einfachen Kunstgriff die gesamte Illusion der Trauer erschaffen.)[26]Öffnet die Mysterien eurer Schöpfung, und macht uns zu Teilhabern an dem unbefleckten Wissen. (Das Wort hier, »IADNAMAD« ist nicht das

[25] Ein allgemeines Anliegen des Gesetzes von Thelema. Es wäre ein dummer Fehler, eine seidene Geldbörse aus einem Schweineohr anfertigen zu wollen; dies würde beide daran beteiligten Parteien beleidigen. Der grundlegende Fehler besteht darin, einen willkürlichen Idealstandard aus dem zu formen, was sein sollte. Die bösen Anfänge auf allen Ebenen haben ihre angemessene und nützliche Funktion. Man kann keinen starken, gesunden Menschen erschaffen, indem man ihn in Ketten legt und ihn künstlich vor allen Gefahren des Lebens beschützt.

[26] Dieser Abschnitt kritisiert eine undurchsichtige Lehre der Kabbala. Aber es befindet sich auch ein wirkliches Mysterium hinter der Rhetorik.

gewöhnliche Wort für Wissen. Es ist ein achtbuchstabiges Wort, das der geheime Name Gottes ist, der in dem Buchstaben Cheth zusammengefaßt wird; für diesen siehe den Aethyr, der mit diesem Buchstaben korrespondiert, nämlich den zwölften Aethyr.)[27]

Ich habe nun von Zeit zu Zeit immer wieder einmal in den Stein geschaut, aber da sind keinerlei Bilder, oder nicht einmal eine Andeutung eines solchen; aber jetzt sind da drei Pfeile, die so angeordnet sind:

Dies ist der Buchstabe Aleph im Alphabet der Pfeile.

(Ich möchte noch anmerken, daß die Sohlen meiner Füße, während ich den Ruf der Aethyre übersetzte, brannten, als stünde ich auf rotglühendem Eisen.)[28]

Und nun hat sich das Feuer zur Gänze über mich ausgebreitet und quält mich und peinigt mich. Und mein Schweiß ist bitter wie Galle. Und mein ganzes Blut frißt sich durch meine Adern hindurch wie Säure. Ich scheine überall zu eitern, zu verwesen; und die Würmer zerfressen mich, während ich noch am Leben bin.

---

[27] All diese Abschnitte in Klammern sind die fortlaufenden Spracherklärungen des Sehers (für ihn selbst), so wie jeder Satz ihm von dem Engel übermittelt wurde. Um zu verstehen, wie überraschend all dies für ihn war, muß man sich vergegenwärtigen, daß er diesen Ruf in seiner offenkundigen Bedeutung schon viele Wochen lang benutzt hatte, und zwar immer mit der äußersten Kraft und Feierlichkeit. Seine einzige Warnung bestand in dem intuitiven Gefühl zu Anfang des 9. Aethyrs, daß der Ruf eigentlich ein Frohlocken sei. Und dies hatte er für völlig subjektiv erachtet, zurückzuführen auf die Erleichterung, durch den Abyss gegangen zu sein.

[28] Dies war mit Sicherheit auf keine gewöhnliche Ursache zurückzuführen. Der Seher lag auf dem Dach des Hotels Royal in Biskra im Schatten des Minaretts. Es war ein kühler und strahlender Morgen.

Eine Stimme, weder in mir, noch außerhalb von mir, spricht: Erinnere dich an Prometheus; gedenke Ixions[29].

Ich zerre an nichts[30]. Ich will nicht acht geben. Denn eben dieser Staub[31] muß im Feuer verzehrt werden.

Und jetzt, obgleich da kein Bild ist, habe ich schließlich die Empfindung eines Hindernisses, als käme ich am Ende doch der Grenze des Aethyrs näher.

Aber ich sterbe.

Ich vermag weder zu kämpfen noch zu warten. Da ist Agonie in meinen Ohren und in meiner Kehle, und meine Augen sind so lange blind gewesen, daß ich mich gar nicht mehr daran erinnern kann, daß es jemals so etwas wie Augenlicht gegeben haben soll[32].

Und es kommt über mich, daß ich fortgehen sollte und die Ankunft des Schleiers erwarten; aber nicht hier. Ich denke, ich werde mich zu den heißen Quellen begeben[33].

So nehme ich den Stein fort und lege ihn auf meine Brust.

Biskra.
10.15 - 11.52 Uhr.

---

[29] Prometheus stahl das Feuer Jupiters. Ixion versuchte die Tugend von Juno. Der Seher war, indem er versuchte, in diesen höchstheiligen Aethyr einzudringen, auf vergleichbare Weise anmaßend.

[30] Er benutzte das Zeichen des Schleiers (eines der formalen Zeichen des Portalgrades) gegen die Undurchdringlichkeit des Aethyrs. (Vgl. 'Liber O'.)

[31] Dies bezieht sich auf den Magister Templi. Siehe den 6. Aethyr und anderswo. Nur ein Magus wahrlich vermag den Schleier von BABALON zu durchdringen. Es steht geschrieben (über Isis): »Kein Mensch (d.h. Nemo, der Magister Templi) hat meinen Schleier gelüftet.« [Eigentlich heißt es in dieser Inschrift einer Isis-Statue in Saïs, »kein Mensch darf meinen Schleier heben und leben.« Vgl. Plutarch und Novalis.] Aber ihn zu lüften ist eine Sache, und sie zu besitzen eine andere.

[32] Die physische Erschöpfung des Sehers war umfassend. Er erkannte, daß eine weitere Anstrengung unmöglich war, und mehr noch, wäre er in diesem Zustand plötzlich erfolgreich gewesen, dann hätte die tosende Einwirkung der Energie des Aethyrs seine körperliche Hülle sofort vernichtet.

[33] Hammam Salahin: Schwefelhaltige Wasser, bewundernswert passend zu der Idee von BABALON, zumal der Seher intuitiv verstand, daß sie die Seele dieses 2. Aethyrs war.

Fortsetzung

Lichtblitze spielen in dem Stein, auf der Oberfläche. Und auf dem Grund des Steins befindet sich eine schwarze Pyramide[34], und auf ihrer Spitze ist eine Vesica Piscis. Die Vesica Piscis[35] zeigt ein farbloses Strahlen.

Die beiden Bögen der Fische sehen so aus:

Es sind dieselben Bögen wie die Bögen der Vesica Piscis, nur auf den Kopf gestellt[36].

Und eine Stimme erklingt: Wie kann das, was in den Pyramiden[37]begraben liegt, das wahrnehmen, was auf seine Spitze herabsteigt?[38]

Wieder kommt es ohne Stimme zu mir: Aus diesem Grund ist die Mutterschaft das Symbol der Meister. Denn zuerst müssen sie ihre Unschuld aufgeben, um vernichtet zu werden, und die Frucht muß verborgen in ihnen liegen, während neun Monde zunehmen und abnehmen, und sie müssen sie mit dem Universalen Fluid umgeben.

---

[34] Schwarz für Binah. Die Pyramide für den Phallus, aber sie ist auch androgyn. Oder als Teil ihrer Stadt unterhalb der Nacht von Pan. Siehe den 14. Aethyr.

[35] Das vollkommenste und geheimnisvollste aller Symbole des weiblichen Prinzips. Die mathematischen Korrespondenzen sind von äußerster Bedeutsamkeit. Siehe »The Canon« und verschiedene weitere Abhandlungen über kabbalistische Geometrie.

[36] Ein letzter, verzweifelter Versuch vom Ruach des Sehers, dem Schrecken der Anwesenheit BABALONs zu entgehen.

[37] Der Magister Templi.

[38] Dieser augenscheinlich so einfache Satz verbirgt eine Andeutung von erhabendster und schrecklichster Bedeutung. Siehe Liber Al vel Legis I, 14, 16, 19. Auch 'Das Buch der Lügen', Kap. 4 und 15. Mohammed hat einmal gesagt: »Verflucht sei er, der sich selbst zur Erde und die Frau zum Himmel macht!« Er verstand, daß diese Formel eine außerordentliche magische Macht hat und wünschte sie von den Profanen fernzuhalten, die sie mißbrauchen oder sich selbst durch unwissende oder unachtsame Anwendung verletzen könnten.

Und sie müssen sie nähren mit Blut für das Feuer. Dann ist das Kind ein lebendes Ding. Und anschließend gibt es viel Freud und Leid, und hernach werden sie zerrissen, und darin besteht ihr ganzer Dank, daß sie das Kind säugen[39].

Und die ganze Zeit über bleibt die Vision in dem Stein, wie sie war, nur daß das Blitzen vehementer und klarer wird; und hinter der Vesica Piscis ist ein schwarzes Kreuz[40], das sich bis zur Oberfläche und den Rändern des Steins ausdehnt. Und jetzt entfaltet sich die Schwärze und verschluckt die Bilder.

Nun ist da nichts mehr außer dem riesigen schwarzen Dreieck mit der Spitze nach unten[41], und im Zentrum des schwarzen Dreiecks befindet sich das Gesicht von Typhon, dem Herrn der Stürme, und er schreit lauthals: Verzweiflung! Verzweiflung! Denn du magst die Unschuld täuschen, und du magst die Mutter umschmeicheln; aber was willst du denn der Hure des Altertums sagen, die in der Ewigkeit thront? Denn wenn sie nicht will, dann werden dir weder Kraft noch Schlauheit und auch dein Kluger Kopf nicht gegen sie helfen.

Du kannst sie nicht mit Liebe[42]umwerben, denn sie ist Liebe. Und sie hat alles und bedarf deiner nicht.

Und du kannst sie nicht mit Gold umwerben[43], denn all die Könige und Hauptmänner der Erde und all die Götter des Himmels haben ihr Gold über sie ausgegossen. Somit hat sie alles und bedarf deiner nicht.

Und du kannst sie nicht mit Wissen umwerben, denn Wissen ist das Ding, das sie verächtlich zurückgewiesen hat[44]. Sie hat es alles und bedarf deiner nicht.

---

39 Siehe 'Das Buch der Lügen', Kap. 3.

40 Dies scheint sich auf Thmaist zu beziehen, deren Äon dem des Horus nachfolgt. Sie ist Atu VIII - Ausgleichung - der Waage zugeordnet, dem Haus der Venus. In ihr also ist BABALON alsdann die alterslose Jungfrau-Hure, unsere Mutter wie auch unsere Konkubine.

41 Siehe den 3. Aethyr, die Vision von Lilith. Dieses Dreieck scheint Begrenzung oder Beschränkung zu symbolisieren; oder so impliziert das Nachfolgende.

42 Der Pfad von Daleth. Es wird somit gezeigt, daß BABALON mehr als nur Binah ist.

43 Tiphareth liegt unterhalb von ihr.

44 Daath, der Sturz in den Abyss, unterhalb von ihr.

Und du kannst sie nicht mit Klugheit umwerben, denn ihr Herr ist die Klugheit[45]. Sie hat es alles und bedarf deiner nicht. Verzweiflung! Verzweiflung!

Auch kannst du dich nicht an ihre Knie klammern und um Mitleid bitten; und du kannst dich nicht an ihr Herz klammern und um Liebe bitten; und du kannst nicht deine Arme um ihren Hals legen und um Verständnis bitten; denn du hast all dies[46], und es nützt dir nichts. Verzweiflung! Verzweiflung!

Daraufhin ergriff ich das Flammende Schwert[47], und ich ließ es los gegen Typhon, so daß sein Kopf gespalten wurde, und das schwarze Dreieck sich in Blitze auflöste[48].

Aber als er schied, brach seine Stimme noch einmal aus: Noch kannst du sie mit dem Schwert gewinnen, denn ihre Augen sind auf die Augen von Ihm gerichtet, in dessen Hand sich der Knauf des Schwertes[49] befindet. Verzweiflung! Verzweiflung!

Und der Widerhall dieses Aufschreis war sein Wort, das hiermit identisch ist, wenngleich es auch andersartig sein mag: Noch kannst

---

[45] Chokmah, die höchste Weisheit.

[46] Wie in der vorherigen Anmerkung gezeigt ist der Magister Templi, gleichwohl er ihren Schleier lüften und sie mit Verständnis ansehen kann, nicht dazu in der Lage, ihr gleichberechtigt gegenüberzutreten und sie zu besitzen.

[47] Dieses Schwert hat sein Heft in Kether und seine Spitze in Malkuth. Der Seher benutzt die gesamte Hierarchie der Existenz gegen den Zerstörer von Osiris.

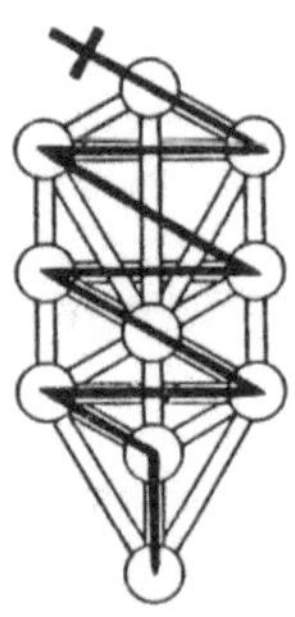

[48] Seine Energie wird in die uranfängliche Manifestation des Göttlichen Willens transmutiert.

[49] Sie ist gänzlich in Kether errichtet. Nur wenn ihr Liebhaber sich in seiner erhabendsten Selbstheit befindet, kann er sie besitzen.

du sie durch die Schlange[50] gewinnen, denn es war die Schlange, die sie als erste verführt hat. Verzweiflung! Verzweiflung!

(Trotzdem verkündete er lauthals, als er floh:)

Ich bin Leviathan, die große Verlorene Schlange der See. Ich winde mich ewiglich in meiner Qual, und ich peitsche mit meinem Schwanz den Ozean in einen Strudel aus Schaum, der giftig ist und bitter, und ich habe kein Ziel. Ich gehe nirgendwo hin. Ich kann weder leben noch sterben. Ich kann nur rasen und toben in meinem Todesschmerz. Ich bin das Krokodil[51], das die Kinder der Menschen verschlingt. Und durch die Bösartigkeit von BABALON leide ich Hunger, Hunger, Hunger.

Und die ganze Zeit über war der Stein untätiger als jemals zuvor; eintausendmal lebloser als wenn er gar nicht angerufen ist. Nun, wenn er sich entzündet, dann entzündet er sich zu seiner physikalischen Schönheit. Und jetzt befindet sich an seiner Oberfläche eine große schwarze Rose, wobei ein jedes ihrer Blütenblätter, obgleich sie an sich keine besonderen Eigenschaften aufweisen, das Gesicht eines Teufels ist. Und all die Stengel sind die schwarzen Schlangen der Hölle. Sie lebt, diese Rose; ein einziger Gedanke gibt ihr Form. Es kommt zu Mord und Totschlag. Gleichwohl, denn ein einziger Gedanke gibt ihr Form, setze ich meine Hoffnung in sie.

---

50 Die Schlange der Weisheit, die 22 Pfade, die die 10 Sephiroth miteinander verbinden. Somit ist ist sie das Gegenstück zum Flammenden Schwert.
Die Legende von Heva und Nachasch entstammt der fraglichen mystischen Lehre. Diese Schlange ist die Gesamtheit aller magischen Manifestation, die Schönheit der 22 Paläste (Atu) der Weisheit. Sie ist zugleich die Mutter und die Schwester ihres ehebrecherischen Herrn, Mayan, des Logos, der das Universum der Illusion erschuf.

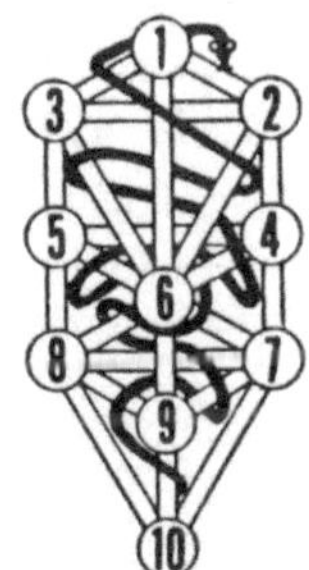

51 Im allgemeinen symbolisieren die Ungeheuer, die im Wasser leben, das Böse in jeder Hinsicht, von der gröbsten Form bis hin zu erhabensten. Sie repräsentieren das Fallen in Passivität; wohingegen die Aktivität von Energie der Idee der Freude entspricht.

Ich glaube, diese Rose hat einhundert und sechsundfünfzig Blütenblätter, und sei sie auch schwarz, so zeigt sie doch das leuchtende Erröten[52].

Da ist sie, inmitten des Steins, und ich kann niemanden sehen, der sie trägt.

Aha! Aha! Aha! Verschließe die Augen![53]

Heilig, Heilig, Heilig bist Du!

Licht, Leben und Liebe sind wie drei Glühwürmchen zu deinen Füßen: Das ganze Universum der Sterne, die Tautropfen des Grases, auf dem du wandelst!

Ich bin so gut wie blind[54].

Du bist Nuit! Nimm dir, nimm dir, nimm dir meine ganze Seele![55]

A ka dua
Tuf ur biu
Bi a'a chefu
Dudu ner af an nuteru[56].

Falutli! Falutli![57]

Ich klammere mich an den brennenden Aethyr wie Lucifer, als er durch den Abyss fiel, und durch die Raserei seines Fluges die Luft entzündet wurde.

Und ich bin Belial, denn als ich die Rose auf deiner Brust sah, habe ich Gott verleugnet.

Und ich bin Satan! Ich bin Satan! Ich bin auf eine brennende Felsspitze hinausgeschleudert! Und die See um die Verlassenheit

---

[52] Diese schwarze Rose also ist der Schleier von BABALON selbst. Sie ist die Widerwärtigkeit, die die eine Hälfte der Faszination ausmacht.

[53] So plötzlich bricht BABALON zu ihrem Liebhaber durch.

[54] Dies ist normal in physischer Hinsicht gemeint. Der Seher vermutete damals, er habe tatsächlich sein Augenlicht verloren.

[55] Entgegen der entsetzlichen Überzeugung, für seine Anmaßung, es gewagt zu haben, in seiner so intimen Hinsicht nach BABALON zu streben, mit Blindheit geschlagen worden zu sein, sammelte er sich für einen rasenden Angriff auf sie.

[56] Von der Stéle der Offenbarung [siehe für dieses Mantra 'Magick', S. 55].

[57] Der Ausbruch des Orgasmus (siehe den 23. Aethyr, Anm. 28). Er hielt über die ganze Vision hinweg unvermindert an. Der Seher saß die ganze Zeit über im Wasser der heißen Quelle, das mit immensem Druck auf seinem Körper lastete, und er brüllte laut ob der Intensität seiner Agonie oder Ekstase. Dies half ihm dabei, die unaufhörlichen Spasmen der Freude körperlich auszuhalten.

derselben herum kocht. Und bereits versammeln sich die Geier und nähren sich von meinem Fleische.

Ja! Vor dir ist alles Höchstheilige profan, o du Verwüsterin der Schreine! O du Verfälscherin der Orakel der Wahrheit! Solange ich unterwegs war, ist es immer so gewesen. Die Wahrheit des Profanen war die Falschheit des Neophyten, und die Wahrheit des Neophyten war die Falschheit des Zelators! Wieder und wieder muß die Festung eingenommen werden! Wieder und wieder muß der Pylon gestürzt werden! Wieder und wieder müssen die Götter entweiht werden!

Und jetzt liege ich auf dem Rücken vor dir, in Angst und Demütigung. O Reinheit! O Wahrheit! Was soll ich sagen? Meine Zunge klebt in meinem Rachen, o du Medusa, die du mich in Stein verwandelt hast! Gleichwohl ist dieser Stein der Stein der Philosophen. Gleichwohl ist diese Zunge Hadit.

Aha! Aha![58]

Ja! Laß mich vor dir die Gestalt von Hadit[59] annehmen und singen:

A ka dua
Tuf ur biu
Bi a'a chefu
Dudu ner af an nuteru.

Nuit! Nuit! Wie bist du an diesem Ort manifestiert! Dies ist ein unaussprechliches Mysterium. Und es ist mein, und ich werde es niemals Gott oder dem Menschen offenbaren können. Es ist für dich und mich!

A ka dua
Tuf ur biu
Bi a'a chefu

[58] Aha = AHA = 7. Somit ist dies ein Gottesname von Netzach, Venus. Interpretiert vermittels der yetziratischen Zuordnung ergibt sich: »Das Kreuzen unserer Herrin (He - die Himmlische Mutter) in der Luft (Aleph = Luft)«. Es ist auch das Pentagramm zwischen zwei Swastiken (wobei die Swastika dem Buchstaben Aleph mit dem Zahlwert 1 zugeordnet ist). Der Symbolismus von diesem Wort, so einfach er ist, ist viel zu weitreichend, um ihn in einer Anmerkung angemessen erläutern zu können. Er muß tiefgründig und ausführlich von dem Bewerber selbst studiert werden. [Vgl. Crowleys Büchlein »AHA!«.]

[59] Hadit ist eher ein mathematischer Ausdruck als ein Gott. Mit seiner Gestalt aber ist die »Flügelkugel« gemeint, die in der Stéle der Offenbarung verwendet wird, um ihn zu repräsentieren.

Dudu ner af an nuteru.

...Mein Geist ist nicht mehr; meine Seele ist nicht mehr. Mein Leben verlischt in Auflösung!

A ka dua
Tuf ur biu
Bi a'a chefu
Dudu ner af an nuteru.

Es ist der Aufschrei meines Leibes! Errette mich! Ich bin jenem zu nahe gekommen, das nicht ausgehalten werden darf. Er muß erwachen, der Körper; er muß sich behaupten.

Er muß den Aethyr ausschließen, oder er stirbt.

Jeder Pulsschlag schmerzt und schlägt rasend. Jeder Nerv ist von einer Schlange gebissen. Und meine Haut ist eiskalt[60].

Weder Gott noch Mensch vermag das Mysterium des Aethyrs zu durchdringen.

(An dieser Stelle murmelt der Seher Unverständliches.)

Und sogar diejenigen, die verstehen, können die Stimme nicht hören. Denn für den Profanen bedeutet die Stimme des Neophyten Schweigen, und für den Neophyten bedeutet die Stimme des Zelators Schweigen. Und so ist es immer.

Sehen ist Feuer und ist das erste Dreieck der Tafel[61]; Geist ist das Hören und das Zentrum davon; du also, der du vollkommen Geist und Feuer bist und keine dunkleren Elemente in deinem Stern hast; du bist mit dem Sehen am Ziel deines Willens angelangt. Und wenn du die Stimme des Aethyrs[62]vernehmen willst, dann rufe ihn des Nachts an, wobei du kein anderes Licht zur Verfügung haben sollst als das des Halbmondes. Dann magst du die Stimme hören, obschon es gut sein kann, daß du sie nicht verstehst. Gleichwohl soll sie ein mächtiger Zauber sein, vermöge dessen du den Bauch

[60] Dies fand in einem Wasserbecken statt, das für die normale Empfindung schon fast unangenehm heiß war.

[61] Meint die vier Wachtürme des Universums ('Equinox VII'). Denn die zunehmende Verständlichkeit der Worte deutet die Erschöpfung der Ekstase des Sehers an. Der langsame Rückzug aus dem inneren Vorhandensein von BABALON.

[62] Bis jetzt war der geistige Inhalt des Aethyrs von der moralischen (oder besser spirituellen) Ekstase des Sehers durch BABALON gekennzeichnet.

deines Verständnisses für die Schändung durch CHAOS entblößen magst.

Nun, deshalb sei zum letzten Male der Schleier des Aethyrs geöffnet.

Aha! Aha! Aha! Aha! Aha! Aha! Aha!

A ka dua
Tuf ur biu
Bi a'a chefu
Dudu ner af an nuteru.[63]

. . . .

Der Aethyr also muß bis zum Halbmond unvollendet bleiben.

Hammam Salahin.
18. Dezember, 15.10 - 16.35 Uhr.

---

[63] An diesem Punkt sank der Seher erschöpft zurück. Der Schreiber, da er fürchtete, der Seher könne ertrinken, half ihm dabei, aus dem Wasser zu kommen.

Fortsetzung

An olvah nu arenu olvah. Diraeseu adika va paretanu poliax poliax in vah rah ahum subre fifal. Lerthexanax. Mama ra-la hum fifala maha[64].

All dies ist die Melodie einer Flöte, sehr schwach und doch klar. Und da ist das unterschwellige Klingeln einer Glocke.

Und ein Saiteninstrument ist da, ähnlich einer Zither. Und eine menschliche Stimme ist vernehmbar.

Und eine Stimme erklingt: Dies ist der Gesang der Sphinx, den sie ewiglich für die Ohren der Menschen anstimmt.

Und es ist das Lied der Sirenen. Wer immer ihn hört, ist verloren[65].

---

[64] Dies begann unmittelbar mit der Wiederaufnahme der Vision. Wir müssen davon ausgehen, daß der Engel des Aethyrs oder einer seiner Botschafter die Aufgabe hatte, den Seher auf diese Weise für die Stimme des Aethyrs vorzubereiten. Es ist die Sprache des Calypso-Sappho-Engels, die allgemein als bathyllisch bezeichnet wird. Die Übersetzung lautet: »Nun gleitet es in das Heim des Himmels, gleitet. Verführerisch ergreift das Mentrila jener aus dem heiligen Haupt (oder Schädel) Gezeugten die sanften Schleierstoffe, behutsam das Weberschiffchen führend. Licht folgt der Explosion. Die sanften Schleierstoffe, an dem Wibberschiffchen haftend, pumpen jeden Wassertropfen aus der Talmulde.«

[65] Die magische Faszination dieses Aethyrs ist etwas gänzlich Eigentümliches und liegt jenseits aller anderen Erfahrungen des Sehers. Die Wirkung auf ihn (31 Äquinoktien später), als er diese Anmerkungen verfaßt, ist ziemlich überwältigend. Die Erinnerung daran vermindert den Wert vom Rest seines Lebens (von wenigen Ausnahmen abgesehen) fast auf Null.

I
Mu pa telai,
Tu wa melai
A, a, a.
Tu fu tulu!
Tu fu tulu
Pa, Sa, Ga.

II
O chi balae
Wa pa malae; —
Ut! Ut! Ut!
Ge; fu latrai,
Le fu malai
Kut!-Hut!-Nut!

III
Qwi mu telai
Ya Pa melai;
u, u, u.
'Se gu melai
Pe fu telai
Fu tu lu.

IV
Al OAI
Rel moai
Ti - Ti - Ti!
Wa la pelai
Tu fu latai
Wi, Ni, Bi.

Übersetzung des Gesangs

I
Schweigen! Die Mondin hört auf (sich zu bewegen),
Auch dies war süß
In der Luft, in der Luft, in der Luft!
Wer will, soll sein Ziel erreichen!
Wer will, soll sein Ziel erreichen
Durch die Mondin, und durch mich, und durch den Engel des Herrn.

II
Nun hört das Schweigen auf
Und die Mondin süß nimmt zu;
(Es ist die Stunde der) Initiation, Initiation, Initiation.
Der Kuß von Isis ist honigsüß;
Mein Wille ist am Ende,
Denn der Wille hat sein Ziel erreicht.

III
Siehe, das Löwenkind schwimmt (im Himmel)
Und die Mondin taumelt: —
Du (bist es)! Du (bist es)! Du (bist es)!
Triumph; der Wille stiehlt sich fort (wie ein Dieb),
Der Starke Wille, der schwankt
Vor Ra-Hoor-Khuit! - Hadit! - Nuit!

IV
Der Gott OAI[66]
Sei gepriesen
Im Ende und am Anfang!
Und niemand soll fallen,
Der erlangen will
Das Schwert, die Waage, die Krone!

Und das, was du hörst, ist lediglich das Tropfen des Taus von meinen Gliedern, denn ich tanze in der Nacht nackt auf dem Gras, an schattigen Orten, an fließenden Strömen.

---

66 Die Umkehrung der Formel IAO (siehe 'Magick') impliziert vereinfacht den allgemein mystischen Prozeß als dem allgemein magischen gegenübergestellt.

Viele sind sie, die die Nymphen der Wälder geliebt haben, und einige von diesen haben das Unerreichbare begehrt. Denn nicht eine Nymphe war es, sondern ich selbst, die ich auf Erden wandelte, um mein Vergnügen zu nehmen. Also gab es auch viele Bildnisse von Pan, und die Menschen haben ihn verehrt, und als ein schöner Gott ließ er ihre Oliven zweimal Frucht tragen und ihre Weinreben wachsen; einige aber wurden von dem Gott getötet, denn ich war es, der die Kränze um ihn gewoben hat[67].

Nun erklingt ein Gesang.

So süß ist dieser Gesang, daß niemand ihm widerstehen könnte. Denn darin liegt der gesamte leidenschaftliche Schmerz des Mondlichtes und der große Hunger der See und der Schrekken der einsamen Orte - alle Dinge, die die Menschen dazu verlocken, das Unerreichbare zu begehren.

Omari tessala marax,
tessala dodi phornepax.
amri radara poliax
armana piliu.
amri radara piliu son';
mari narya barbiton
madara anaphax sarpedon
andala hriliu.

Übersetzung:

Ich bin die Hure, die den Tod erschüttert.
Diese Erschütterung gibt den Frieden erfüllter Lust.
Unsterblichkeit entspringt meinem Schädel,
Und Musik meiner Vulva.
Unsterblichkeit entspringt meiner Vulva auch,
Denn meine Hurerei ist ein süßer Duft gleich einem siebensaitigen Instrument,
Gespielt für Gott den Unsichtbaren, den All-Herrscher,
Der da umherstreift, den schrillen Schrei des Orgasmus gebend.

[67] Hiernach hat es den Anschein, als sei BABALON (die durch einen ihrer Botschafter spricht) das weibliche (oder androgyne) Äquivalent und nicht nur das Komplement von Pan. Dies zeigt sich in vielen von ihrer Bildnissen.

Kein Mensch, der mich gesehen hat, wird mich jemals vergessen können, und ich erscheine oftmals in den Kohlen des Feuers, und auf der sanften weißen Haut einer Frau, und in der Beständigkeit des Wasserfalls, und in der Leere der Wüsten und Sümpfe, und auf den großen seewärts schauenden Klippen; und an vielen seltsamen Orten, an denen die Menschen mich nicht suchen. Und viele tausend Male hat er mich gesehen. Und schließlich werfe ich mich in ihn hinein, so wie eine Vision sich in einen Stein hineinwirft, und wen ich rufe, der muß folgen.

Nun nehme ich mich selbst wahr, wie ich in einem Druidenkreis auf einer weiten, offenen Ebene stehe.

Eine ganze Abfolge schöner Visionen von Wüsten und Sonnenaufgängen und Inseln im Meer, grün jenseits aller Vorstellungskraft ... Aber in ihnen ist kein Bestand[68].

Eine Stimme fährt fort: Dies ist die Heiligkeit der fruchtlosen Liebe und des ziellosen Mühsals. Denn im Tun einer Sache um ihrer selbst willen ist Konzentration, und dies ist die Heiligkeit von ihnen, die die Mittel nicht dem Ziel anpassen. Denn hierin liegt Glaube und Mitgefühl und ein Wissen um die wahre Magick[69].

O mein Geliebter, der du wie eine Taube durch die Luft fliegst, hüte dich vor dem Falken! O mein Geliebter, der du auf der Erde springst wie eine Gazelle, hüte dich vor dem Löwen!

Da sind Hunderte von Visionen, die sich alle übereinander lagern. In einer jeden davon ist der Engel des Aethyrs auf geheimnisvolle Weise verborgen.

---

[68] Diese Visionen sind halbe Störungen, die auf die Schwäche des Sehers zurückzuführen sind, der das Entzücken der Stimme nicht auszuhalten vermochte. »Weisheit sagt: Sei stark! Dann kannst du mehr Freude ertragen!« Liber Al vel Legis II, 70. Während der großen Offenbarung des Kairo-Werkes war der Seher ähnlich hingerissen und fiel durch das Übermaß an Enthusiasmus in Ohnmacht.

[69] Liber Al vel Legis I, 44: »Denn reiner Wille, unbefleckt von Zweck, entbunden von dem Gelüst nach Ergebnis, ist in jeder Weise vollkommen.« Diese Lehre liegt einem jedem Werk zugrunde. Sie zu vernachlässigen (durch ein Paradox, das schon kurios genug ist) heißt, jedwede Fruchtbarkeit in jeder Operation zunichte zu machen. Man mag in der Tat durch dieses Kriterium zwischen einem Werk, das es wert ist, ausgeführt zu werden, und niederer Plackerei (wie die von Politikern, Bankiers und Kanalisationsratten) unterscheiden. (Glaube, eine Praktik, die weder empfohlen noch verteidigt wird - da sie vom Wesen der Paranomasie ist - ist gleichbedeutend mit Kosher, KShR, was soviel wie rechtmäßig bedeutet.)

Nun will ich den Engel des Aethyrs beschreiben, bevor die Stimme erneut beginnt.

Sie ist wie die Vorstellung, die man sich von Sappho und Calypso macht, und in jeder Hinsicht verführerisch und voller tödlicher Dinge[70]; schwere Augenlider, lange Wimpern, ein Gesicht wie aus Elfenbein, wundervolle ungeschliffene Juwelen, leuchtend rote Lippen, ein sehr kleiner Mund, winzige Ohren, ein griechisches Gesicht. Über den Schultern trägt sie eine schwarze Robe mit einem grünen Umhang; die Robe ist mit goldenen Sternen besetzt; die Tunika zeigt ein reines sanftes Blau.

Nun wird der gesamte Aethyr in einem Wald aus unlöschbarem Feuer verschluckt, und furchtlos durch all dies hindurch fliegt der schneeweiße Adler. Und der Adler verkündet: Das Haus auch des Todes[71]. Hinfort! Das Buch ist geöffnet, der Engel wartet außen, denn der Sommer steht vor der Tür. Hinfort! Denn das Äon ist gemessen, und dir ist deine Zeitspanne zugewiesen. Hinfort! Denn die mächtigen Klänge sind bis in jeden Winkel vorgedrungen[72]. Und sie haben die Engel der Aethyre erwachen lassen, die diese dreihundert Jahre lang geschlafen haben[73].

Denn in dem Heiligen Buchstaben Schin, der die Wiederauferstehung im Buch Thoth ist, der der Heilige Geist in der Dreieinigkeit ist, der Dreihundert in der Geschichte der Jahre[74]ist, ist das Grabmahl geöffnet worden, damit diese große Weisheit offenbart werde.

Hinfort! Denn die Zweite Triade ist vollendet, und da verbleibt nur noch der Herr des Äons, der Rächer, das Kind Gekrönt und

---

[70] BABALON, 'der alle Macht gegeben ist', ist Teh, Sakti, He. Sie ist verführerisch und tödlich, da sie die Aufrührerin des vollkommenen Gleichgewichtes der absoluten Zero ist, welche (als positive Idee angesehen) Existenz in allumfassendem Frieden darstellt, eine unveränderbare Essenz. Aber Er kann nicht wirklich ohne Sie existieren; und durch Sie kommt daher der Wechsel, der Liebe und Tod ist.

[71] Siehe den 11. Ruf, der Erde des Wassers anruft, die Prinzessin des Lotus der Wasser. (Die Lesart ist eine Variante dessen, was in dem offiziellen Ritual des A∴A∴ angegeben ist.) Der Weiße Adler der Alchemisten.

[72] Siehe die Rufe oder Schlüssel, besonders den 5. und 6., wo die Winkel (der Wachtürme) gesondert erwähnt werden.

[73] Das heißt, seit dem Werk von Sir Edward Kelly und Dr. John Dee.

[74] Schin = 300. Schin ist auch Atu XX - das jüngste Gericht (oder die Wiederauferstehung, wie es in der üblichen Form des Atu impliziert ist). Schin ist der regulären Zuordnung nach Geist (die dreifache Zunge des Feuers; siehe die Apostelgeschichte). 300 = Ruach Elohim (RVCh ALHIM), der Geist Gottes.

Erobernd, der Herr des Schwertes und der Sonne, das Kindlein in dem Lotus, rein vermöge seiner Geburt, das Kind des Leidens, der Vater der Gerechtigkeit, der im ganzen Äon gepriesen sei![75]

Hinfort! Denn das, was zu vollenden war, ist vollendet in Anbetracht der Tatsache, daß du Glauben hattest bis zum Ende von allem.

In dem Buchstaben N ist die Stimme des Aethyrs zu Ende[76].

Biskra, Algerien.
20. Dezember 1909. 20.35 - 21.35 Uhr.

---

[75] Der Seher hatte diese Prophezeiung vollkommen vergessen und war überrascht über die abschließende Identifikation des Kindes in LIL mit Hoor!

[76] Dies impliziert, daß die Stimme des Aethyrs niemals endet! Denn N ist die Schwingung, die durch die Nasenlöcher fortbesteht. Siehe 'Magick', S. 323 ff., für das Wort AUMGN; wodurch der Seher das AUM der Rishis tadelte und berichtigte. N entspricht Nun, dem Buchstaben der sexuellen Unsterblichkeit, die Formel der Vervollkommnung durch Fäulnis.

Der Ruf des 1. Aethyrs

LIL[1] -

Zuerst sei da Segen und Verehrung und Ehrerbietung und Verherrlichung und großer Dank dem Heiligen, der es uns gestattet hat, so weit zu kommen, der uns die unaussprechlichen Mysterien offenbart hat, damit sie vor den Menschen enthüllt werden. Und demütig ersuchen wir Seine Unendliche Gottheit, er möge geruhen, uns auch das Mysterium des Ersten Aethyrs zu offenbaren.

(Hier folgt der Ruf des Aethyrs.)[2]

Der Schleier des Aethyrs ist wie der Schleier der Nacht, dunkel azurn, voller zahlloser Sterne. Und weil der Schleier unendlich ist, sieht man zuerst die geflügelte Kugel der Sonne gar nicht, die im Zentrum davon strahlt. Tiefer Friede erfüllt mich - jenseits von Ekstase, jenseits allen Denkens, jenseits vom Dasein selbst, IAIDA. (Dieses Wort bedeutet »Ich bin«, aber in einem Sinne gänzlich jenseits von Sein.)

---

[1] LIL = Krebs, Schütze, Krebs = Cheth, Samech, Cheth = 76. Diese Zahl entspricht Chabyon (ChBIVN), ein Geheimnis, eine Zufluchtsstätte; Nechach (NIChCh), Ruhe, Frieden; und Ovad (AaBD), ein Diener (im edlen Sinne). Im Hebräischen wäre LIL 70, das Auge von Horus, Ayin. Siehe aber eine der früheren Anmerkungen über die Zwölffache Tafel im 15. Aethyr, wo diese Buchstaben das Universum beherrschen (das des jetzigen Äons).

[2] Der Seher war sich in Anbetracht der schrecklichen Nöte, denen er ausgesetzt war, um den 2. Aethyr zu erlangen, nur zu bewußt, daß er wohl kaum dazu in der Lage wäre, den 1. zu durchdringen. In der Tat hätte nur ein Magus den 2. richtig zu durchdringen vermocht; und für den 1. wäre niemand außer einem Ipsissimus berechtigt. Diese Annahme war tatsächlich gerechtfertigt. Nur hier und da vermochte er auf der Ebene von LIL zu bestehen. Viel von der hier abgedruckten Vision und Stimme ist lediglich eine blasse Reflektion in den Ruach (und sogar dies auf Kosten unendlicher Anstrengung) vom Wort des Engels des Aethyrs. Diese »Ersatzworte« sind in der vorliegenden Ausgabe durch Klammern angedeutet.

(*Anmerkung:* - In hebräischen Buchstaben addiert es sich zu 26. Der Name des Aethyrs ergibt in hebräischen Buchstaben 70, Ayin; wandeln wir aber die yetziratischen Zuordnungen in das Hebräische um, so ergibt dies 66[3], und 66 ist die Summe der Zahlen von 0 bis 11.)

Ja, es herrscht Frieden. Es gibt keine *Neigung* gleich welcher Art, noch viel weniger so etwas wie Beobachtung oder Gefühl oder Eindruck. Da ist nur ein feines Bewußtsein, wie der Duft des Jasmin.

Der Leib des Sehers ruht in einem Wachschlaf, der tiefer als Schlaf ist, und sein Gemüt ist still; er erweckt den Anschein einer Talmulde in der Wüste, die von unbewegten Palmen überschattet wird.

Und es ist Nacht; und weil die Nacht die ganze Nacht des Raumes ist und nicht die teilweise Nacht der Erde, gibt es keinen Gedanken an eine Dämmerung. Denn das Licht der Sonne erschafft Illusionen, die des Menschen Augen für die Herrlichkeit der Sterne blind machen. Und wenn er sich nicht im Schatten der Erde aufhält, vermag er keine Sterne zu erkennen. Ebenso, wenn er nicht vor dem Licht des Lebens verborgen ist, vermag er Nuit nicht zu sehen. Hier also verweile ich in der unveränderlichen Mitternacht in vollkommenem Frieden.

Ich habe vergessen, wo ich bin und wer ich bin. Ich hänge an nichts.

Nun öffnet sich der Schleier von selbst. (Zum Schreiber. Komm näher; ich möchte nicht so laut sprechen müssen.)

Es ist ein kleines Kind, das mit Lilien und Rosen bedeckt ist. Er wird gestützt von zahllosen Myriaden von Erzengeln. Die Erzengel zeigen alle dasselbe farblose Strahlen, und allesamt sind sie blind. Unterhalb der Erzengel sind viele, viele, andere Heerscharen, und so fort bis weit nach unten, so weit, wie das Auge gar nicht mehr zu schauen vermag. Und auf seiner Stirne und auf seiner Brust und auf seiner Hand hat er das geheime Siegel des Tieres[4]. Und die

---

[3] Das heißt, indem man L für den Mond nimmt. In Anm. 1 haben wir ihn für Krebs genommen, denn die Erfahrung hat gezeigt, daß diese Form akkurater ist. L ist der abnehmende Mond und Krebs sein Haus. Das henochische Alphabet aber ist auf den Zodiak und die Elemente (nur indirekt auf die Planeten) bezogen, und es wäre unklug, eine Ausnahme zu machen.

[4] Sonne und Mond vereint.

Herrlichkeit von all diesem ist so groß, daß all die spirituellen Sinne versagen, und daß auch ihre Reflektionen im Körper versagen.

Es ist sehr seltsam. In meinem Herzen ist Ekstase, heilig und unaussprechlich, vollkommen jenseits jeder Emotion; sogar jenseits noch von jener Glückseligkeit namens Ananda, unendlich rein und ruhig. Gleichwohl stehen in meinen Augenwinkeln Tränen wie Krieger auf der Wacht, die sich auf ihre Speere stützen und lauschen[5].

Der große und schreckliche Engel sah mich fortwährend an, als wollte er mich von der Vision fernhalten. Da ist ein weiterer, der mein Gemüt blendet. Da ist noch einer, der meinen Kopf zum Schlaf nach unten zwingt.

(Es ist sehr schwer, überhaupt zu sprechen, weil jeder Eindruck eine sehr lange Zeit benötigt, um vom Willen zu den Muskeln zu reisen. Natürlich habe ich keine Empfindung von Zeit.)

Ich bin noch einmal zu dem Kind hinaufgegangen, zwei Engel führten mich und senkten meinen Kopf.

Dieses Kind scheint das Kind zu sein, das ich in »The Garden of Janus« zu beschreiben versucht hatte[6].

Jedes Wollen wird verhindert. Ich habe versucht, viel zu sagen, und immer ist es unterwegs verloren gegangen.

Heilig bist du, der du schöner bist als all die Sterne der Nacht!

Noch nie hat es einen solchen Frieden gegeben, solches Schweigen. Aber dies sind *positive* Dinge. Singend Loblieder um ewige Dinge inmitten der Feuer der ersten Herrlichkeit, und jede Note eines jeden Gesangs ist eine frische Blüte im Gewinde des Friedens.

Dieses Kind tanzt nicht, aber dies ist so, weil er die Seele der zwei Tänze ist - der rechten Hand und der linken Hand, und in ihm sind die beiden ein Tanz, der Tanz ohne Bewegung.

Da ist Tau auf all dem Feuer. Jeder Tropfen ist die Quintessenz der Ekstase der Sterne.

[5] Zwischen vielen dieser Abschnitte gab es lange Pausen, da sich der Seher im Sein verloren hatte. Der Leser wird bemerken, daß »dieser große und schreckliche Engel« gar nicht erwähnt worden ist, sondern plötzlich hereinkommt. Dies war so, weil des Sehers Worte nicht zu hören waren oder gar nie ausgesprochen wurden. Dieser Engel war der 'höhere Genius' des Sehers.

[6] Siehe »The Winged Beetle« und 'Equinox III', wo dieses Gedicht in ganzer Länge zu finden ist.

Noch ein drittes Mal werde ich zu ihm hinaufgeführt, siebenmal werfe ich mich auf jeder Treppenstufe nieder. Da ist ein Duftstoff in der Luft, der bis in den Körper des Sehers herab reflektiert wird. Dieser Duftstoff erregt seinen Körper mit einer Ekstase, die wie Liebe ist, wie Schlaf.

Und dies ist der Gesang:

Ich bin das Kind von allen, der ich der Vater von allen bin, denn von mir gehen alle Dinge aus, die ich sein könnte. Ich bin die Quelle im Schnee, und ich bin die ewige See. Ich bin der Liebhaber, und ich bin die Geliebte, und ich bin die erste Leibesfrucht ihrer Liebe. Ich bin das erste schwache Flackern des Lichtes, und ich bin der Webstuhl, auf dem die Nacht ihren undurchdringlichen Schleier webt.

Ich bin der Hauptmann der Armeen der Ewigkeit; der Schwertkämpfer und der Speerträger und der Bogenschütze und der Wagenlenker. Ich habe die Armeen des Ostens gegen die Armeen des Westens geführt, und die Armeen des Westens gegen die Armeen des Ostens. Denn ich bin der Frieden.

Meine Olivenhaine sind von einer Hure angepflanzt worden, und meine Pferde wurden von einem Dieb gezüchtet. Ich habe meine Weinreben auf den Speeren des Allerhöchsten gezogen, und mit meinem Gelächter habe ich eintausend Menschen getötet.

Mit dem Wein in meinem Kelch habe ich die Blitze vermischt, und habe mein Brot mit einem scharfen Schwert zerteilt.

Mit meiner Torheit habe ich die Weisheit des Magus aufgelöst, so wie ich mit meinen Urteilssprüchen das Universum besiegt habe. Ich habe den Granatapfel im Hause des Zorns gegessen, und ich habe das Blut meiner Mutter zwischen Mühlsteinen herausgepreßt, um Brot zu machen.

Da ist nichts, das ich nicht unter meinen Füßen zertreten hätte. Da ist nichts, das ich nicht als einen Kranz um meine Stirne gewunden hätte. Ich habe alle Dinge als einen Gürtel um meine Hüfte geschnallt. Ich habe alle Dinge in der Höhlung meines Herzens verborgen. Ich habe alle Dinge getötet, weil ich die Unschuld bin. Ich habe mit allen Dingen gelegen, weil ich die Unberührte Jungfrau bin. Ich habe alle Dinge geboren, weil ich der Tod bin.

Fleckenlos sind meine Lippen, denn sie sind röter als das Purpur des Weins, von dem ich berauscht bin. Fleckenlos ist meine Stirne, denn sie ist weißer als der Wind und der Tau, der sie kühlt.

Ich bin Licht, und ich bin Nacht, und ich bin das, was jenseits davon ist.

Ich bin Rede, und ich bin Schweigen, und ich bin das, was jenseits davon ist.

Ich bin Leben, und ich bin Tod, und ich bin das, was jenseits von diesen ist.

Ich bin Krieg, und ich bin Frieden, und ich bin das, was jenseits von diesen ist.

Ich bin Schwäche, und ich bin Stärke, und ich bin das, was jenseits von diesen ist.

Gleichwohl vermag der Mensch durch keines von diesen zu mir aufzureichen. Gleichwohl muß der Mensch durch eines von diesen zu mir aufreichen.

Du sollst über die Torheit des Narren lachen. Du sollst die Weisheit der Weisen erlernen. Und du sollst in heilige Dinge initiiert werden. Und du sollst belehrt werden in den Dingen der Liebe. Und du sollst mächtig werden in den Dingen des Krieges. Und du sollst ein Adept in okkulten Dingen werden. Und du sollst die Orakel interpretieren. Und all diese sollst du vor dir in deinem Fahrzeug mitführen, und auch wenn du mit keinem von diesen zu mir aufreichen kannst, so mußt du dennoch durch eines von diesen zu mir gelangen. Und du mußt die Stärke des Löwen haben und die Verschwiegenheit des Einsiedlers. Und du mußt das Rad des Lebens drehen. Und du mußt die Waagschalen der Wahrheit halten. Du mußt die großen Wasser überqueren, ein Erlöser. Du mußt den Schwanz des Skorpions haben, und die vergifteten Pfeile des Bogenschützen, und die schrecklichen Hörner des Ziegenbocks. Und so sollst du die Festung einnehmen, die den Palast des Königs, meines Sohnes, schützt. Und du mußt im Lichte der Sterne und des Mondes und der Sonne tätig sein, und in dem schrecklichen Licht des Urteilsspruches, der die Geburt des Heiligen Geistes in dir ist. Wenn all diese das Universum zerstört haben, dann magst du den Palast der Königin, meiner Tochter, betreten[7].

Gesegnet, gesegnet, gesegnet; wahrlich, gesegnet; drei und viermal gesegnet ist er, dem es gegeben ward, mein Gesicht zu sehen. Denn ich werde dich aus meiner Anwesenheit hervorschleudern wie einen wirbelnden Donnerkeil, um deine Wege zu beschützen, und wen du vernichtest, der soll fürwahr vernichtet sein. Und wen du liebst, der soll fürwahr geliebt sein. Und gleich ob du durch Vernichten oder durch Liebe tätig bist, ein jeder soll mein Gesicht sehen, ein Schimmer durch eintausend Schleier. Und sie sollen sich von dem Schlaf der Liebe oder dem des Todes erheben und sich mit einem Gürtel aus Schlangenhaut für die Weisheit gürten, und sie sollen die weiße Tunika der Reinheit tragen, und den flammend orangenen Schurz für den Willen, und über ihre Schultern sollen sie die Haut des Panthers für den Mut werfen. Und sie sollen den Nemyss der Verschwiegenheit und die Ateph Krone der Wahrheit tragen. Und ihre Füße sollen mit Sandalen versehen werden, die aus der Tiere Haut angefertigt wurden, damit sie auf alles treten können, was sie einst waren, aber auch, damit ihre Zähigkeit sie stütze und ihre Füße schütze, wenn sie auf dem mystischen Pfad wandeln, der durch die Pylonen führt. Und auf ihrer Brust soll sich die Rose und das Kreuz des Lichtes und des Lebens befinden, und in ihren Händen der Stab und die Lampe des Einsiedlers. So sollen sie sich auf die niemals endende Reise begeben, von welcher jeder Schritt einen unaussprechlichen Lohn darstellt[8].

Heilig, Heilig, Heilig, Heilig; ja, drei und viermal heilig bist du, weil es dir gegeben ward, auf mein Gesicht zu schauen; nicht nur durch meine Gunst, nicht nur durch Magick, mag dies gewonnen werden. Gleichwohl, es steht geschrieben: »Gegenüber dem beharrlichen Sterblichen sind die gesegneten Unsterblichen schnell.«

Mächtig; mächtig, mächtig, mächtig; ja, drei und viermal mächtig bist du. Er, der sich gegen dich erhebt, soll niedergeworfen werden, gleichwohl du nicht einmal deinen kleinen Finger gegen ihn erhebst. Und er, der Böses über dich spricht, der soll der Schande anheimfal-

---

[7] Dieser Abschnitt ist ziemlich gekünstelt, eine unbestimmte und falsche Reflektion der wahren Stimme, die eine lyrische Inszenierung der Atus von Thoth war.

[8] Dieser Abschnitt ist nicht völlig falsch; er ist arm an Ausdruck, was bedauerlich ist.

len, gleichwohl deine Lippen keine Silbe gegen ihn äußern. Und er, der Böses über dich denkt, der soll in seinem Denken verwirrt werden, gleichwohl sich in deinem Gemüt nicht einmal der geringste Gedanke wider ihn erhebt[9]. Und sie sollen dir unterworfen werden und dir dienen, gleichwohl du es nicht willst. Und es soll eine Gnade und ein Sakrament für sie sein, und ihr sollt bei dem himmlischen Festmahl beieinander sitzen, und ihr sollt euch von dem Honig der Götter nähren und trunken sein von dem Tau der Unsterblichkeit - DENN ICH BIN HORUS, DAS GEKRÖNTE UND EROBERNDE KIND, DAS DU NICHT KENNST!

Gehe du deshalb weiter, o du Prophet der Götter, hin zum kubischen Altar des Universums; dort sollst du jeden Stamm und jedes Königreich und jedes Volk in die mächtige Ordnung aufnehmen, die sich von den Grenzfestungen, die den äußersten Abyss bewachen, bis hin zu meinem Throne erstreckt.

Dies ist die Formel des Äons, und damit ist die Stimme von LIL, der die Lampe des Unsichtbaren Lichtes[10]ist, beendet. Amen.

Biskra, Algerien.
19. Dezember 1909, 13.30 - 15.30 Uhr.

[9] Diese Prophezeiung hat sich in vielen Fällen bewahrheitet, und zwar oftmals auf die seltsamste und am wenigsten erwartete Art und Weise.

[10] [Engl. Lamp of the Invisible Light = LIL.]

Ein Kommentar zur Wesensart der Aethyre

30. Außerhalb des Würfels - der materiellen Welt - befindet sich das Kugel-System, das ihn umfaßt. Der Ruf scheint eine Art Exordium zu sein, eine veräußerlichte Darstellung vom Beginn des Neuen Äons: Das Äon von Horus, des gekrönten Kindes.

29. Die Störung des Equilibriums, verursacht durch den Beginn des Äons.

28. Nun findet eine weitere und deutlichere Versinnbildlichung des Großen Mysteriums des Äons statt, das durch die Aethyre eingeleitet werden muß. Beachte aber, daß der König des Neuen Äons nicht bis zum allerersten Aethyr erscheint.

27. Hekate erscheint - ihr Sohn, der Sohn einer Jungfrau, ein Magus, wird das Äon zur Erscheinung bringen. Und sie als Herold zieht sich, nachdem ihre Funktion erfüllt ist, in ihren mystischen Schleier zurück.

26. Der Tod des vergangenen Äons, das von Jehovah und Jesus; endet mit einer Andeutung des neuen, die Vision der Stéle von Ankh-f-n-Khonsu, deren Entdeckung das Wissen um den Äquinox der Götter, 21. 3. 1904, mit sich brachte.

25. Erscheinung des Löwen-Gottes Horus, das Kind des Löwen, der ihn inkarniert. Der erste Engel ist Isis, seine Mutter.

24. Nun erscheint seine Gefährtin, die himmlische Venus, die Scharlachfrau, die von den Menschen als Babalon angesehen wird, so wie man ihn für Chaos hält.

23. Hier erscheinen die Cherubim, die anderen Offiziere des neuen Tempels, die Erd- und Wasser-Gehilfen des Feuers und der Luft, das Tier und die Scharlachfrau.

22. Hier erscheint der Erste Schlüssel zu der Formel von Horus, eine siebenfältige Anordnung. Ein Schatten von Horus verkündet sein Wesen.

21. Dies scheint die Vision Gottes von Angesicht zu Angesicht zu sein, die in gewisser Hinsicht eine unumgängliche Prüfung für ihn ist, der durch den Abyss zu gehen gedenkt. Ein Auftrag an den Propheten des beginnenden Äons wird dem Seher gegeben. Der Gott ist der Hierophant in der Zeremonie des Magister Templi.

20. Dem Seher wird ein Führer, sein Heiliger Schutzengel, gegeben. Und dies wird erlangt vermöge der Überwindung des Universums, das als ein Rad wahrgenommen wird. Der Hiereus in der Zeremonie des Magister Templi.

19. Nun zeigt sich der Engel, der Instruktion gibt, in der niedersten Form. Der Hegemon in der Zeremonie des Magister Templi, der sich der Seher gerade zu unterziehen im Begriff ist.

18. Das Gewölbe der Vorbereitung für die Zeremonie des M.T. Der Schleier ist die Kreuzigung, ein Symbol des toten Äons. Die erste Prüfung ist bestanden.

17. Nun wird dem Strebenden das Symbol der Ausgewogenheit gegeben.

16. Das Opfer wird dargebracht. Die Hohepriesterin (Bildnis der Babalon) zeigt sich auf ihrem Tier und tut dies.

15. Der mystische Tanz von Salome. Der neue Tempel, er nimmt die Zeichen der Grade entgegen und verwirft A.E.

14. Der Schrein der Dunkelheit. Abschließende Initiation in den Grad des M.T.

13. Das Hervorkommen von Nemo in die Welt; sein Werk darin. Dies ist das erste Mysterium, das einem M.T. offenbart wird.

12. Das zweite Mysterium: der Kelchträger von Babalon der Schönen. Der Heilige Gral dem M.T. gegenüber manifestiert, mit der ersten Kenntnis von den Schwarzen Brüdern.

11. Nun kommt die Grenze der Heiligen Stadt; der M.T. wird in den Abyss geleitet.

10. Der Abyss.

9. Der M.T. hat den Abyss durchquert und wird zum Palast der Jungfrau geführt, erlöst von Malkuth nach Binah.

8. Die vollständigere Manifestation des Heiligen Schutzengels.

7. Die Jungfrau wird zur Braut, der große Lohn der Zeremonie. Auch eine Andeutung des weiteren Fortschreitens.

6. Eine Versinnbildlichung des Grades eines Magus.

5. Die Aufnahme des M.T. unter die Brüder des A.·. A.·. Die Manifestation des Pfeils.

4. Ferner bezüglich des Magus. Die Vermählung von Chaos mit der gereinigten Jungfrau.

3. Der Magier. Darstellung der Wächter des Höheren Wissens.

2. Das Verständnis des Fluches, der zu einer Segnung geworden ist. Der letzte Lohn des M.T., seine Vermählung mit Babalon Selbst. Der Freudengesang davon.

1. Die abschließende Manifestation. Alles führt hinauf zu dem Gekrönten Kind, Horus, dem Herrn des Neuen Äons.

Kurztitel, Quellennachweise und annotierte Bibliographie

Crowley, Aleister/Eschner M.D. - »Liber Al vel Legis und Kommentare«, Stein der Weisen 1985[1].

Crowley, A. - »Liber 777«, ebd. 1985.

Crowley, A. - »Das Buch der Lügen«, ebd. 1986.

Crowley, A. - »Liber Aleph«, ebd. 1986.

Crowley, A. - »Magick I u. II«, ebd. 1986.

Crowley, A. - »Die Heiligen Bücher von Thelema«, ebd. 1985. (Liber LXV, Liber VII.)

Crowley A. - »Ausgewählte Schriften II«, ebd. 1984. (Goetia.)

Crowley, A./Regardie, I. (Hrsg.) - »Gems from the Equinox«, Falcon Press, Phoenix 1982.

Eschner, Michael D. - »Die geheimen Rituale des Ordens der Goldenen Dämmerung, Band I u. II«, ebd. 1985. (Rituale der Goldenen Dämmerung.)

Eschner, Michael D. - »Die henochischen Schlüssel der Magie«, ebd. 1985[2].

Eschner, Michael D. - »Die geheimen sexualmagischen Unterweisungen des Tieres 666«, ebd. 1985.

Crowley, A. - »Das Buch Thoth«, Urania-Verlag 1981.

---

1 Die meisten der ursprünglich im Verlag »Stein der Weisen« veröffentlichten Titel sind nun im Kersken-Canbaz-Verlag, Holdenstedt erhältlich.

2 Dieser Titel ist nun in überarbeiteter Fassung in 2 Bd. als »Die Henochische Magie nach Dr. John Dee« im Kersken-Canbaz-Verlag erschienen.

Crowley, A. - »Aha!«, Falcon Press 1983.

Lao Tse - »Tao Teh King«, O. W. Barth 1981.

MacGregor Mathers, S. L. - »The Sacred Magic of Abra-Melin the Mage«, Causeway Books 1974.

MacGregor Mathers, S. L. - »The Kabbala Unveiled«, S. Weiser NY 1980.

Ranke-Graves/Patai - »Hebräische Mythologie«, Rowohlt 1963.

Regardie, Israel - »The Golden Dawn, Vol. I - IV«, Llewellyn Prod. 1971.

Bücher zur Henochischen Magie

Die Henochische Magie nach Dr. John Dee - Band 1

Die »Henochische Magie« basiert auf Aufzeichnungen des Dr. John Dee gegen Ende des 16. Jahrhunderts. Dee war Mathematiker, Alchemist und Hof-Astrologe. Sein »Seher«, Edward Kelly, war ein Medium, konnte Geister wahrnehmen und mit ihnen verkehren. Eines der bekanntesten Ergebnisse dieser Zusammenarbeit sind die 19 »Henochischen Schlüssel«.

Der erste Band der Bücher zur henochischen Magie beschäftigt sich mit dem Leben und Wirken Dr. John Dees und der Entwicklungsgeschichte der Henochischen Magie und der magischen Arbeiten Dees und Kellys. Zusätzlich sind die Wörterbücher Henochisch-Deutsch / Deutsch-Henochisch enthalten.

Eschner, Michael D.: Die Henochische Magie nach Dr. John Dee
Bd. 1: Das ursprüngliche System des Dr. John Dee
ca. 200 S. Paperback mit vielen, teils farbigen Abbildungen
978-3-89423-130-9

Die Henochische Magie nach Dr. John Dee - Band 2

Wer in der modernen Magie mit der henochischen Magie arbeitet, benutzt gewöhnlich das System des »Golden Dawn«. Aleister Crowley, der wohl berühmteste Spross dieses Ordens, folgte in seinen magischen Arbeiten diesem System und seine bekannteste henochische Arbeit ist die Erkundung der 30 Aethyre, welche in »Liber 418, Die Vision & die Stimme« beschrieben ist.

In diesem Band wird das henochische System ausschließlich in der Form beschrieben, wie es im Orden des Golden Dawn und von Aleister Crowley verwendet wurde. Dieses System basiert auf dem System von Dee und Kelly, ist aber von McGregor Mathers, dem Gründer des Golden Dawn, stark erweitert und verändert worden.

Eschner, Michael D.: Die Henochische Magie nach Dr. John Dee
Bd. 2: System und Anwendung im Orden Golden Dawn und bei A. Crowley
ca. 200 S. Paperback mit vielen, teils farbigen Abbildungen
978-3-89423-131-6

Crowleyana
in unserem Verlagsprogramm

Liber Al vel Legis.
Das Buch des Gesetzes

Dieses initiierte Buch bildet die Grundlage Thelemas und damit des von Crowley proklamierten Neuen Äons. Das Buch liegt in englisch-deutscher Fassung vor, wobei Zeilen- und Seitenfall dem Faksimile der Originalhandschrift entsprechen, welches auch enthalten ist.

Aleister Crowley,
Liber Al vel Legis,
ca. 150 S.
978-3-89423-000-5

Liber 777 und andere kabbalistische Schriften

Ein Grundlagenwerk der Kabbala. Enthalten sind eine Einführung in die Techniken dieser ursprünglich jüdischen Geheimlehre, Crowleys Neapelanordnung, Abhandlungen über Zahlen und Symbole, Zuordnungstabellen, sowie ein sehr umfangreiches Sepher Sephiroth (Zahlwerte hebräischer Worte). Auch diejenigen, die Crowleys System der Zuordnungen, die jedoch im allgemeinen klassisch sind, nicht befürworten, werden aus dem umfangreichen Sepher Sephiroth sicherlich Gewinn ziehen können.

Aleister Crowley
Liber 777 und andere kabbalistische Schriften
ca. 450 S.
978-3-89423-006-7

Magick, 2 Bände

Das Hauptwerk Crowleys, was die praktische Magie angeht. Im ersten Band werden die theoretischen Grundlagen seines Systems eingehend erläutert. Dazu gehören seine 1911 unter dem Titel Buch 4 veröffentlichten Abhandlungen über Yoga, welches er unter initiierten östlichen Yogis studierte, seine im Teil 2 behandelten magischen Instrumente und die magische Ausrüstung, sowie die allgemeinen Prinzipien der traditionellen Magie unter Einbeziehung der Sexualmagie.
Der zweite Band enthält vorwiegend diejenigen Rituale und Übungsanweisungen, die in diesem System von Wichtigkeit sind.

Aleister Crowley
Magick, Band 1 und Band 2
Bd. 1, ca. 550 S.
978-3-89423-007-4
Bd. 2, ca. 350 S.
978-3-89423-008-1

Confessions, 2 Bände
Die Bekenntnisse des Aleister Crowley

Crowleys Lebensgeschichte, von ihm selbst erzählt. Sein Statement zu diesem Werk: »Nichts ist erfunden worden, nichts wurde verdrängt, nichts verändert und nichts gefärbt. Ich glaube, daß die Wahrheit nicht nur seltsamer als Fiktion ist, sondern sogar interessanter.« Messen Sie Crowleys Biographie an diesem Anspruch!

Aleister Crowley
Confessions - Die Bekenntnisse des Aleister Crowley
Bd. 1, ca. 530 S.
978-3-89423-012-8
Bd. 2, ca. 600 S.
978-3-89423-013-5